淘宝天猫、拼多多
开店与运营一本通

杨志远 周婷◎编著

内 容 提 要

电商行业发展至今，已经是一个竞争激烈的行业，而淘宝、天猫、拼多多主流电商平台占据了极高的市场份额。新手如何在网上开店，如何装修美化网店，如何通过运营和推广提高店铺销量，都可以从本书中找到答案。

本书以淘宝、天猫、拼多多电商平台为主要讲解对象，全方位讲解网上开店、店铺优化、爆款打造、品牌建设、引爆流量、权重提升，以及客户留存等网店运营技能。全书分为3个部分共15章，第1部分为开店篇，主要讲解开店前的准备、货源渠道、网店开通与设置、商品的上架与管理，以及SEO提升搜索权重；第2部分为装修美化篇，主要讲解网店装修的基础知识、主图和广告图的设计、详情页的设计，以及商品短视频的拍摄与编辑等；第3部分为运营推广篇，主要讲解利用电商平台的推广工具推广商品、利用网店活动提高销量、做好内容运营吸引更多客户、做好客户运营赢得更多客户、利用数据分析精准把控店铺的经营动态，以及利用客服提升客户满意度等。

本书由多位一线名师共同编写，内容丰富、干货十足、实用性强，可作为网上开店新手、想在短时间内提高网店销量的读者，以及想打通线上与线下销售渠道的实体店卖家的自学用书，也可作为培训机构和高等院校电子商务相关专业的参考用书。

图书在版编目(CIP)数据

淘宝天猫、拼多多开店与运营一本通 / 杨志远, 周婷编著. — 北京：北京大学出版社, 2022.7
ISBN 978-7-301-33115-6

Ⅰ.①淘… Ⅱ.①杨… ②周… Ⅲ.①网店-运营管理 Ⅳ.①F713.365.2

中国版本图书馆CIP数据核字(2022)第109003号

书　　　　名	淘宝天猫、拼多多开店与运营一本通 TAOBAO TIANMAO、PINDUODUO KAIDIAN YU YUNYING YIBENTONG
著作责任者	杨志远　周　婷　编著
责任编辑	王继伟　孙金鑫
标准书号	ISBN 978-7-301-33115-6
出版发行	北京大学出版社
地　　　　址	北京市海淀区成府路205号　100871
网　　　　址	http://www.pup.cn　新浪微博：@北京大学出版社
电子信箱	pup7@ pup.cn
电　　　　话	邮购部 010-62752015　发行部 010-62750672　编辑部 010-62570390
印　刷　者	北京鑫海金澳胶印有限公司
经　销　者	新华书店
	787毫米×1092毫米　16开本　17.5印张　425千字 2022年7月第1版　2022年7月第1次印刷
印　　　　数	1-4000册
定　　　　价	69.00元

未经许可，不得以任何方式复制或抄袭本书之部分或全部内容。
版权所有，侵权必究
举报电话：010-62752024　电子信箱：fd@pup.pku.edu.cn
图书如有印装质量问题，请与出版部联系，电话：010-62756370

Foreword 前言

随着电子商务的迅猛发展，多个电商平台走进了大众的视野，网上开店也受到众多创业人士的青睐。然而，开店容易，运营难。很多商家在开店后，深感经营效果不理想。网上开店确实有不少红利，但并非简单地上下架商品即可，它需要商家掌握诸多运营方面的知识与技巧，才能让自己在众多同类店铺中脱颖而出。

早期的淘宝商家，因为切入市场的时机好，即使不熟悉运营技巧，也能分得一杯羹。但随着电商竞争越来越激烈，商家必须学习当下热门的营销方式，如目前火热的直播、短视频营销等，为商品、店铺争取更多的曝光量。商家要想在电商市场中站稳脚跟，必须不断学习运营技巧，不断提升经营能力。

本书以淘宝、天猫、拼多多主流电商平台为讲解对象，分为3个部分，从准备开店，到装修美化，再到运营推广，揭秘网上开店的诸多技巧，帮助商家快速开店并合理运营。

◆ 开店篇

在开店前，新手商家由于对相关知识缺乏了解，容易走弯路。本篇从介绍网上开店的经营形式、开店平台等基础内容出发，帮助商家快速找到适合自己开店的平台及经营形式。之后，详细讲述了货源渠道、网店开通与设置、上下架商品，以及SEO提升搜索权重等内容。本篇旨在帮助商家结合自身条件，快速找到合适的开店平台、货源，早日实现盈利。

◆ 装修美化篇

商家选好平台开店后，还需要将店铺及商品进行装修、美化，让店铺和商品呈现更好的视觉效果。因为消费者只能通过商家的文字、图片、视频等形式来了解网店内的商品，如外观、功能、使用效果等，所以商家必须掌握店铺装修、图片的拍摄与编辑、详情页的设计、视频的拍摄与编辑等技巧，加深消费者对店铺和商品的印象。

◆ 运营推广篇

运营推广是提升商品销量的关键所在。商家必须掌握常见的运营推广技巧，如使用直通车、引力魔方等推广工具，积极报名参加热门平台活动，策划有利于商品运营的图文、直播、短视频等形式的内容等。此外，做好客户运营，能够赢得更多的客户；利用数据分析，可精准把控店铺的经营状态；利用客服，可提升客户满意度。

在编写本书的过程中，与多位资深运营人士进行了交流，并针对很多问题进行了探讨，比如如何找到热销商品、如何制作精美图片、如何抓住短视频风口做营销、如何策划店铺活动、如何精准把控店铺的动态等，并给出了相应的解决方案。

读完本书，您将了解网店运营的诀窍，轻松玩转淘宝、天猫、拼多多，大幅提升经营能力。

注：因平台版本的更迭，书中部分内容可能与新版本有出入，请以最新版本功能为准。

Contents 目录

第 1 部分　开店篇

第 1 章　开店前的准备

1.1　认识网上开店 ……………………… 3
　　1.1.1　什么是网上开店 ……………… 3
　　1.1.2　网上开店的优点 ……………… 3
　　1.1.3　哪些人适合网上开店 ………… 5
1.2　网店的经营方式 …………………… 6
　　1.2.1　全职经营网店 ………………… 7
　　1.2.2　兼职经营网店 ………………… 7
　　1.2.3　网店与实体店相结合 ………… 7
1.3　开店平台的选择 …………………… 8
　　1.3.1　淘宝、天猫 …………………… 8
　　1.3.2　拼多多 ………………………… 9
　　1.3.3　抖音小店 ……………………… 10
　　1.3.4　京东 …………………………… 11
1.4　网上开店必备的硬件和软件 ……… 11
　　1.4.1　硬件要求 ……………………… 11
　　1.4.2　软件要求 ……………………… 13

第 2 章　网店货源要选好

2.1　网店热销商品和不能出售的商品 … 16
　　2.1.1　网店热销商品 ………………… 16
　　2.1.2　商品方向定位 ………………… 17
　　2.1.3　不能在网店出售的商品 ……… 20
2.2　精心选择进货渠道 ………………… 20
　　2.2.1　大型批发市场 ………………… 20
　　2.2.2　电子商务批发网站 …………… 21
　　2.2.3　厂家进货 ……………………… 23
　　2.2.4　一件代发 ……………………… 24
　　2.2.5　国外产品 ……………………… 25

第 3 章　网店开通与设置

3.1　在网上注册店铺的基本流程 ……… 27
　　3.1.1　了解平台开店的条件与规则 … 27
　　3.1.2　准备好平台所需资料 ………… 28

3.2 不同网店的注册与开通实操 ………… 30
　　3.2.1 淘宝网店的注册与开通 ……… 30
　　3.2.2 天猫网店的注册与开通 ……… 32
　　3.2.3 拼多多网店的注册与开通 …… 33
3.3 网店设置的基本内容 ………………… 36
　　3.3.1 设置店铺基本信息 …………… 36
　　3.3.2 设置子账号 …………………… 37

第 4 章 网店商品上架与管理

4.1 上架商品很简单 ……………………… 40
4.2 设置商品的定价 ……………………… 45
　　4.2.1 商品定价法则 ………………… 45
　　4.2.2 商品定价技巧 ………………… 46
4.3 做好商品描述 ………………………… 49
　　4.3.1 写好商品标题 ………………… 49
　　4.3.2 优化商品图片提升视觉效果 … 50
　　4.3.3 撰写商品描述 ………………… 53
4.4 拼多多商品上架实操 ………………… 55
　　4.4.1 缴纳店铺保证金 ……………… 55
　　4.4.2 上架商品 ……………………… 56
　　4.4.3 查看新商品的发布进展
　　　　 和状态 ………………………… 58

4.5 管理商品 ……………………………… 58
　　4.5.1 上架仓库中的商品 …………… 58
　　4.5.2 下架商品 ……………………… 60
　　4.5.3 删除商品 ……………………… 61

第 5 章 SEO 提升搜索权重

5.1 SEO 与关键词 ………………………… 63
　　5.1.1 什么是 SEO …………………… 63
　　5.1.2 关键词的重要性 ……………… 65
5.2 获取优质关键词的方法 ……………… 66
　　5.2.1 下拉框 ………………………… 66
　　5.2.2 生意参谋 ……………………… 67
5.3 筛选优质关键词的方法 ……………… 67
　　5.3.1 选词基本原则：相关性 ……… 67
　　5.3.2 判断标题关键词的好坏 ……… 70
　　5.3.3 关键词人群分析 ……………… 74
5.4 用关键词组合标题 …………………… 76
　　5.4.1 常见的关键词分类 …………… 76
　　5.4.2 关键词组合 …………………… 77
　　5.4.3 选用标题关键词的注意
　　　　 事项 …………………………… 78

第 2 部分　装修美化篇

第 6 章 网店装修基础知识

6.1 网店视觉效果的重要性 ……………… 81

6.2 网店页面设计基础 …………………… 83
　　6.2.1 网店风格设计 ………………… 83
　　6.2.2 网店色彩设计 ………………… 85
6.3 网店页面设计要点 …………………… 89

6.3.1 了解店铺布局……………………… 89
6.3.2 店招设计要点……………………… 90
6.3.3 导航栏设计要点…………………… 91
6.3.4 商品陈列区设计要点……………… 92
6.3.5 页尾设计要点……………………… 94

第7章 主图和广告图：制作精美，提高点击率

7.1 商品主图设计………………………………… 96
    7.1.1 商品主图设计要点………………… 96
    7.1.2 优质主图的特点…………………… 98
7.2 主图的拍摄要点……………………………… 99
    7.2.1 主图配色…………………………… 99
    7.2.2 主图拍摄光线……………………… 100
7.3 广告图设计…………………………………… 102
    7.3.1 海报图设计………………………… 102
    7.3.2 差异化创意图设计………………… 103
    7.3.3 引力魔方创意图设计原则………… 105

第8章 详情页：充分展示商品特征

8.1 了解商品详情页……………………………… 109

8.2 设计详情页的内容…………………………… 111
    8.2.1 详情页要面对新客户……………… 111
    8.2.2 商品卖点的提炼…………………… 111
    8.2.3 促进成交的六大因素……………… 113
    8.2.4 激发消费者兴趣的详情页………… 117
    8.2.5 详情页FABE法则………………… 119

第9章 短视频：全方位展示商品

9.1 认识短视频…………………………………… 123
9.2 拍摄短视频…………………………………… 124
    9.2.1 拍摄短视频的常用器材…………… 124
    9.2.2 短视频构图的基本原则…………… 125
    9.2.3 拍摄短视频的一般流程…………… 128
    9.2.4 拍摄高点击率视频的方法………… 128
    9.2.5 拍摄视频的转场应用……………… 130
9.3 编辑短视频…………………………………… 133
    9.3.1 剪辑视频…………………………… 133
    9.3.2 为视频配音………………………… 134
    9.3.3 为视频添加字幕…………………… 136
    9.3.4 为视频添加特效…………………… 137

第3部分 运营推广篇

第10章 推广工具：高效推广商品

10.1 认识付费推广……………………………… 141
    10.1.1 商品需要付费推广吗？…………… 141
    10.1.2 常见的付费推广方式……………… 142
10.2 淘宝直通车推广…………………………… 144

10.2.1 淘宝直通车基础知识………… 144
　　　10.2.2 创建淘宝直通车推广
　　　　　　计划 ……………………… 146
　　　10.2.3 淘宝直通车推广技巧……… 150
10.3 引力魔方推广……………………… 153
　　　10.3.1 什么是引力魔方…………… 153
　　　10.3.2 创建引力魔方计划………… 155
10.4 万相台推广………………………… 159
　　　10.4.1 万相台基础知识…………… 160
　　　10.4.2 创建万相台推广计划……… 161
10.5 极速推推广………………………… 164
　　　10.5.1 极速推基础知识…………… 164
　　　10.5.2 创建极速推计划…………… 164
10.6 淘宝联盟推广……………………… 166
　　　10.6.1 认识淘宝联盟推广………… 166
　　　10.6.2 创建淘宝联盟推广计划…… 168
10.7 拼多多平台的常见推广工具……… 171
　　　10.7.1 多多搜索…………………… 171
　　　10.7.2 多多场景…………………… 174
　　　10.7.3 直播推广…………………… 175
　　　10.7.4 多多进宝…………………… 176

第11章 网店活动：提高销量

11.1 为什么店铺都要做活动？………… 180
　　　11.1.1 吸引消费者参与…………… 181
　　　11.1.2 提高品牌曝光率…………… 181
　　　11.1.3 提高店铺转化率…………… 182
　　　11.1.4 有利于新品销售…………… 183
　　　11.1.5 处理库存商品……………… 183

11.2 不同平台的促销活动……………… 184
　　　11.2.1 淘宝、天猫………………… 184
　　　11.2.2 京东………………………… 184
　　　11.2.3 拼多多……………………… 185
　　　11.2.4 策划店铺活动……………… 186
11.3 热门活动的规则及介绍…………… 186
　　　11.3.1 聚划算……………………… 187
　　　11.3.2 淘金币……………………… 188
　　　11.3.3 天天特卖…………………… 190
　　　11.3.4 "双11"…………………… 192
　　　11.3.5 限时秒杀…………………… 193
　　　11.3.6 多多果园…………………… 194
　　　11.3.7 百亿补贴…………………… 195
11.4 活动策划的基本流程……………… 197
　　　11.4.1 活动策划要点……………… 197
　　　11.4.2 常见的促销活动…………… 199
　　　11.4.3 常见的折扣方式…………… 203

第12章 内容运营：吸引更多客户

12.1 内容运营的含义和目的…………… 205
　　　12.1.1 内容运营的含义…………… 205
　　　12.1.2 认识内容运营……………… 205
　　　12.1.3 内容运营的目的…………… 206
12.2 常见的内容运营形式……………… 207
　　　12.2.1 软文………………………… 207
　　　12.2.2 直播………………………… 208
　　　12.2.3 视频………………………… 210
　　　12.2.4 音频………………………… 211
12.3 内容运营的核心要素……………… 212

12.3.1 标题 ……………………… 212
12.3.2 内容 ……………………… 213
12.3.3 图片 ……………………… 217
12.4 内容运营的主要渠道 …………… 218
12.4.1 常见的软文运营渠道 …… 218
12.4.2 常见的直播、短视频运营渠道 ……………………… 221

第13章 客户运营：赢得更多客户

13.1 客户运营概述 …………………… 224
13.1.1 客户运营的重要性 ……… 224
13.1.2 客户运营的主要内容 …… 225
13.1.3 分析目标客户 …………… 226
13.2 拉新客户 ………………………… 229
13.2.1 让陌生人成为新客户 …… 230
13.2.2 让有购买行为的客户进群 ……………………… 231
13.3 留存客户 ………………………… 232
13.3.1 建立客户淘宝群 ………… 232
13.3.2 建立老客户QQ群 ……… 233
13.3.3 建立微信群、公众号 …… 233
13.4 转化客户 ………………………… 235
13.4.1 建立客户信息档案库 …… 235
13.4.2 根据客户价值将客户分级 ……………………… 236
13.4.3 抓住客户追求个性化的消费特点 ……………… 236
13.4.4 让客户"有利可图" …… 238
13.5 客户满意度、忠诚度管理 ……… 238
13.5.1 客户满意的重要性 ……… 238

13.5.2 影响客户满意度的因素 …… 239
13.5.3 衡量客户满意度的指标 …… 240
13.5.4 客户忠诚的重要性 ……… 240
13.5.5 提高客户忠诚度 ………… 241

第14章 数据分析：精准把控店铺的经营动态

14.1 数据分析的价值和基本流程 …… 244
14.1.1 数据分析的价值 ………… 244
14.1.2 数据分析的基本流程 …… 245
14.1.3 常见的数据分析工具 …… 245
14.1.4 重要的数据指标 ………… 246
14.2 流量数据分析 …………………… 247
14.2.1 流量相关数据 …………… 247
14.2.2 流量提升逻辑 …………… 248
14.3 转化率分析 ……………………… 250
14.3.1 常见的转化率 …………… 250
14.3.2 优化静默转化率 ………… 251
14.3.3 优化询单转化率 ………… 252
14.3.4 优化付费流量转化率 …… 253
14.4 客单价分析 ……………………… 254
14.4.1 查看客单价 ……………… 254
14.4.2 提高客单价的常用方法 …… 255

第15章 网店客服：提升客户满意度

15.1 认识网店客服 …………………… 258
15.1.1 网店客服的重要作用 …… 258
15.1.2 网店客服的工作准则 …… 259
15.2 客服必备的基本技能 …………… 260

15.2.1 熟悉电商平台的规则……………260
15.2.2 了解客服的工作内容……………261
15.2.3 客服的语言规范…………………261
15.2.4 介绍商品的技巧………………262
15.2.5 如何消除客户疑虑?……………263
15.2.6 如何应对讲价?…………………265
15.2.7 退换货流程……………………266
15.3 网店客服的考核与薪资制度………267
15.3.1 考核客服工作的指标……………267
15.3.2 网店客服的业绩考核……………268
15.3.3 客服薪资构成……………………270

第1部分

开 店 篇

开店前的准备

本章导言

随着线上购物的普及,大多数消费者已习惯在线上消费,而众多的创业者也将互联网作为创业的首选领域。初次接触互联网的创业者基本都从经营网店开始,这是因为人在哪里,流量就在哪里;而流量在哪里,生意就在哪里。本章将从认识网上开店开始,讲解网店的经营方式、网上开店如何选择合适的平台及网上开店时需要准备的硬件及软件设备。

学习要点

- 了解网上开店的优势
- 了解网上开店平台的选择方向
- 了解网上开店的基本要求

1.1 认识网上开店

互联网时代改变了人们的很多习惯，比如从时间及空间上带来大量的冲击和影响，改变了人们在学习、工作、娱乐、购物、出行等多方面的习惯。以购物方式为例，互联网发展至今，大家在网上购物的范围越来越广泛，甚至超越了传统购物方式，网上购物也被越来越多的人接受和喜爱。随着网购人群的不断发展、壮大，有越来越多的人想利用这个机会实现创业的梦想，网上开店十分火爆。

1.1.1 什么是网上开店

网上开店是指店主（卖家）通过自己创建网站或通过第三方平台（如淘宝、拼多多等），把商品展示给顾客，并留下联系方式和支付方式，买卖双方相互联系，然后买家下单、付款，店主通过邮寄等方式将商品发送给买家，从而完成交易的整个流程。图1-1所示为某店主在淘宝网售卖的商品详情页，消费者通过该页面可以看到商品的价格及外观、颜色等属性，点按下方的"客服"按钮，即可与店主联系。

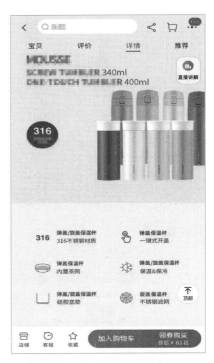

图1-1　某店主在淘宝网开店售卖的商品详情页

1.1.2 网上开店的优点

在开店之前，店主可对比线上与线下开店的优点和缺点，从而选择更具优势的开店方式。网上开店作为一种互联网发展下的新销售方式，和传统销售方式有所差异，也有许多传统销售方式无可比拟的优势。相较于线下开店，网上开店具有图1-2所示的优势。

1. 投资少、成本低

与线下实体店铺相比，开设网店的投资少，成本低。线下实体店铺通常需要支付昂贵的转让费、租金；网上开店则无须考虑这两笔昂贵费用。即使部分电商平台也收取卖家的租金，但远低于实体店租金。例如，在大众所知悉的淘宝平台开店就无须支付费用。

拼多多作为比淘宝起步稍晚的电商平台，也在以惊人的速度发展。据拼多多2020年第4季度财报及全年财报显示，截至2020年底，拼多多年活跃买家数达7.88亿，成交额（GMV）为16676亿元。然而，拼多多的买家数在2019年第4季度还是5亿多，仅仅一年的时间就增至了7.88亿，如图1-3所示。

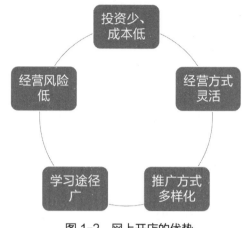

图1-2 网上开店的优势

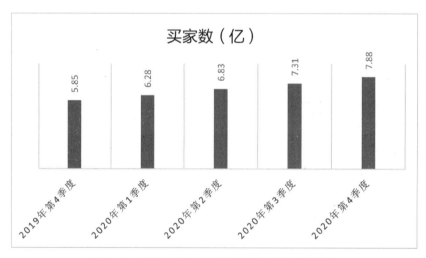

图1-3 2019—2020年拼多多买家数变化情况

由此可见，拼多多的市场在不断壮大，且用户在拼多多可以享受0元开店，实现低成本、广销售营销。

2. 经营方式灵活

大部分实体店铺都会受到营业时间、地点、面积等因素的限制。例如，实体店过早关门，可能会错过很多生意；实体店所处位置人流量较小，进店客户数量很少；店铺面积过小，容易因为无法展示多个商品而致使客户流失。

网上开店则既不用租赁场地、付高额费用装修，也不用大量囤货，更不需要办理烦琐的企业手续。客户可在任意时间浏览店内商品信息，并在看中商品后自主下单，卖家只需在收到订单后根据约定时间据单发货即可。正因如此，许多学生和上班族利用自己的业余时间兼职开设了网店。

3. 推广方式多样化

与实体店铺的单一推广方式相比，网上开店的推广方式更加多样化。如果卖家的店铺运营水平比较高，就可以通过多种推广方式为店铺引来更多流量，促成更多交易。例如，卖家可以通过免费搜索、付费推广、电商直播、短视频引流、社群引流、客户营销等多种推广方式来带动商品销售。

4. 学习途径广

实体店铺投资多、运营难，很少有人能提供系统的指导和经验。而电商平台购物保障力度比较高，卖家在接触电商平台后，基本上能顺利找到学习资源，且能快速完成基础认知，非常容易上手。图1-4所示为淘宝平台的"商家服务大厅"页面，商家可在此查看关于网店经营的知识、问题及答案。

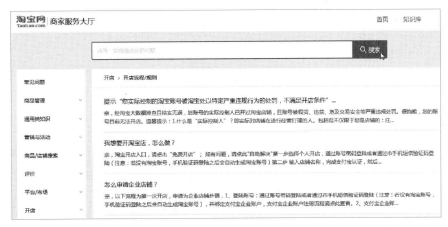

图1-4　淘宝平台的"商家服务大厅"页面

5. 经营风险低

由于网上开店的成本低，因此卖家所需要承担的经营风险也较小。特别是一件代发、虚拟商品经营等店铺，无须任何垫资就能开店。如果店铺经营不善，直接关店即可，没有严重的经济损失。

综上所述，网上开店集多重优点于一身，是当下大多数人的创业首选。感兴趣的读者可以在了解更多网上开店知识后，开始在网上开店。

1.1.3　哪些人适合网上开店

网上开店具有诸多优势，这是否说明大家都可以开网店呢？实际上，有些人通过网上开店赚得盆满钵满，也有些人因为网上开店亏了不少钱。也就是说，并不是所有人都适合网上开店。那么，究竟哪些人适合网上开店呢？表1-1总结了适合网上开店的人群及原因。

表 1-1 适合网上开店的人群及原因

人群	原因
企业管理者	网上开店不受地理位置、经营规模、项目等因素的限制，大部分企业都可以通过开设网店，将自己的商品推送到更多潜在消费者眼前。故企业管理者可以考虑通过网上开店，加大自身商品曝光率
有货源的人	货源是网上开店的重要前提，自身有货源的人，则完全可以考虑通过网上开店，售卖商品，实现变现。例如，自身就是某商品的直销人员，则可以借助网店来扩大销售范围
需要处理"旧货"的人	对于部分卖家而言，网店如同跳蚤市场，可以用来交易各种"旧"物。特别是诸如手办、球鞋等收藏品，可以通过网上交易进行买卖
初次创业的人	网上开店投资少、成本低，经营方式灵活，而且经营风险低，特别适合初次创业的人。假如创业失败，面临的风险也会小之又小
有实体店的人	在网上开店之前，部分卖家已经有了实体店。通过线上、线下相结合的销售方式，可以获得更多客户，提高店内商品销量
大学生	大学生有充分的时间来经营店铺，而且他们接受新鲜事物的速度也比较快，故网上开店是不少大学生创业的首选
企业白领	部分企业白领空闲时间较多，可以考虑兼职经营网店，增加自己的收入

除了上述适合网上开店的人群外，部分生鲜产地的农民、"粉丝"数量较多的网络达人等也适合网上开店。随着直播、短视频等热门形式的发展，不少农民也通过镜头售卖起了自己商品。图 1-5 所示为某主播通过淘宝直播，售卖自家种植的蔬菜和喂养的土鸡等农副产品。

图 1-5 某主播通过淘宝直播售卖自家农副产品

1.2 网店的经营方式

网店的经营方式多种多样，不同的经营方式所需要的成本略有不同，同时对销售盈利的结果也会产生不同影响。大家在开店之前，可先根据自身的实际情况，选择适合自己的网店经营方式。常见的网店经营方式主要包括全职经营、兼职经营及网店与实体店相结合等，如图 1-6 所示。

1.2.1 全职经营网店

全职经营网店相当于投资创业,卖家集中精力经营网店,网店所得的利润也将成为卖家的唯一收入。因此,全职经营网店所需的精力和财力较多,经营效果也会更好一些。

由于全职经营网店投入较多,如果失败,损失也会更大,因此建议这类卖家在开店前做好充分准备,如掌握优质货源、熟悉推广工具用法等。只有这样,开设、经营好网店的成功率才会更高,卖家的收获才会更大。

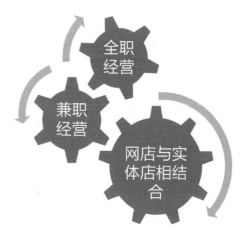

图 1-6 常见的网店经营方式

1.2.2 兼职经营网店

相较于全职经营网店,兼职经营网店更容易实施。部分卖家把经营网店作为副业,以增加收入为目的。例如,诸多大学生、企业白领利用学习、工作之余来经营网店,特别是随着短视频和直播的火热,不少网络达人纷纷开起了网店,在输出优质内容的同时,经营网店售卖商品。

1.2.3 网店与实体店相结合

除了全职和兼职经营网店外,还有一种常见的经营方式是网店与实体店相结合。随着网上购物人群的逐渐壮大,网上购物逐渐发展为主流消费方式,不少实体店卖家也开始开设网店售卖商品。开设实体店的优、缺点如表1-2所示。

表1-2 实体店的优、缺点

优点	缺点
(1)消费者可以通过触摸商品来感知商品的质量,对商品的认知更全面,更容易购买; (2)卖家或店员可以面对面与消费者交流,更能刺激消费者购买; (3)对于部分家电、家具等商品,可由技术人员配送并安装,给消费者更好的购物体验; (4)消费者和朋友一起购物,享受购物过程中的乐趣	(1)店内商品种类和数量有限,不能展示全部商品,因此失去部分客户; (2)投入成本高,如租金、装修、店员等,都需要高额的费用; (3)竞争激烈、比价严重,特别是随着网上购物的发展,很多消费者会在线下看商品,又通过线上渠道购买商品,影响实体店的利润; (4)库存问题严重,比如所售商品有季节性,且卖家投资不正确,就会导致大量库存商品无法售出,带来严重的库存问题和资金问题; (5)实体店容易受到店铺位置的影响,导致受众范围小

如果将实体店和网店结合,那么实体店在经营中遇到的问题就能得到很好的解决。例如,某护肤品厂家经统计发现,自己大部分商品都是通过网店销售的,如图1-7所示。

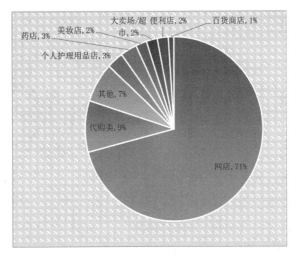

图 1-7　某护肤品销售占比统计

由此可见,实体店卖家最好开设网店,同时打通线上与线下的销售渠道,以收获更多精准客户。

1.3　开店平台的选择

开通网店前,卖家需要选择一个开店平台,如淘宝、天猫、京东、拼多多等。平台是决定网店人气的重要因素,所以选择平台必须谨慎。在选择平台时,重点参考平台的流量和用户情况。

目前常见的网上开店平台主要包括淘宝、天猫、拼多多等,除此之外还有一些地方平台,如梨都商城网就是砀山县的地方电商平台。一些实力较强的企业还可以自建独立的电商平台。

1.3.1　淘宝、天猫

淘宝网(首页见图 1-8)于 2003 年 5 月成立,根据阿里巴巴 2021 年发布的财报显示,在 2021 年第 4 季度末,天猫与淘宝用户数达到了 9.25 亿。随着规模的扩大和用户的增加,淘宝网从单一的 C2C 网络集市变成了涵盖 C2C、团购、分销、众筹等多种电子商务模式的综合性零售商圈,成为世界范围的知名电子商务交易平台之一。

淘宝网的开店门槛相对较低,凡是年满 18 周岁的公民都可以开设店铺;开店成本较低,绝大部分类目只需要缴纳 1000 元的保证金。由于该平台开店门槛低、成本低,因此是人们开店的首选。

在淘宝平台,可开设的店铺类型主要包括个人店铺、企业店铺和天猫店铺。其中,个人店铺的开店门槛最低,开店成本也最低,适合个人卖家;开通企业店铺需要提供企业营业执照,缴纳保证金和手续费,适合小企业卖家;开通天猫店铺需要 100 万元以上注册资金、2 年以上经营时间、品牌注册商标和纳税身份等,且需要向平台支付高于个人店铺和企业店铺的保证金和技术服务费、年费等,适合大品牌、大卖家,天猫首页如图1-9所示。店铺形式不同,其店铺评分体系、店铺显示标也略有不同,卖家可根据自己的实际情况开设店铺。

图1-8 淘宝网首页

图1-9 天猫首页

1.3.2 拼多多

2015年9月,上海寻梦信息技术有限公司创办了社交新电商平台——拼多多——一个专注于C2B拼团的第三方社交电商平台。消费者通过拼多多的商品链接,可与朋友、家人、网友等以更低的价格拼团购买优质商品。如图1-10所示,在拼多多上,用户可以通过"去拼单"或"发起拼单",以低于商品正价的价格买到商品。

拼多多平台早已汇聚数以亿计的年度活跃买家和数以万计的活跃商户,平台年交易额更是高达数亿元。据拼多多官方数据显示，40.4%的拼多多活跃用户与淘宝、京东不重叠；4500万左右的拼多多活跃用户同时使用京东；6200万左右的活跃用户同时使用淘宝；拼多多有2亿独占的新消费者推动品牌增长。

1.3.3 抖音小店

截至2021年3月，抖音平均日活跃量高达8亿。抖音小店作为一款由抖音衍生出的电商平台，在抖音拥有数亿用户的背景下，吸引了很多卖家入驻。图1-11所示为某女装达人的抖音小店页面，其中展示了各个商品的主图、标题、价格及销量等信息。

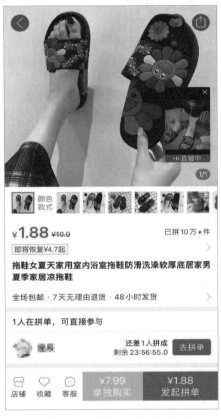

图1-10 拼多多商品拼单页面

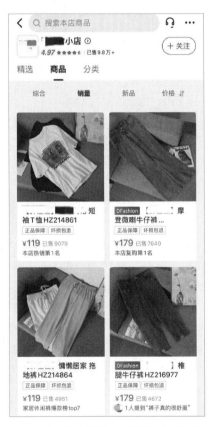

图1-11 某女装达人的抖音小店页面

抖音小店旨在帮助商家拓宽内容变现渠道，提升流量的价值。对抖音小店感兴趣的卖家，可在抖音平台开设店铺，并发布视频、直播等内容，吸引客户成交。

卖家在选择开店平台时，还需要考虑以下3点。

- ①平台能否长久：部分平台属于资金用于测试的电商平台，通常是快速建立又快速倒闭。在这类平台开店，风险较大，容易因平台倒闭而导致资金流失或冻结问题。
- ②平台管理是否规范：部分平台由于建立初期就不规范，导致后期问题频出，如抽成比例变化、增加收入项目等。

- ③平台推广方式如何：大部分成熟的电商平台都有大众熟知的推广方式，如淘宝的直通车等。合理的推广方式能帮助卖家快速获得流量并促进销量。

1.3.4 京东

自 2004 年京东涉足电子商务领域以来，京东网上商城一直保持着高速发展态势。随着京东的稳步发展，京东商城建立了北京、上海、广州、成都等地的物流平台，为全国用户提供更快、更便捷的配送服务，多地实现了当日购当日达。京东商城旨在在第一时间为消费者提供优质的商品及服务。

截至目前，京东已经发展为国内最大的自营式电商企业，在线销售计算机、手机、家电、服装、家居用品、书籍及虚拟商品等多个类目的商品，京东首页如图 1-12 所示。

图 1-12 京东首页

1.4 网上开店必备的硬件和软件

虽说网上开店投资少，操作简单，但也需要具备一些最基本的条件，如常用的计算机、手机、网络、相机和打印机等硬件设备及图像处理软件、办公软件等。卖家要知悉这些硬件、软件的使用方法。

1.4.1 硬件要求

网上开店常用的硬件见表 1-3 所示。

表1-3 开网店所需的硬件设施

硬件名称	用途
计算机	卖家最好准备一台便于携带的笔记本电脑，用于联系厂商、客户，上传商品等
网络	无论是手机还是计算机，都需要网络的支持才能顺利开展网上开店工作。卖家在开店前可咨询当地营业商，开通网络套餐
相机	准备一台相机，尝试从不同角度拍摄商品，展现商品的卖点
手机	用于拍摄产品图片、视频，以及在线接待客户等
打印机	对于部分需要以纸质形式保存的电子文本资料，可通过打印机完成

以上硬件设施没有统一的标准，卖家可根据自己的实际情况酌情增减。这里按硬件要求把卖家分为体验型卖家、兼职型卖家及专业型卖家，并罗列出了所需的硬件供卖家参考。

1. 体验型卖家

体验型卖家大多刚刚踏入电商创业的行列，对网上开店了解较少，重在体验。这类卖家由于投入较少，基本沿用厂家提供的商品图片即可，无须购置相机拍摄图片。针对这部分卖家，有一台可以上网的计算机和一部可以上网的智能手机即可。后期随着店铺的发展，可逐步增加相机、打印机等设备。

2. 兼职型卖家

部分兼职开设网店的用户，对网店经营虽不精通，但可能对商品尤为熟悉，能快速找到商品的卖点。因此这类卖家最好购置一台相机，将自己的商品多角度地展现在消费者面前。综上所述，兼职型卖家通常需要一台可以上网的计算机、一台高品质的数码相机及一部可以上网的智能手机。

3. 专业型卖家

专业型卖家通常会全力投入网上开店，且交易额较高，因此对硬件的要求较高。这类卖家的硬件设施主要包括办公场所、计算机、相机、手机、固定电话、打印机、直播设备等。

- 办公场所：特别是规模较大的网店，需要配备美工、客服等人员，故需卖家提供办公场所。
- 计算机、手机、相机：如前文所述，这些硬件主要用于联系厂商和客户，拍摄商品图片等。
- 固定电话：方便工作人员联系厂商及客户，比如库房人员可随时与厂商联系，保证货源畅通、发货准时。
- 打印机：部分需要以书面文件形式保存的资料，可通过打印机完成打印并保存。
- 直播设备：可招聘主播，使用直播设备通过直播的形式将商品推送给更多的消费者。

1.4.2 软件要求

卖家除了需购入硬件设施外,还要掌握一些常用的软件(如图像处理软件、办公软件、聊天软件等)的操作技能。

1. 各类热门 APP

网上开店运营,需要卖家跟上热点。例如,对于一个只开通了淘宝个人店铺的卖家而言,在经营店铺过程中可以拓展微博、微信等社交平台的渠道,收获淘宝平台以外的客户。这就要求卖家知悉各类热门 APP 的使用方法,挖掘更多客户。

2. 图像处理软件

与实体店面对面的销售方式不同,网上销售主要通过文字、图片及视频向客户展示商品。同一款商品,如果商品图片有着明显的差异,很可能拉开商品与商品之间的销量差距。所以,卖家需要掌握图像处理软件的使用方法,制作异于同类商品的图片。

常见的图像处理软件包括 Photoshop、美图秀秀等。Photoshop 是 Adobe 公司推出的一款图像处理软件,有"图像处理大师"的美誉,是目前应用较为广泛的图像处理软件之一。Photoshop 功能十分强大,也容易上手,是电商卖家图像处理软件的不二之选。图 1-13 所示为 Adobe Photoshop CS6 界面。

图 1-13　Adobe Photoshop CS6 界面

3. 办公软件

卖家在经营店铺的过程中还需用到办公软件,比如在对店铺经营数据进行分析时需要用到 Excel。这里介绍较为常用的 Office 办公软件,如图 1-14 所示。Office 主要包括 Word、Excel、PowerPoint、Outlook、Access 等。

图 1-14　Office 办公软件

其中，Excel 应用最为广泛，Excel 经常被用于初级的数据分析和处理，具有强大的数据分析、统计功能。其直观的数据图表，良好的兼容性，并且使用门槛低，易上手，用户体验佳，故成为大众首选的数据分析办公软件。

4. 聊天软件

为了方便与客户联系，卖家必须熟练运用一些网上即时聊天软件，如千牛、腾讯 QQ 和微信等。因为网上交易过程中很多信息需要通过打字聊天完成，卖家只有认真地回答客户的问题，打消客户心中的疑虑，才能更快速地促成交易。图 1-15 所示为千牛聊天界面。

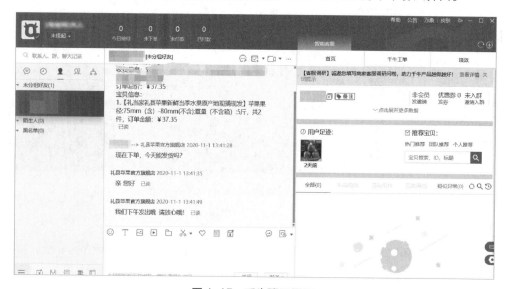

图 1-15　千牛聊天界面

第2章 网店货源要选好

本章导言

商品是开网店必须解决的一大问题。好的商品能助一个店铺走得更好、更远，而差的商品则会让卖家即使费心费力也难以取得理想效果。因此卖家必须熟悉网上售卖的热销商品类目及商品方向定位，并且要在选好商品类目后，找到具有强竞争力的商品。

学习要点

- 了解网店热销商品
- 熟悉商品方向定位
- 了解商品进货渠道

2.1 网店热销商品和不能出售的商品

商品是网店运营的关键要素，占据着很重要的地位。好的商品，只需简单优化就能获得好的销量；而一些难以售卖的商品，即使花再多的时间、精力，也很难取得理想销量。由此可见，选对商品对于一家网店而言至关重要。卖家应该站在经营全局的高度对商品进行管理，了解适合网上销售的商品种类及特点。

2.1.1 网店热销商品

通常，网店中热卖的商品有一个共同的特点：客户群巨大。新手卖家由于入行时间较短，经验也较少，对选品可能比较迷茫。这时可以参考网上热销商品类目，如服装类、数码产品类、美容护肤类、箱包鞋帽类、居家用品类等，如图2-1所示。

图2-1 网上热销商品类目

1. 服装类

中国网购品类市场份额报告显示，服装是网上最畅销的商品之一，故服装类商品在多个电商平台都占有很大的份额，如淘宝、拼多多等。销售服装类商品不仅要保证商品吸引人、漂亮，还要向买家传达丰富的商品信息，如商品的上身效果、贴身度、颜色等。

2. 数码产品类

随着网上购买数码家电及相关配件的用户群体的逐渐增大，不少电商平台因数码产品发展壮大。知名的京东平台就以数码产品、家电产品等出名，其主页也给家电、手机等产品留有显眼的位置，如图2-2所示。

大部分数码产品类商品都属于标品，有统一的型号、颜色等属性，多有品牌因素，需要很强的价格优势。因为大多数买家在网上购买此类产品时都很谨慎，喜欢在网上反复搜索、对比后才下单。

| 提示 | 标品是指具有统一市场标准的产品，这类产品一般有明确的规格、型号，如手机、计算机、家电产品、化妆品等。 |

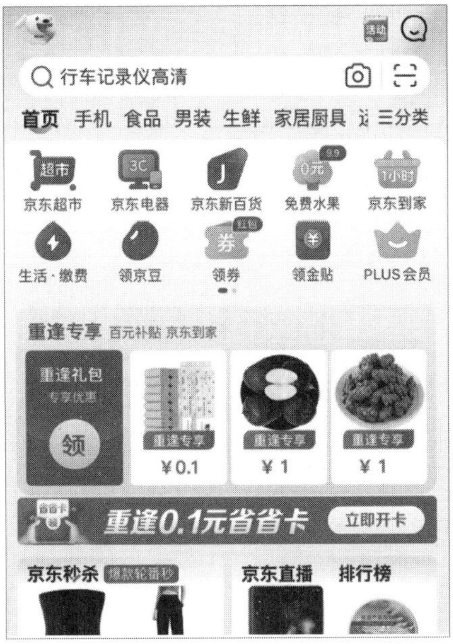

3. 美容护肤类

在网购市场中，女性占比很大，受女人天性爱漂亮的影响，各个电商平台均销售各类护肤品。根据调查显示，大多数女性买家一旦认可某个店里的某款护肤品，就会主动回购且将该店推荐给其他人。所以，护肤品也是网店经营可考虑的类目。

图2-2 京东平台首页（部分）

4. 箱包鞋帽类

箱包鞋帽类商品也是电商平台中较为热销的类目。这类商品只要外观精美，就很容易受到买家的青睐。而且这类商品运输方便，不会过期，经常会被作为礼物赠送于他人，市场潜力巨大。

5. 居家用品类

随着生活水平的不断提高，越来越多的买家开始注重生活质量，喜欢置办一些温馨的居家用品。故而，居家用品类商品也有了很大的市场。

| 高手支招 | 网上热销商品种类不限于以上种类，卖家查看几个热门电商平台首页中的分类板块，可以发现更多热销商品。 |

2.1.2 商品方向定位

部分商品虽然销量可观，但卖家很多，新手卖家在没有经验和高性价比货源的前提下选择这类商品，难以在市场中分得一杯羹。故卖家在选择商品时，应该有一个大体方向，在避开竞争激烈的热门产品的同时选到具有较高利润空间的商品。如图2-3所示，卖家可选择细分商品、冷门商品、热门周边商品，以及季节性、节日类商品。

图2-3 商品方向定位

1. 细分商品

细分商品就是在大类目下找更细分的客户需求。以淘宝女装为例，单击淘宝网电脑端顶部导航中的"商品分类"，可根据潮流女装（如裤子、连衣裙）、呢外套（如羊绒、毛领）、外套上衣（如风衣、卫衣）等进行细分，如图2-4所示，卖家可将2~3个筛选条件结合起来找细分商品。

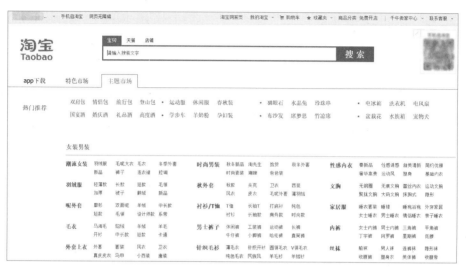

图2-4 淘宝女装的细分商品（部分）

2. 冷门商品

许多实力较弱的新手卖家都存在一种误解：只要足够勤奋、足够低价，就能和大卖家卖同样的商品，抢占大卖家的市场。很多卖家实践后都体会到了事与愿违的无奈，因为要证明一个后来者比领先者做得好，至少要比领先者好上3倍，客户才愿意相信并下单。所以，建议新手卖家，与其更好，不如不同。新手卖家的机会在于寻找冷门品类，那些大卖家看不上或目前市场还不大的品类，然后以差异化、创新的方式"乘虚而入"。

冷门市场小，出现高手的概率较低，短期内形成不了品牌，因此更容易获得市场。如果一个行业是冷门行业，那么开网店获利的机会极大。尤其是这个冷门行业如果在未来的几年中变成热门的话，机会将更大。

冷门商品更容易垄断市场，获胜概率更大。例如，随着养宠物人群的增大，不少随着宠物需求出现的商品和服务销量开始增加，如猫狗绝育服、宠物丧葬等。这类冷门商品的市场可以作为新手的"练兵市场"，其优点是可以让新手卖家先积攒经验、熟悉流程，如果新手卖家觉得自己不适合开网店，则可以尽早抽身。

3. 热门周边商品

部分卖家仅凭获取热门信息，售卖相关商品即可获得可观利润，目前典型的就是抖音、快手等热门平台，催生了一系列热门商品。这种例子比比皆是，如图2-5所示的抖音视频，有20多万点赞数，3.7万条评论。视频中提及的同款商品在淘宝平台的月销量达10万件以上，如图2-6所示。

图 2-5 抖音含商品的热门视频

图 2-6 抖音同款商品月销量截图

不过这些商品的红利期比较短,对卖家的供货能力要求比较高。有货源优势的卖家可以尝试。

4. 季节性、节日类商品

季节性商品是指季节特征较为明显的产品,如夏日短裙、冬日羽绒服等;节日类商品是指在特定节日催生出一些符合节日气氛的商品,如情人节的花束、中秋节的月饼等。这两类商品都比较主流,市场需求巨大,卖家可以根据季节、节日因素来选品。如图 2-7 所示,5 月初,诸如打火机、花束等适合赠送情人的礼物会被付费展现在"猜你喜欢"等位置,目的在于让商品提前获得较好排名,获得更多展现量和点击率。

对于大多数卖家而言,以上商品不是常规路线,很难被认同。但新手卖家的机会之一就是寻找冷门细分品类、边缘市场。毕竟电商的机会之一就是发现细分市场,否则在 80% 的市场中如果只占到不足 1% 的份额,面临的结果是早晚被淘汰。

图 2-7 展现在"猜你喜欢"频道的节日商品

2.1.3 不能在网店出售的商品

部分卖家在选品时发现一些没有竞争商品的类目，以为找到了足够冷门的商品，殊不知，没有竞品的原因是这些商品不允许在网店出售。卖家在选品前需要做的是了解哪些商品不能在网店出售，哪些商品必须获得特殊执照才能出售。

通常，违反国家法律法规的商品不允许在网店出售，如枪支弹药、盗版游戏等。另外，对于部分商品，虽然国家不禁止在实体店售卖，但禁止在网店出售，如刀、剑、匕首等。还有一些商品，虽然可以在网店售卖，但需要申请特殊执照，如书籍、药品等。

卖家可在各个平台的规则中心查看该平台禁售的商品类目。图 2-8 所示为淘宝平台禁售商品（部分）链接，卖家可在阅读这些链接中的内容后，确定自己选中的商品是否可以售卖。

图 2-8　淘宝平台禁售商品（部分）链接

2.2　精心选择进货渠道

在选好商品后，接下来的工作就是选择进货渠道。与早期的批发市场进货方式不同，如今卖家不仅可以去批发市场进货，还可以通过电子商务批发网站进货，甚至可以无货源经营网店。无论通过哪种渠道寻找货源，优质的商品和低廉的价格都是关键。卖家可以根据自己销售的商品、资金情况及进货便捷性等因素综合考量，选出最适合自己的进货渠道。

2.2.1 大型批发市场

国内的批发市场数不胜数，如服装类目批发市场、箱包类目批发市场、日用品批发市场等。

批发市场的商品价格一般比较便宜，且卖家可以近距离触摸商品，这样商品质量会更有保障，故不少卖家选择这一进货渠道。从批发市场进货的优点如图 2-9 所示。

卖家在实体进货之前，可先对类目中名气较大的批发市场进行初步了解。图 2-10 列举了几个目前常见类目的批发市场。

进货自由度大
批发市场
可议价
品类繁多

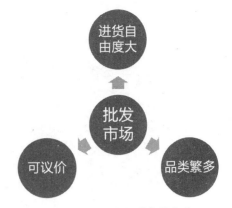

图 2-9　批发市场进货的优点

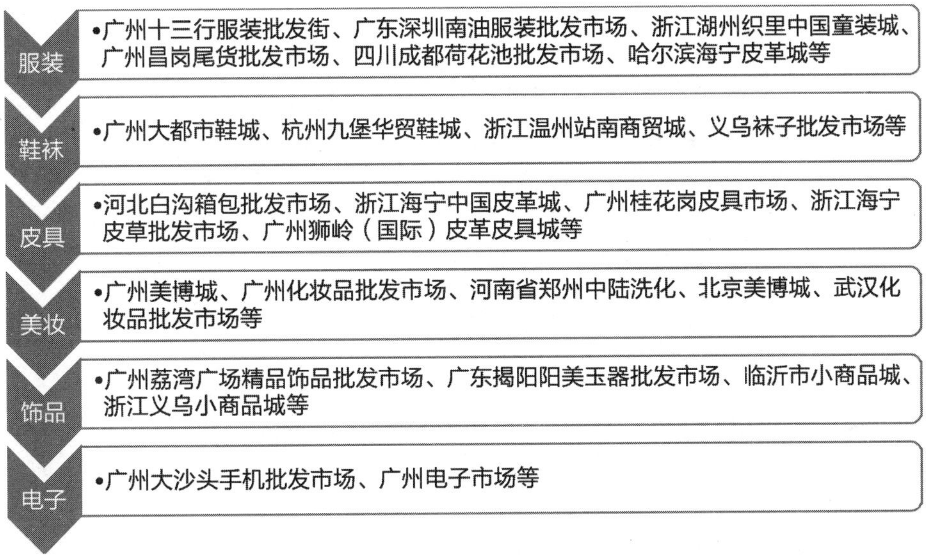

服装
•广州十三行服装批发街、广东深圳南油服装批发市场、浙江湖州织里中国童装城、广州昌岗尾货批发市场、四川成都荷花池批发市场、哈尔滨海宁皮革城等
鞋袜
•广州大都市鞋城、杭州九堡华贸鞋城、浙江温州站南商贸城、义乌袜子批发市场等
皮具
•河北白沟箱包批发市场、浙江海宁中国皮革城、广州桂花岗皮具市场、浙江海宁皮草批发市场、广州狮岭（国际）皮革皮具城等
美妆
•广州美博城、广州化妆品批发市场、河南省郑州中陆洗化、北京美博城、武汉化妆品批发市场等
饰品
•广州荔湾广场精品饰品批发市场、广东揭阳阳美玉器批发市场、临沂市小商品城、浙江义乌小商品城等
电子
•广州大沙头手机批发市场、广州电子市场等

图 2-10　目前常见类目的批发市场

除上述批发市场外，卖家也可以搜索自己所在地更多的批发市场进货。在到批发市场进货时，应对多家批发市场的商品质量、价格进行多方比较，选择物美价廉的商品。

2.2.2　电子商务批发网站

随着电商市场的日益壮大，互联网上出现了不少电子商务批发网站。不少卖家选择在电子商务批发网站进货，以降低差旅费、运输费等。例如，1688 批发网就是一个典型的电子商务网站，具有查找信息方便、起批量小等优点。

在电子商务批发网站进货的操作方法很简单，下面以从 1688 批发网进货为例，详细讲解进货流程。

第 1 步　进入 1688 网站主页，在搜索框内输入关键词（这里以“杯子”为例），单击“搜索”按钮，如图 2-11 所示。

图2-11 在1688网站主页搜索框内输入"杯子"并搜索

第2步 页面跳转至商品页面，然后单击满意的商品链接，如图2-12所示。

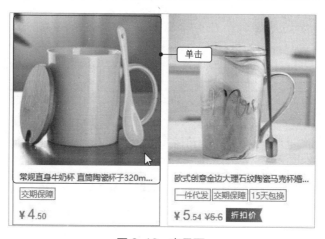

图2-12 商品页

第3步 进入选中商品的详情页，查看商品详细信息后输入购买数量，然后单击"立即订购"按钮，如图2-13所示。

图2-13 商品详情页

第4步 跳转至提交订单页面，核实收货地址、联系信息、支付金额等内容，确认无误后单击"提交订单"按钮，如图2-14所示。

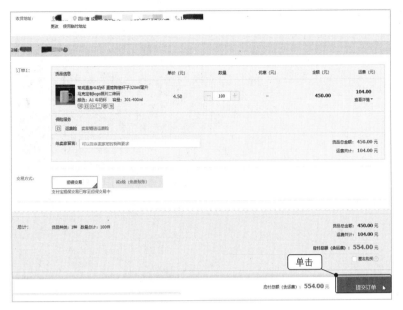

图2-14 提交订单页面

首次在1688上批发商品的卖家需要先完善收货地址信息，如果需要修改地址，也可以在第4步修改。部分商品需要支付运费，而部分商品则属于供应商包邮。具体的邮费、商品价格等，卖家可在线与供应商沟通。下单之前最好先和批发商核对好商品产地、包装、发货方式等信息，避免后续出现退换货等情况。

2.2.3 厂家进货

有部分卖家本身就有货源的优势，如有工厂货源，这种情况下可以直接从生产厂家进货，以大幅度减少流通环节的费用，并降低进货成本。

卖家直接从厂家进货，能够大幅度减少供应链环节，不仅能获得价格优势，还便于退换货的处理。供应链是指由原料商、生产商、分销商、零售商、消费者组成的具有整体功能的网络链，如图2-15所示。

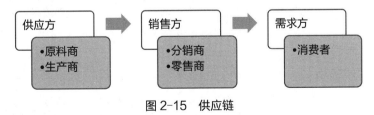

图2-15 供应链

在供应链中，商品是从供应方到销售方再到需求方；物流是从供应方到需求方；而资金流则是从需求方到供应方；其中还包括信息流各种角色之间的相互传递。供应链也可以概括为由物流、资金流和信息流组成的一个网络链。

供应链是链接供应商、卖家及消费者的一条通道，对于卖家而言，有利于提升店铺的运营效率。一条优秀的供应链具有产品（品质、价格）更优、物流更优、服务更优等特点。卖家应掌握供应链的基本内容，如计划、采购、配送、退货等，如图2-16所示。

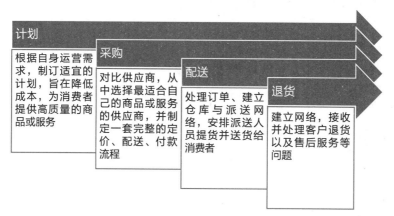

图2-16　供应链的基本内容

2.2.4　一件代发

一件代发就是把全网当作货源，把厂家的货上传到自家店铺后加价卖出去，从而赚取中间的差价。例如，某款商品在其他店的售价为88~99元，卖家通过一件代发将该产品上架到自家店铺，定价为110元。当有客户购买了此款商品，卖家就直接联系上层卖家发货，自己就可以赚到10元左右的差价。

在某社交平台，一个卖家曾分享过自己一件代发的创业经历。当时他是3家电商公司的老板，100多家淘宝一件代发店的卖家。在创业之前，他只是个穷小伙，一个纯粹的普通人。

起初，他做淘宝是很艰难的，要找货源、找供应商，由于经济条件差，启动资金只有5000元左右，租不起库房，也请不起员工，就自己学运营、学Photoshop、回旺旺消息、写快递单、打包发货……可以说是一个人承包了网店运营中的各项工作。但他也是幸运的，深知做生意抓风口的重要性。经过一年多的时间，他便把团队做到了20多人，一个天猫店、两个淘宝C店。

他能有今天的成绩，也得益于他的朋友。有一次他被邀请去参观朋友的电商公司，一下开了眼界。同为电商网店，但朋友的店铺不需要货源和供应商，即淘宝无货源（一件代发经营）。

所谓的一件代发就是以全网作为货源，通俗地说，就是把别人销量好的商品拿到自己的店里来卖，自己赚取中间差价。一件代发的门槛极低，只要有一台计算机，每天花3~4个小时挑选商品即可。当有买家购买商品时，卖家就从自己的上家下单并发货给买家，无须设置运营、美工等岗位，对卖家的运营要求也不高。

一件代发有着零成本的优点。新手卖家前期可通过一件代发模式来提高自己的选品能力、经营能力，为店铺的发展积累经验。目前一件代发基本只能通过电子商务批发网站完成铺货。如图 2-17 所示，进入 1688 网站，确定一款产品后，单击"一键铺货"按钮，再单击任意一个铺货渠道按钮，即可将产品上传到自己的店铺。

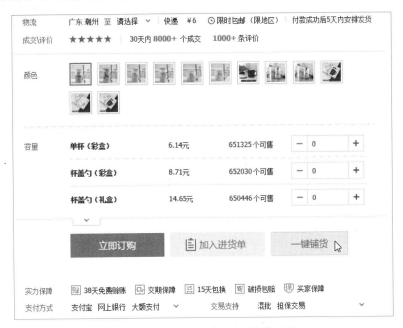

图 2-17　1688 的"一键铺货"功能

新手卖家在想创业又没有方向时，建议从一件代发开始，降低试错成本和风险。一件代发的规则简单，不需要囤货，也不需要做大量推广，特别适合新手。

2.2.5　国外产品

随着近年来信息的高速发展，国外不少优质产品渐渐走入国民视野，如韩国化妆品、法国香水等。不少卖家依靠这类国外产品，在电商市场中站稳了脚步，取得了成功。特别是在国外的促销活动中，很多商品都参与了打折、满赠活动。如果能在此时买进国外知名产品，然后在各大电商平台售卖，就有机会获得好的销量。

当然，部分卖家没有出国的机会，也就无法直接接触国外的产品。但由于目前互联网发达，不少卖家可以通过网络采购到打折的国外产品。例如，国外很多日用品牌都有所谓的"工厂店"，英文为"Outlet"，这些店铺是厂方直接开设的，省去了很多中间环节。因此价格比商场优惠不少，款式也更加丰富，打折商品的价格非常优惠。部分卖家通过网络将这些打折商品批量购买并运回国内销售，利润空间非常大。

第 3 章

网店开通与设置

本章导言

在网上开店应该先熟悉注册网店的基本流程，以及店铺的基本设置。不同的电商平台有多种店铺类型，卖家要在了解店铺类型应满足的条件后准备所需资料，再根据系统提示提交资料。在店铺顺利开通后，需要设置店铺基本信息，如店铺名、店铺简介等。本章将为大家详细讲解网店的开通与设置的相关内容。

学习要点

- 了解网上注册店铺的基本流程
- 了解不同类型网店的注册与开通流程
- 了解网店设置的基本内容

3.1 在网上注册店铺的基本流程

无论选择在哪个平台开设网店,都需要提前了解相应平台的开店流程,如了解常见的开店条件、规则,并准备好平台所需资料,再根据系统提示逐步完成店铺的开设。这里以注册淘宝个人店铺为例,详细讲解网店注册的基本流程。

3.1.1 了解平台开店的条件与规则

卖家在开店之前,可先进入对应电商平台的官方网站查看开店的条件与规则。例如,打算开设淘宝店的卖家,可先打开淘宝网首页,单击上方的"免费开店",如图3-1所示。

图 3-1 单击"免费开店"

待系统自动跳转至淘宝招商页面后,点击"开店教程",如图3-2所示。

图 3-2 单击"开店教程"

系统自动跳转至淘宝个人店铺的入驻流程页面,如图3-3所示。

图 3-3 淘宝个人店铺的入驻流程

根据入驻流程页面的提示，卖家可大致了解开通网店需要准备的资料。如果对开店还有疑问，卖家可单击"常见问题"，查看多个与开店相关的问题及答案，如图3-4所示。

图3-4　常见问题页面

3.1.2　准备好平台所需资料

卖家在查看网店入驻流程后，可根据流程中所提及的要求准备所需资料，如淘宝个人账号、支付宝账号等。如果是开设企业店铺，卖家还应准备好企业资质等相关资料。

1. 淘宝个人账号

淘宝个人账号相当于个人在淘宝网的"身份证"，无论是卖家还是买家，都需要注册一个专属于自己的账号，今后才能在该网站上进行交易。那么，如何注册淘宝个人账号呢？这里以用手机号注册淘宝个人账号为例，具体操作步骤如下。

第1步　在浏览器中输入淘宝网的网址，打开淘宝网首页，单击"免费注册"，如图3-5所示。

图3-5　单击"免费注册"

第2步　系统自动跳转至用手机号注册账号页面，输入手机号并输入手机收取的验证码，然后单击"同意协议并注册"按钮，如图3-6所示。

图3-6　单击"同意协议并注册"按钮

第3步　跳到新页面后即可看到注册成功的提示，如图 3-7 所示。

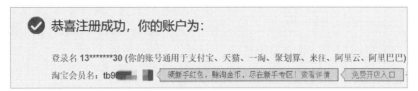

图 3-7　提示注册成功的页面

2. 支付宝账号

支付宝作为国内领先的独立第三方支付平台，致力于为中国电子商务提供简单、安全的在线支付解决方案，在淘宝网、拼多多等电商平台被广泛应用。在淘宝平台，买家看中并购买商品后，货款会打到淘宝处，然后淘宝通知卖家发货，买家收到货后，通知淘宝，淘宝再把货款转到卖家的支付宝。

卖家在创建新的淘宝个人账号时，系统将自动为用户创建一个以手机号为账户名的支付宝账号。支付宝账号分为个人支付宝账号和企业支付宝账号，支付宝账户被激活之后才可以使用。打开个人支付宝具体操作步骤如下。

第1步　登录淘宝网以后，单击"我的淘宝"，进入新页面，单击"我的支付宝"，如图 3-8 所示。

图 3-8　单击"我的支付宝"

第2步　进入个人支付宝页面，即可查看支付宝账户名、头像等内容，如图 3-9 所示。

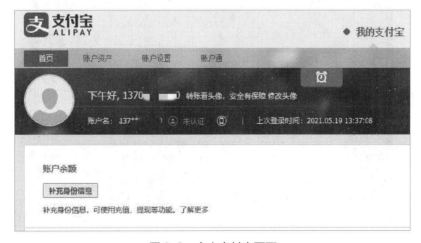

图 3-9　个人支付宝页面

从图 3-9 中可以看到，该账号未通过认证，也没有完整的身份信息，故无法使用充值、提现等功能。支付宝账号通过认证后，相当于拥有了一张互联网"身份证"，卖家运用该"身份证"可以在淘宝网、拼多多等众多电子商务网站开店。因此，建议卖家在上述步骤中单击"补充身份信息"按钮，完成支付宝账号的认证。

3.2 不同网店的注册与开通实操

卖家在了解平台开店条件及准备好开店所需资料后，即可根据系统提示注册网店。不同平台的网店注册步骤虽有所差异，但基本上根据系统提示操作即可完成。这里以开通常见的淘宝、天猫及拼多多店铺为例，对网店注册与开通进行详细介绍。

3.2.1 淘宝网店的注册与开通

淘宝规定，凡申请新店都必须完善信息，且必须通过支付宝身份验证及淘宝开店验证。免费开店的具体操作步骤如下。

第1步 在淘宝网登录淘宝账号后，单击"免费开店"，如图 3-10 所示。

图 3-10 单击"免费开店"按钮

第2步 淘宝店铺分为个人开店和企业开店，这里以个人开店为例进行讲解。进入免费开店页面后单击"个人开店"按钮，如图 3-11 所示。

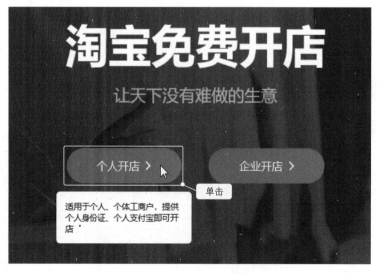

图 3-11 单击"个人开店"按钮

第3步 跳转至"个人开店"页面,单击"已准备好,开始开店"按钮,如图3-12所示。

第4步 跳转至"个人开店"页面,填写店铺名称、账号名等信息后,选中最后两个选项,单击"0元开店"按钮,如图3-13所示。

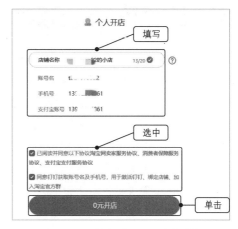

图3-12 单击"已准备好,开始开店"按钮　　　图3-13 单击"0元开店"按钮

第5步 系统跳转至千牛页面,用手机端淘宝根据提示扫描页面中的二维码,如图3-14所示,并完成开店认证。

图3-14 千牛页面

第6步 跳转至开店完成页面,如图3-15所示。

图3-15 开店完成页面

完成以上操作，即可成功创建一个淘宝个人店铺。卖家可继续进行进货、分销、发布商品、设置店铺等操作。

3.2.2 天猫网店的注册与开通

天猫作为一个综合性购物网站，提供更有品质保障的商品及服务。不少买家在淘宝网中搜索某个商品时，不难发现天猫店铺商品的占比比较大。如图 3-16 所示，在手机端淘宝中搜索"袜子"，搜索结果页面中的 4 件商品中有 3 件来自天猫店铺，因此有不少卖家想开通天猫店铺售卖商品。相较于申请淘宝店铺，申请天猫店的难度更大，门槛也更高。卖家可在天猫的商家入驻中查看店铺入驻流程，如图 3-17 所示。

图 3-16　手机端淘宝"袜子"搜索结果页面

图 3-17　天猫店铺入驻流程

从图 3-17 中可以看出，天猫店的开通需要提供多种资料并等待较长的审核时间，需要卖家花费更多的时间和精力。而且，在天猫平台，各店铺类型需要准备的资质材料略有不同，卖家可根据自己的商品来查阅相关要求。

官方的招商规则显示，珠宝/钻石/翡翠/黄金类商品的天猫旗舰店招商入驻要求如下。

- "珠宝/钻石/翡翠/黄金"类目自荐品牌须提供商标注册证（R 标）。
- 如果经营进口商品，则须提交中华人民共和国海关进口货物报关单扫描件，报关单上应展现对应品牌名称及商品名称。
- 专营店须提供以商标权人为源头的二级内完整授权。
- 所有提交的资料需要加盖开店公司公章（鲜章）。

更多的资质要求，可在天猫规则中心的"入驻要求"中查阅。图 3-18 所示为珠宝/钻石/翡翠/黄金类商品需要提供的企业资质及品牌资质。

图 3-18　珠宝/钻石/翡翠/黄金类商品天猫旗舰店铺的企业资质和品牌资质要求

满足天猫店铺注册要求的卖家，准备好相应的资料后根据系统提示进行操作，在通过系统审核后便可顺利开通天猫店铺。

3.2.3　拼多多网店的注册与开通

在拼多多平台开设网店的门槛较低，只要店主年满 18 周岁，再有一部专用手机及手机号，即可开通一个店铺。在拼多多平台免费开店的具体操作步骤如下。

第 1 步　在手机上下载并安装拼多多商家版 APP，如图 3-19 所示。

第 2 步　打开拼多多商家版 APP，点按"立即登录/注册"按钮，如图 3-20 所示。

图 3-19　点按"打开"按钮

图 3-20　点按"立即登录/注册"按钮

第3步　进入新页面，点按"0元开店"按钮，如图3-21所示。

第4步　进入新页面，填写手机号和验证码，点按"立即入驻"按钮，如图3-22所示。

图3-21　点按"0元开店"按钮

图3-22　点按"立即入驻"按钮

第5步　进入新页面，选择商家类型等内容，点按"提交"按钮，如图3-23所示。

第6步　进入新页面，点按"立即设置"按钮，如图3-24所示。

图3-23　点按"提交"按钮

图3-24　点按"立即设置"按钮

第7步 在新页面中输入店铺名称、选择主营类目、输入登录密码等，点按"前往填写资料"按钮，如图3-25所示。

第8步 进入新页面，上传身份证照片，点按"下一步（人脸验证）"按钮，如图3-26所示。

 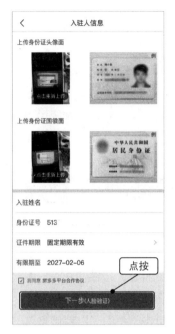

图3-25 点按"前往填写资料"按钮　　图3-26 点按"下一步（人脸验证）"按钮

第9步 跳转至新页面，根据提示完成人脸验证，如图3-27所示。

第10步 跳转至验证通过页面，即可创建一个店铺，图3-28所示。点按"发布商品"按钮，即可发布商品。

图3-27 人脸验证页面　　　　　　图3-28 验证通过页面

根据以上操作可申请拼多多个人店铺,如果卖家要申请旗舰店、专卖店、专营店,就需要在电脑端申请入驻。

3.3　网店设置的基本内容

注册好店铺后,接下来需要进一步设置店铺信息,如设置店铺名称、上传店铺标志、填写店铺简介等,这样有利于增强客户对店铺的信任感。同时,为了便于其他员工做更多有利于店铺运营的工作,卖家还应了解如何对员工设置权限。这里以设置淘宝个人店铺为例,进行详细讲解。

3.3.1　设置店铺基本信息

淘宝网提供的店铺基本设置功能可以帮助卖家快捷而方便地完成各项店铺设置,如设置店铺名称、店铺标志、店铺简介等。淘宝个人店的店铺基本设置步骤如下。

第1步　单击千牛的"店铺信息",如图3-29所示。

第2步　进入"店铺信息"页面,可以看到淘宝账号名、开店时间等信息,单击右侧的"编辑信息"按钮,如图3-30所示。

图3-29　单击"店铺信息"

图3-30　单击"编辑信息"按钮

第3步　进入新页面,设置店铺名称、店铺标志、联系地址等信息,单击"保存"按钮,如图3-31所示。

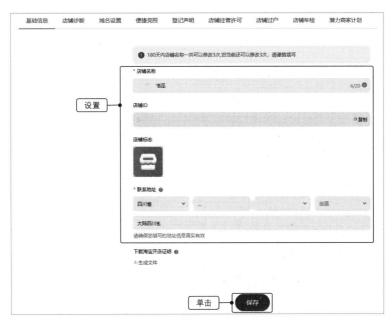

图 3-31　单击"保存"按钮

卖家在设置店铺信息之前，应提前准备好所需资料，如店招、商品图片等。在填写店铺介绍时，为了让内容更丰富，可添加相应的图片和彩色文字。

3.3.2　设置子账号

卖家在经营网店的过程中，有时需要多个店员同步操作店铺信息，如同时上架商品、接待客户、修改商品详情页等。那么，如何让更多人同时操作呢？这里可借助子账号来开通更多员工的权限。

子账号业务是淘宝及天猫提供给卖家的一项一体化员工账号服务，卖家用主账号创建员工子账号并授权后，子账号可以登录"千牛卖家中心"管理店铺，也可以登录旺旺接待客户。同时，主账号可对子账号的业务操作进行监控和管理。这里以设置一个运营子账号为例进行讲解，具体操作步骤如下。

第1步　在千牛"店铺"选项卡的"子账号管理"中，单击"新建子账号"按钮，如图 3-32 所示。

图 3-32　单击"新建子账号"按钮

第2步 进入新建子账号页面，完善子账号的账号名称、部门等信息，单击"确认新建"按钮，如图3-33所示。

图3-33 单击"确认新建"按钮

第3步 跳转至子账号页面，可以看到新建的子账号的账号、部门、岗位等信息，如图3-34所示。

图3-34 新建的子账号信息页面

操作完成后，即可新建子账号。

第 4 章

网店商品上架与管理

本章导言

开设好网店后,卖家需要上架商品让店内有货可卖。上架商品前,卖家应熟悉商品上架的步骤及上架商品过程中的细节工作,如设置商品定价、写好商品标题、拍摄商品图片等。

学习要点

- 熟悉商品上架步骤
- 了解商品定价法则及技巧
- 了解商品标题、图片及详情页的重要性
- 掌握管理商品的基本操作

4.1 上架商品很简单

卖家在创建好一个网店后,接下来就是上架商品,让店内有货可卖。虽然不同电商平台上架商品的步骤有所差异,但总的来说都是上传商品图片、视频,撰写商品描述并设置商品售价和库存等信息。

以淘宝店铺为例,上架商品的大致步骤如图 4-1 所示。

图 4-1　上架商品的步骤

卖家在了解商品上架的步骤后,可尝试进行商品上架实操。为进一步帮助卖家了解上架商品的操作细节,这里以在淘宝平台发布一个全新商品为例进行详细讲解。

第1步 在千牛"商品"选项卡的"我的宝贝"中,单击"发布新商品"按钮,如图 4-2 所示。

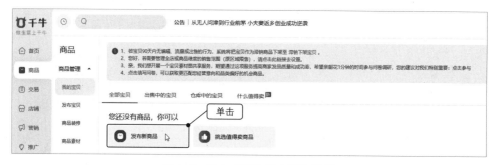

图 4-2　单击"发布新商品"按钮

第2步 进入新页面，上传商品主图，如图4-3所示。

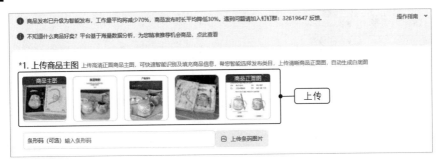

图4-3　上传商品主图

第3步 下拉右侧的滚动条，设置商品类目及商品属性，单击"确认类目，继续完善"按钮，如图4-4所示。

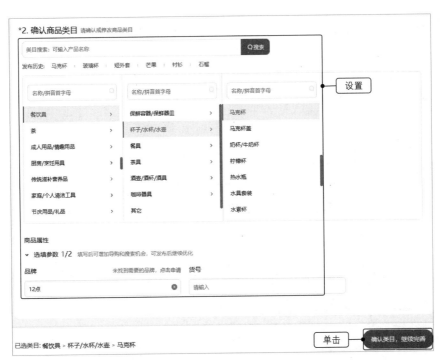

图4-4　单击"确认类目，继续完善"按钮

提示	商品类目指的是商品的类别，卖家在发布商品时，可在分类列表区域中选择所销售商品的详细分类。选择分类的方式为先确定商品大类，然后选择小的分类。 正确选择商品分类是十分重要的。首先，很多电商网站对商品分类有硬性规定，如果发现商品被放错分类，就可能会导致商品被扣分或被下架。其次，部分买家会根据商品类目来搜索目标商品，故卖家在设置商品类别时，应做到精准、细致，这样才能提高目标客户搜索到商品的概率。

第4步 跳转至新页面，填写标题信息，如图4-5所示。

图4-5 填写标题信息

第5步 下拉右侧的滚动条，设置商品产地、容量、材质等信息，如图4-6所示。

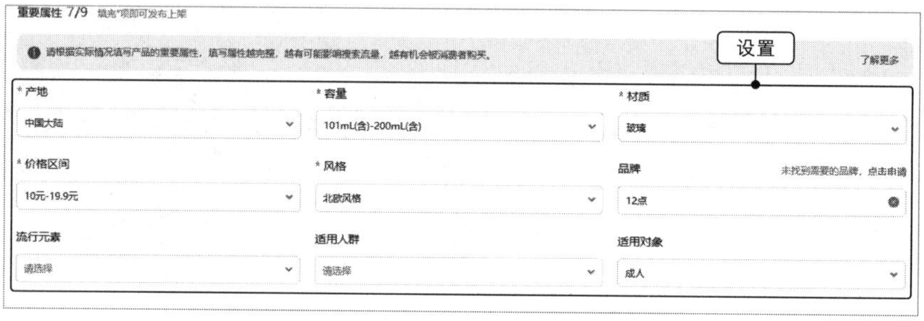

图4-6 设置商品产地、容量、材质等信息

第6步 继续完善商品属性，设置宝贝类型、采购地等信息，如图4-7所示。

图4-7 设置宝贝类型、采购地等信息

提示　商品属性指的是商品的材质、颜色、功能等，商品属性也决定了商品的卖点。商品的属性最终将呈现在商品详情页中，这些属性信息也会在一定程度上影响买家的购买欲望。因此，卖家最好全面了解商品属性后如实填写，避免因误填信息而造成交易纠纷。

第7步 继续设置商品颜色、价格、数量等信息，如图4-8所示。

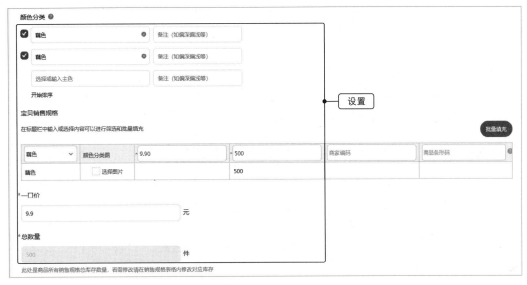

图4-8　设置商品颜色、价格、数量等信息

第8步 完善商品销售信息，如实填写商品的颜色分类、价格、库存等信息，如图4-9所示。

图4-9　填写商品的颜色分类、价格、库存等信息

| 提示 | 卖家在完善销售信息时，如实填写商品颜色和数量等信息即可。其中，"一口价"为商品的最终售价，这在很大程度上决定了买家的购买意愿，故卖家最好精心测算后再填写。|

第9步 完善售后服务、提取方式等信息，如图4-10所示。

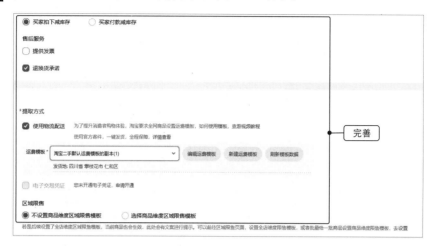

图4-10 完善售后服务、提取方式等信息

提示　通过网店交易的实物商品，都需要通过物流运送到买家手中，故需要卖家完善物流信息。为了方便设置物流信息，卖家可提前设置好运费模板，以便于发布商品时直接使用。使用运费模板为某类商品设置专门的运费模板，以后发布商品时只要选择此模板即可，无须再进行物流信息设置。

第10步 完善商品图片、视频、描述等信息，如图4-11所示。

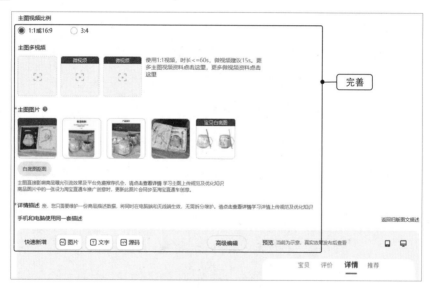

图4-11 完善商品图片、视频、描述等信息

提示　填写商品图文描述是上架商品过程中尤为重要的一个环节，它将直接影响消费者的购买意向。商品图文描述主要包括电脑端宝贝图片、主图视频、宝贝视频及电脑端和手机端详细描述等。

第11步 设置上架时间，单击"发布上架"按钮，如图4-12所示。

图4-12 单击"发布上架"按钮

完成以上操作并稍等片刻，页面会提示商品发布成功，并且商品会被自动放入在线仓库。

4.2 设置商品的定价

卖家在上传商品时需要填写商品的定价。虽然填写数字这个步骤极为简单，但价格需要卖家深思熟虑，因为商品的定价是影响商品转化率的重要因素之一。商品定价既要考虑成本，又要考虑买家对价格的接受能力。

4.2.1 商品定价法则

为了让一个商品获得更大销量和利润，卖家需要根据实际情况制订出适合自己的定价方法。大部分商品的定价应遵循稳定性、目的性和盈利性，在保证卖家自身利润的前提下，售卖更多商品。网店商品定价的方法多种多样，这里列举了3种常见的定价方法，如图4-13所示。

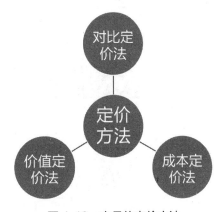

图4-13 商品的定价方法

1．对比定价法

对比定价法是指参考市场上已经形成的价格来对自己的商品进行定价的方法。在电商平台中，同一类型的商品可能有成千上万件，买家在购买商品时难免对比其他家同类商品的价格。故卖家在为商品定价时，可参考同类商品价格。例如，卖家在为某拖鞋定价时，可打开某一电商平台（这里以拼多多平台为例），输入商品关键词，查看同类商品的价格区间。如图4-14所示，拼多多平台的拖鞋的定价在5.8~8.9元之间。

在电商平台中，诸多同类商品放在一起展示，很容易被对比价格。对于高出同类产品平均价格的情况，除非有充分的理由说服消费者，否则难以被消费者接受。因此，在为商品定价时，最好参照同类产品的价格，而不是只看商品价值。

2．成本定价法

成本定价法是指根据商品的采购成本，再加上期望的利润形成最终售价的定价方法。成本定价法简单易用，应用范围最广。例如，一个杯子的各种成本共计5元，卖家可以在参考同类商品的价格（假设同类商品的售价在6~9元）后，将定价设置为9.9元，赚取4.9元的利润。

3. 价值定价法

价值定价法是指根据目标客户的痛点指定商品价格。在进入一个行业时，卖家可以先围绕货源优势确定服务什么类型的消费者，再根据消费者来制定价格。比如，部分人希望找到心理医生疏导自己的情绪，但线下心理咨询不仅收费贵，还需要花费很多时间。因此，很多有心理咨询资质的工作室就在电商平台开设了店铺，为客户疏导情绪。那么，这类服务的价格就可由卖家自行制定，只要客户认可卖家的服务，便愿意支付相应的费用。图4-15所示为某心理咨询服务的详情页，30分钟20元的价格就是由卖家根据自己提供的服务价值而设定的。

图4-14　拼多多平台"拖鞋"搜索结果页面（部分）

图4-15　某心理咨询服务的详情页

除此之外，还有很多以价值定价的商品，只要买家认为该商品或服务物有所值，就愿意付相应的费用来购买。

4.2.2　商品定价技巧

定价直接影响买家的消费意向，有技巧的定价更容易给买家带来心里刺激。除了上述定价法则以外，还有一些定价技巧供卖家参考。常见的商品定价技巧主要包括高、低定价法，整数与非整数定价法及吉利数字定价法和分割定价法，如图4-16所示。

图4-16　常见的商品定价技巧

1. 高定价法

高定价法是通过将商品价格定得高于其他同类商品价格的一种定价法，高定价法既能满足买家追求质量、款式的心理，又能给卖家带来更为丰厚的利润。如图 4-17 所示，在拼多多平台搜索"抽油烟机"这一商品，在销量排名下可见价格为 298 元的商品已拼数量远超价格为 139 元的商品。

当然，并不是所有商品都适用高定价法，只有部分能凸显商品价值、服务或能满足买家心理需求的商品或服务才适用。部分买家在购买商品时认为高价格的商品质量更有保障，特别是一些愿意提供高服务的商品。

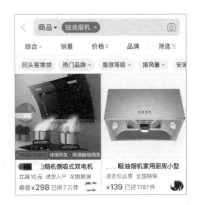

图 4-17　抽油烟机的搜索结果页面（部分）

2. 低定价法

低定价法是指制定低于正常价格的商品价格，以提高商品竞争力。店铺做活动时，卖家往往会为店内销量较好的商品设定低于同类商品价格的售价，以此提高商品的曝光量。低定价的商品销量往往会比较好，有机会带动店内其他商品的销量，以此提高整个店铺的销量和利润。

在拼多多平台中，搜索"鼠标"这一关键词，两款售价不一的商品已拼数如图 4-18 所示。价格为 6.67 元的商品的已拼数量为 10 万+件，而价格为 24.15 元的商品的已拼数量为 3 万件，由此可见，部分低定价商品可以满足买家追求物美价廉的心理，获得更好的销量。

当然，卖家在使用低定价法则时，必须考虑成本，只有成本足够低廉才能支持低价销售。

3. 整数定价法

整数定价法是指为迎合买家"求方便"的心理，将商品价格定为以"0"结尾的整数。这一定价法容易给买家留下方便、简洁的印象，在知名品牌、品牌商品中尤为常见。图 4-19 所示的某国际知名品牌化妆品就采用了整数定价法。

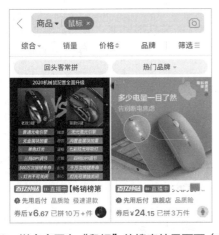

图 4-18　拼多多平台"鼠标"的搜索结果页面（部分）

图 4-19　采用整数定价法定价的商品

4. 非整数定价法

非整数定价法是指当商品价格接近整数时，以接近整数的方式来设定商品的最终价格。与整数定价法相比，非整数定价法更能给买家带来价格低、划算等感受，应用也更为广泛。如图4-20所示，在淘宝平台搜索"羽毛球拍"，默认排序下的多个商品的价格均为非整数。

5. 吉利数字定价法

吉祥数字定价法是指利用买家对某些数字的发音联想和偏好制定价格。例如，6、8、9这类数字在我国通常都有吉祥的寓意，常出现在商品定价中。在淘宝平台搜索"花瓶"，通过搜索结果页面可以看到，虽然各个商品的价格差异较大，但大多数商品都用到了"8""9"等具有吉祥寓意的数字，如图4-21所示。

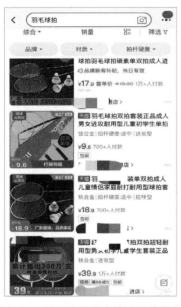

图4-20　采用非整数定价法定价的商品

图4-21　采用吉利数字定价的商品

6. 分割定价法

分割定价法是指通过分解价格的方式，让买家认为商品很优惠。这一定价方法多用于商品主图中。如图4-22所示，某抽纸主图中显示了"每包约5毛"的信息，把原来27.8元的价格分割到每一包纸上，给人便宜、实惠的感觉。

图4-22　采用分割定价法的商品

除以上定价技巧外，还有组合定价法、分层定价法等。卖家可根据商品属性尝试不同的定价技巧，选择最适合自己的定价方法。

4.3 做好商品描述

在网店购买商品时，买家无法直接查看、触摸商品，只能通过卖家的图片、视频及描述来了解商品。因此卖家在上架商品时，对于商品图片和视频应精挑细选，撰写的文案也应突出卖点，这样才能在最大程度上吸引买家下单。

4.3.1 写好商品标题

每个商品标题都由多个关键词组合而成，好的标题既有利于增加商品曝光量，也有利于目标买家下单。不过，一个商品的标题也不是简单由关键词堆砌就可以的，多数商品的标题是由表 4-1 所示的 3 种关键词组合而成的。

表 4-1 商品标题结构

关键词名称	关键词的作用和建议
名称词	旨在让买家迅速得知商品的大类目、小类目。建议选取能准确描述商品属于什么类目的词
感官词	旨在提高买家对商品的兴趣。建议重点突出商品卖点
优化词	旨在提高商品被搜索的概率。建议选取高频关键词，提高商品被搜索量

拼多多平台的某款发夹的标题为"大抓发夹后脑勺发卡头发夹子头饰女韩国优雅气质鲨鱼夹子抓夹发抓"，如图 4-23 所示。"发夹"是商品名称词；"韩国""优雅""气质"等关键词能满足买家对发夹的外观需求，属于感官词；"抓发夹""头饰""夹发抓"等关键词则便于买家搜索，属于优化词。

从图 4-23 中可以看出，该款发夹销量已过 10 万件，由此可见，一个既有利于被搜索又能热销的商品的标题，应该同时具备名称词、感官词和优化词。卖家平时可以多收集一些商品可用关键词，经过多重组合的方式，找到被搜索概率最大、最具吸引力的标题。

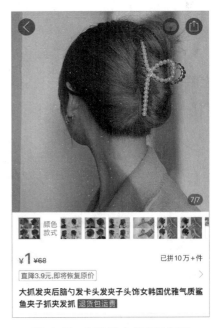

图 4-23 某款发夹的商品标题

4.3.2 优化商品图片提升视觉效果

商品图片直接影响商品的点击率和转化率。好的图片能激起买家点击的欲望，同时，还能刺激买家下单。外观相似的两个商品，可能由于主图不同，最终导致两个商品的销量差异明显。例如，同为蝴蝶结发夹，图 4-24 所示的商品图片采用真人拍摄，买家可以直观地看到试戴的真实效果，该商品月销 3 万多件；再看图 4-25 所示的外观相似的商品，同时展现了 5 个不同颜色的商品，无法突出商品本身，且因为难以让人联想到试戴效果，即使价格比前者更为划算，月销也仅 3 件。

图 4-24 月销 3 万多件的商品图片

图 4-25 月销 3 件的商品图片

卖家在上传商品图片时，选取的图片必须经过优化且能展现卖点。对于大多数商品，优化图片可从图 4-26 所示的几点入手。

1. 商品背景

拍摄商品图片时，将拍摄对象置于合适的背景中，不仅能突出主体，还能为拍摄画面营造浓厚的现场感与真实感。对于大多数商品，一般选择简洁、干净的背景。例如，在拍摄珠宝时，选取纯色背景最佳，图 4-27 所示的手镯选用了纯白色的背景。在拍摄珠宝类商品时，需要重点展示商品的外观、造型、质感等，选择纯白色的背景有利于突出手镯的亮度，让手镯看起来更有高级感。

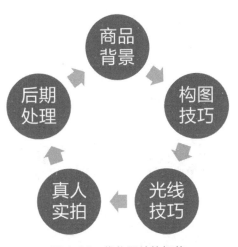

图 4-26 优化图片的细节

图 4-27 采用纯白色背景的商品

提示　并非所有商品都适合选用纯色背景。例如,服饰、鞋帽等商品可采用真人实拍,背景尽量选择生活化的商场、公园、旅游景点等。

2. 构图技巧

构图是拍摄图片时的要点之一,是指商品主体(单个或多个)在照片或视频画面中的位置,以及商品主体与背景所形成的视觉效果。恰到好处的构图能更好地展现商品的主题与美感。

构图技巧多种多样,如对称构图法、九宫格构图法、斜线构图法等。拍摄图 4-28 所示的项链时,采用了对称构图法,将商品放置于画面横向居中的位置,左右两边的对称使整张图片具有画面感的同时又不失平衡感。

图 4-28 采用对称构图法拍摄的商品图片

3. 光线技巧

拍摄大部分实物商品时,仅依靠自然光线是远远不够的。为了更好地展现商品,卖家应在摄影棚中布置好光源,如主灯、顶灯、闪光灯、背景灯光、辅助灯光等。当光线从不同角度照射到商品上时,会产生不同的效果。充分利用光线的射入角度,可以对商品进行不同的诠释,如表现商品的质地、厚薄、软硬等,让消费者更全面地了解商品,从而促成交易。常见的用光技巧包括顺光拍摄、侧光拍摄、逆光拍摄、顶光拍摄,如图 4-29 所示。

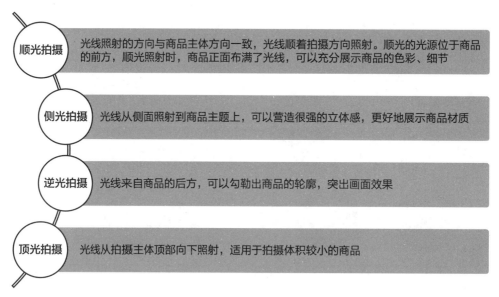

图 4-29 常见的用光技巧

卖家在拍摄商品时，可以同时采用不同的光线拍摄，从而更全面地展示商品特点。

4. 真人实拍

对于部分商品，要取得更好的拍摄效果，应该找真人实拍。特别是服装、首饰、鞋帽类等商品，图片不仅要吸引人、清晰、漂亮，还要向买家传达丰富的信息，如商品的大小、颜色、上身效果。相比平铺的商品照片，使用真人模特的照片更能体现商品的上身效果，也更具代入感。例如，同一款儿童连衣裙，图 4-30 所示的主图采用真人拍摄，展示了连衣裙的上身效果，销量达 1.3 万件；而图 4-31 所示的主图则采用衣架挂拍，无法全面地展示连衣裙的板型和试穿效果，销量仅寥寥几件。

图 4-30 真人拍摄的连衣裙图片

图 4-31 衣架挂拍的连衣裙图片

5. 后期处理

在拍摄商品的过程中，难免会遇到一些问题，如曝光过度、图片过大等。为了避免这些问题，卖家可以对商品图片进行后期处理，如调整图片大小、改善图片曝光度、添加店铺水印等，从而生成一张张精美的图片。常用的图片后期处理工具有很多，如 Photoshop、光影魔术手、美图秀秀等。

4.3.3 撰写商品描述

很多卖家在上传商品时，选择上传部分商品图片再进行简单的文字描述就生成了商品描述，这样得到的结果往往不尽如人意。究其原因不难发现，商品描述过于简单、普通，无法展现商品的卖点，自然无法吸引目标消费者下单。大部分买家在通过标题和主图进入详情页后，往往需要通过详情页的商品描述对商品进行了解。由此可见，详情页文案对于商品而言，起着重要的作用。那么卖家应该如何撰写商品描述呢?

1. 介绍商品基本信息

以水杯为例，商品描述须展示品牌名、品名、容量、尺寸、材质等；以服饰为例，则须展示服饰的品牌、材质、颜色等。图 4-32 所示为某衬衣的商品详情页中衬衣的基本信息，包括适用年龄、图案、质地、尺码等信息。

宝贝详情　累计评论 13049　专享服务　手机购买

适用年龄: 18-24周岁	质地: 其他	尺码: S码 M码 L 均码
图案: 纯色	风格: 甜美	甜美: 日系
领型: 娃娃领	衣门襟: 单排多扣	颜色分类: 白色 白色短袖 优质版 白...
袖型: 常规	成分含量: 30%及以下	年份季节: 2021年夏季
袖长: 短袖	衣长: 短款(40cm<衣长≤50cm)	服装版型: 直筒
服装款式细节: 蝴蝶结 口袋 纽扣		

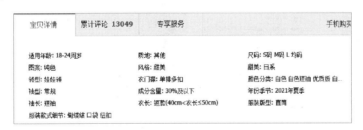

图 4-32　衬衣的基本信息

对于部分商品，还需展示商品的适用人群、使用场景等，买家通过这些信息能基本了解商品。卖家在与供应商联系时，应该索要每一件商品的详细信息。

2. 突出商品卖点

商品文案除了要展示商品的基本信息外，还需要提炼商品的核心卖点，以吸引目标消费者的注意力。图 4-33 所示的遮瑕膏用图文形式描述了商品能解决的四大肌肤问题，突出了遮瑕膏的四大卖点，可以吸引有相应需求的买家下单。

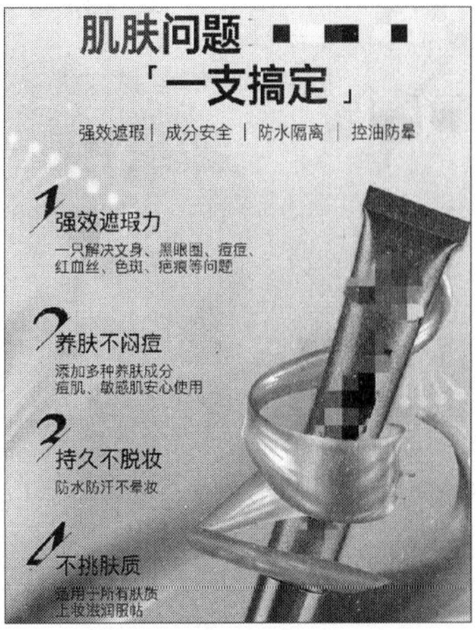

图 4-33　突出遮瑕膏四大卖点的详情页文案

3. 增强买家的信任度

商品文案在展示商品信息的同时，也在向买家传递商品实力和店铺形象，给买家留下印象。为了增强买家对商品、对店铺的信任度，卖家可以在详情页中展示购买须知、客户评论、特有证书、实力工厂等内容。

如图4-34所示,某保温杯的商品详情页展示了药品管理局检测证书、使用材质检测报告等,直接向客户传递了该商品为正品、有质量保证等信息,可以增强客户对店铺的信任感。

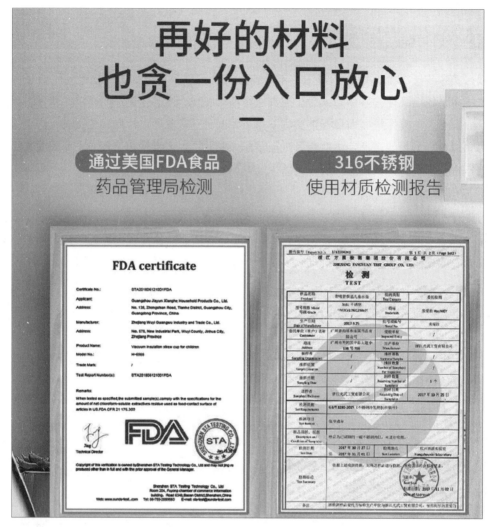

图4-34 某保温杯的商品详情页(部分)

4. 引导买家下单

展示商品基本信息、卖点信息,以及证明商品实力的信息后,还可以引导买家下单。如图4-35所示,某小风扇的商品图片下方标有"券后￥2.9元起"的文字,提醒买家领取优惠券,可以最低价2.9元购入商品,以此刺激买家下单。

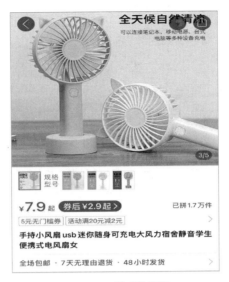

图 4-35 券后价提示

另外,卖家可以在详情页放上与商品或品牌相关的故事,通过打感情牌来刺激买家下单。同时,为避免售后服务、交易纠纷,卖家可以提前在详情页标明退换货的一些注意事项,这样既可以打消买家的顾虑,也可以在以后发生纠纷时有理有据。

卖家还可以在商品描述中添加相关宝贝推荐,如本店热销宝贝、特价宝贝等,即使买家对当前所浏览的商品不满意,也可以更便捷地浏览店内其他商品。

4.4 拼多多商品上架实操

各大电商平台的商品上架流程非常相似,将商品详细信息,如属性、价格、库存、描述等上传并发布,即可成功上架商品。在拼多多商家版 APP 发布商品的步骤更为简便,下面详细介绍在拼多多平台上架商品的操作。

4.4.1 缴纳店铺保证金

拼多多虽然是 0 元开店,但为了保障卖家及买家的权益,平台要求各个类目店铺缴纳一定的保证金。对于没有缴纳保证金的店铺,则会有一定的限制,如限制报名活动、付费推广等。缴纳店铺保证金的操作如下。

第 1 步 进入拼多多商家版 APP,点按"你尚未缴纳保证金……"的提示信息,如图 4-36 所示。

第 2 步 进入缴纳店铺保证金页面,查看缴纳保证金的信息提示,然后点按"立即缴纳"按钮,如图 4-37 所示。

图 4-36 点按"你尚未缴纳保证金……"的提示信息

第3步 进入充值店铺保证金页面,查看自己店铺所属类目须缴纳的保证金金额,输入要充值的金额后点按"确认充值"按钮,如图4-38所示。

图4-37 点按"立即缴纳"按钮　　　图4-38 点按"确认充值"按钮

根据以上操作即可跳转至支付金额页面,完成店铺保证金的缴纳操作。卖家在拼多多平台退店时,保证金会退还给卖家。

4.4.2 上架商品

开设店铺并缴纳店铺保证金(部分商品可暂时不缴纳保证金)后,卖家即可发布商品。在拼多多平台上架商品的具体操作方式如下。

第1步 在手机端打开并登录拼多多商家版APP,点按首页中的"立即发布"按钮,如图4-39所示。

第2步 在发布商品页面设置商品标题、价格等信息,确认后点按"所有属性",如图4-40所示。

图4-39 点按"立即发布"按钮　　　图4-40 点按"所有属性"

第3步　进入商品属性页面，设置各项属性后点按"保存"按钮，如图 4-41 所示。

第4步　为完善内容，待跳转至发布商品页面后，点按"显示全部"，设置更多商品信息（如填写商品详情、商品参考价等），设置好全部商品信息后，点按"创建"按钮，如图 4-42 所示。

图 4-41　点按"保存"按钮　　　　图 4-42　点按"创建"按钮

第5步　进入新页面可查看商品的本次提交价格、优惠后最低价等信息，确认信息无误后，点按"继续提交"按钮，如图 4-43 所示。

第6步　系统提示商品"发布中"，如图 4-44 所示。

图 4-43　点按"继续提交"按钮　　　　图 4-44　商品发布中

在拼多多平台上架商品的过程中，商品需通过审核才能顺利上架。在填写商品信息时，用简短的语言说明商品的优点即可。切记不能在描述中填写与平台无关的引流信息，否则商品将无法成功上架。

4.4.3 查看新商品的发布进展和状态

卖家在发布商品后，可进入店铺后台查看商品的发布进展和状态。进入店铺后台的方法为点按首页的"商品管理"按钮，如图4-45所示。

进入商品管理页面后即可查看商品状态，如"在售中""已售罄""已下架""草稿箱"等，如图4-46所示。卖家可在这一页面中对商品进行调整，如改库存、改价、编辑等。

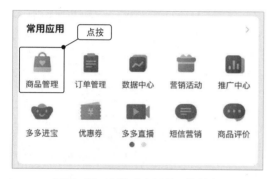

图4-45 点按"商品管理"按钮

图4-46 商品管理页面

对于发布被驳回的商品，会处于"草稿箱"中。卖家可及时查看被驳回的原因，并对其进行调整后重新发布。

4.5 管理商品

卖家在上架商品后，并非一劳永逸只等消费者下单了，还需要对商品进行管理，如上下架商品、修改信息、删除商品等。

4.5.1 上架仓库中的商品

大部分商品在填写信息后即可成功上架，但考虑到部分商品需要在凌晨上架或其他原因，卖家在填写信息后会选择将这类商品放入仓库，故卖家还需要上架商品，商品才能呈现在买家的面前。上架仓库中的商品的方法很简单，具体操作步骤如下。

第1步 在千牛"商品"选项卡中，单击"我的宝贝"，如图4-47所示。

图4-47 单击"我的宝贝"

第2步 进入"全部宝贝"页面，可以看到出售中、仓库中的商品，选择一款处于"仓库中"状态的商品，单击商品右侧的"更多"，在弹出的下拉列表中选择"立即上架"选项，如图4-48所示。

图4-48 选择"立即上架"选项

第3步 在弹出的对话框中，单击"确认"按钮，如图4-49所示。

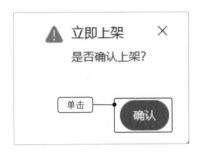

图4-49 单击"确认"按钮

完成以上操作，即可成功上架商品。

提示 如果卖家需要定时上架商品，可选择需要上架商品右侧的"定时上架"选项，设置上架时间，单击"上架"按钮，即可在所设置的时间上架商品，如图4-50所示。

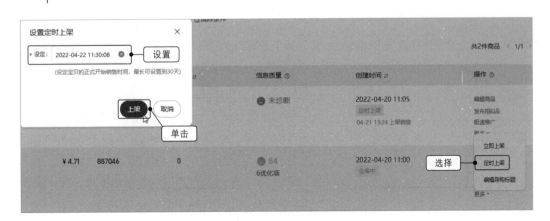

图4-50 单击"上架"按钮

4.5.2 下架商品

在大多数电商平台，商品上架及下架有一定的周期性。以淘宝为例，商品在上架 7 天后会自动下架，无须卖家手动下架。但有时会遇到质量问题或货源不足的情况，需要卖家手动下架商品，其操作步骤大致如下。

图 4-51　单击"我的宝贝"

第 1 步　在千牛"商品"选项卡中，单击"我的宝贝"，如图 4-51 所示。

第 2 步　进入"出售中的宝贝"页面，单击要下架的商品右侧的"更多"，在弹出的下拉列表中选择"立即下架"选项，即可成功下架商品，如图 4-52 所示。

图 4-52　选择"立即下架"选项

第 3 步　在弹出的对话框中，单击"确认"按钮，如图 4-53 所示。

图 4-53　单击"确认"按钮

提示　当只需要简单修改商品信息时，可直接单击商品右侧的"编辑商品"，如图 4-54 所示。单击后系统会跳转至与发布商品时类似的页面，对商品信息修改后再单击"确定"按钮即可。

图 4-54　单击"编辑商品"

4.5.3 删除商品

对于已经没有库存或不再出售的商品,可做删除处理。这里以删除一个仓库中的商品为例进行讲解。

第1步 进入"仓库中的宝贝"页面,选中需要删除的商品,单击"批量删除"按钮,如图 4-55 所示。

图 4-55 单击"批量删除"按钮

第2步 打开"批量删除"对话框,单击"确认"按钮,即可成功删除商品,如图 4-56 所示。

图 4-56 单击"确认"按钮

提示 | 卖家除了可以删除仓库中的商品,还可以删除出售中的商品。更多关于商品的操作细节,卖家可在规则中心了解。

第5章

SEO 提升搜索权重

本章导言

搜索引擎优化（Search Engine Optimization，SEO）在电商中是指通过优化商品信息，使商品搜索排名靠前。作为电商卖家，要了解SEO的基本内容及SEO与关键词、标题的关系，并能获取优质关键词、筛选关键词及利用关键词组合标题来提升商品搜索排名。

学习要点

- 认识SEO与关键词
- 了解获取优质关键词的方法
- 掌握筛选优质关键词的方法
- 掌握用关键词组合标题的方法

5.1　SEO 与关键词

SEO 和 PPC（点击付费）、竞价排名、关键词广告并称为 SEM（即搜索引擎营销）。SEO 的覆盖面很广，有搜索的地方几乎都有搜索优化。作为电商卖家，要了解 SEO 的基础原理及关键词的重要性。

5.1.1　什么是 SEO

电商 SEO 的三大基石如图 5-1 所示，主要包括商品类目、商品属性和商品关键词。因为消费者会根据商品的类目、属性及标题关键词等内容进行搜索，电商平台也会根据这些内容对商品进行展示。

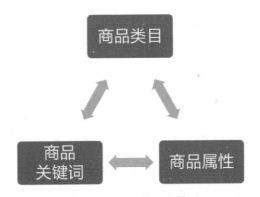

图 5-1　SEO 的三大基石

通俗地说，消费者可通过上述 3 种方式搜索到同一件商品，但前提是商品的类目、属性及关键词要符合消费者的搜索习惯。

1. 商品类目

对于部分没有明确购买目标的消费者，平台会提供相应分类。淘宝网首页的主题市场中有女装男装、鞋类箱包、母婴用品等类目，鞋类箱包类目下又有女鞋、男鞋、双肩包、旅行箱等小分类，如图 5-2 所示。

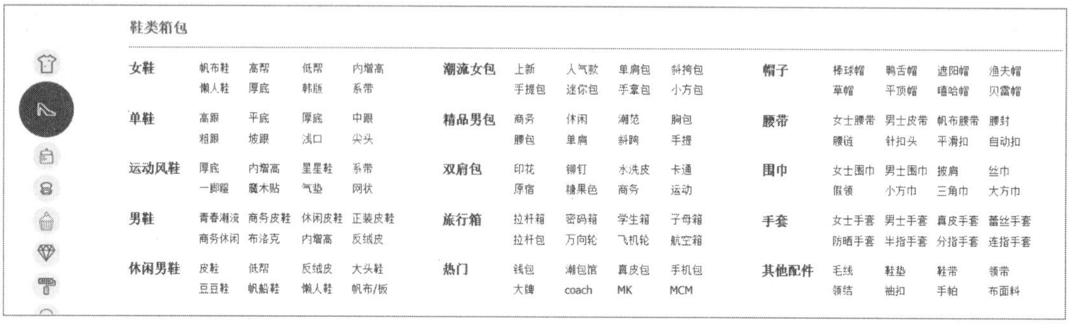

图5-2 商品类目

消费者可通过查看小分类来查找心仪的商品，从而达成交易。根据这种逐层分类搜索习惯可以分析出，商品能否获得更多流量，取决于商品是否符合大众的喜好。如果是大众喜欢的商品类目，则流量相对多一些；反之，则流量会少一些。

2. 商品属性

卖家在上架商品时需要填写相关属性，这些属性也是影响商品搜索的关键因素之一。图5-3所示为某连衣裙的属性信息，包括适用年龄、颜色分类、裙长等信息。当消费者搜索"短裙"或"25岁连衣裙"等关键词时，该商品都有机会得到展现。其他商品也类似，平台会通过商品属性这一维度去判断这个商品是否符合消费者的搜索习惯。

图5-3 某连衣裙的属性信息

卖家如果想获得更多的搜索流量，那么在不错填属性的前提下，不漏填信息，把能填写的属性全部填写上。

3. 商品关键词

消费者也可以通过输入关键词，或者选择商品属性的方式来搜索商品。如图5-4所示，消费者可直接在电商购物平台的搜索框中输入商品关键词（这里以在淘宝平台搜索框中输入"连衣裙"为例），然后选择商品属性（这里以"短裙"为例），从而得到具体商品的搜索结果。

由此可见，卖家可通过优化商品类目、商品属性、商品关键词这3种方式来做商品的SEO，使商品获得更多的流量。在上架一件商品时，必须填写商品类目及属性，且这两者信息必须与商品信息一致，否则无法发布商品。也就是说，商品类目及商品属性属于不可调整的内容。但一个商品的标题及关键词是由卖家自由选用的。关键词选对则有利于商品搜索，反之则不利于商品搜索。

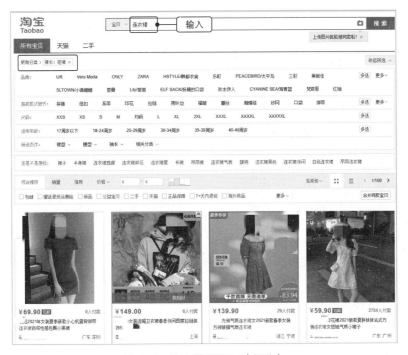

图 5-4 搜索结果页面（部分）

5.1.2 关键词的重要性

很多买家在网上购物时，会自主输入关键词。如果买家想购买一条连衣裙，就可能输入"连衣裙""短裙""长裙""裙子"等关键词。电商平台会根据消费者搜索的关键词与商品的契合度，将商品进行展示，商品由此得到的流量占据搜索流量的很大一部分。图 5-5 所示为在淘宝搜索框中输入"太阳伞"后得到的搜索结果，与"太阳伞"相关的商品被点击后可得到流量。

图 5-5 与关键词"太阳伞"相关的商品（部分）

要想让商品排名靠前，可以在标题中加入更多符合消费者搜索习惯的关键词，从而使商品获得更多流量。卖家可通过以下方法使商品标题更易被消费者搜索到。

- 找到符合消费者搜索习惯的关键词。
- 分析热门关键词与自己的商品是否存在关联。
- 分析既符合消费者搜索习惯又与自己商品有关联的关键词的竞争力。
- 将经过层层筛选获得的关键词组合成标题。

关键词不仅可以界定一个好的竞争范围，组成一个优秀的标题，它对于个性化表现也起到很大的作用。例如，某消费者搜索"太阳伞雨伞"，这说明消费者想要一个既可以遮太阳光又可以遮雨的伞，系统就会根据这两点分析消费者想要的商品属性和标题中包含"遮阳""遮雨"等元素及关键词的商品。如果"遮阳""遮雨"都包含，则商品获得流量的机会就更大。

同时，很多电商平台还会根据商品的价格、详情页来判断商品是否符合消费者的需求。如某店铺的商品以价低收获了很多忠实"粉丝"，当有新消费者搜索相关类目关键词时，该店铺的商品就有机会被搜到。

综上所述，关键词对于获取商品流量而言至关重要，卖家应该掌握一些获取优质关键词、组合关键词的方法，以便为商品带来更多流量。

5.2 获取优质关键词的方法

关键词是一个很重要的流量入口，卖家要获取到更多的自然流量，就必须准确挖掘热门关键词。寻找关键词的途径有很多，如淘宝下拉框、生意参谋等。下面就针对这两种关键词的获取途径进行讲解。

5.2.1 下拉框

淘宝、拼多多等电商平台都有智能分析系统，会结合消费者的搜索记录和热门推荐关键词组成联想。例如，在拼多多搜索框中输入"拖鞋"一词，在点击"搜索"按钮之前，下拉框会自动弹出有关拖鞋的扩展热搜关键词，简称扩展词，如图5-6所示。

如果将扩展的关键词输入搜索框，就可以得到更多扩展词，如适用人群、商品款式等。卖家可以根据搜索框弹出的扩展词，整理出自己的商品词库，以备自己商品的关键词成为引流效果极佳的关键词，加强引流效果。

图5-6 拼多多平台"拖鞋"一词的扩展词

5.2.2 生意参谋

生意参谋是一个包含流量、品类、交易、直播、内容等的数据分析平台。卖家通过生意参谋可以看到口径标准统一、计算全面准确的店铺数据和行业数据，这也是目前寻找关键词的重要途径。打开生意参谋，单击"流量"，在页面左侧选项区中单击"选词助手"，页面即可跳转至与行业相关的搜索词（这里以"水杯"这一类目为例）及关键词的搜索人气、点击人气等数据，如图 5-7 所示。

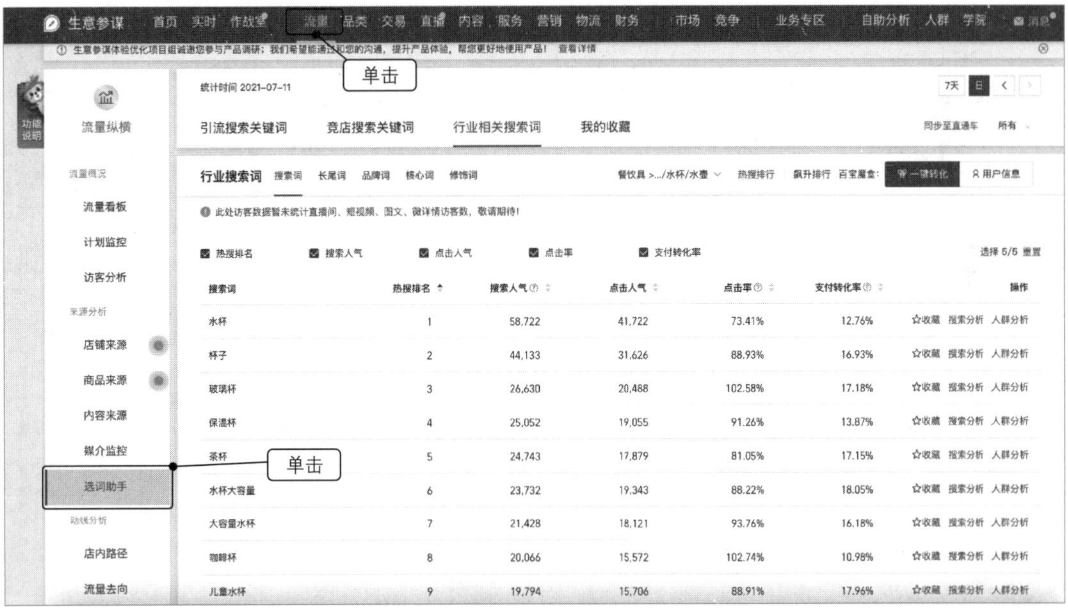

图 5-7 生意参谋

为了更好地分析整理关键词及相关数据，卖家可将这些信息收集到 Excel 表中。

5.3 筛选优质关键词的方法

卖家在收集关键词并建立词库后，并非所有的关键词都能应用于标题中。对于一些与商品相关性低或与品牌有关的品牌词无法应用时，可直接做删除处理；对于部分搜索人数多、转化率高的关键词，可重点应用。

5.3.1 选词基本原则：相关性

部分关键词虽然流量大、转化率高，但由于与卖家商品的相关性较低，故无法被应用到标题中，针对这类关键词，可做删除处理。但手动删除效率太低，特别是在数量庞大的词库中操作，会浪费很多的时间和精力。要实现高效删除，可以借助 Excel 来完成。这里以在 Excel 中删除重复关键词为例进行讲解。

第1步　打开"杯子"关键词词库的 Excel 工作表，选中需要进行操作的关键词，然后单击菜单栏中的"数据"选项卡，接着单击"删除重复值"按钮，如图 5-8 所示。

图 5-8　删除重复值

第2步　在弹出的对话框里选中"以当前选定区域排序"单选按钮，然后单击"删除重复项"按钮，如图 5-9 所示。

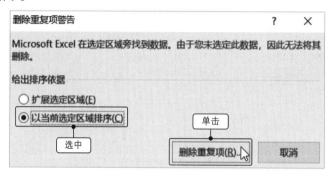

图 5-9　单击"删除重复项"按钮

第3步　在弹出的对话框中选中"列 A"复选框，并单击"确定"按钮，如图 5-10 所示。

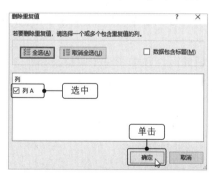

图 5-10　选择删除重复值的列

第4步　在完成删除重复数据的操作后，系统会弹出提示对话框，提示删除了多少个重复值、保留了多少个唯一值，单击"确定"按钮即可完成对重复词的筛选，如图 5-11 所示。

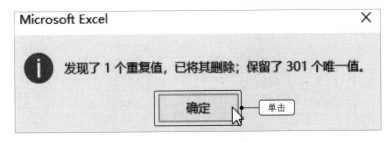

图 5-11　删除情况提示

为保证关键词更精准，卖家还可以删除部分与商品相关性不强的关键词。例如，卖家的商品是杯子，但关键词词库中的"吸管杯""吸管""××旗舰店"等相关性不强的关键词应删除，具体操作步骤如下。

第1步　打开整理好的"杯子"关键词 Excel 工作表，首先选中需要筛选的关键词，然后单击"开始"选项卡中的"条件格式"按钮，在弹出的下拉列表中选择"突出显示单元格规则→文本包含"选项，如图 5-12 所示。

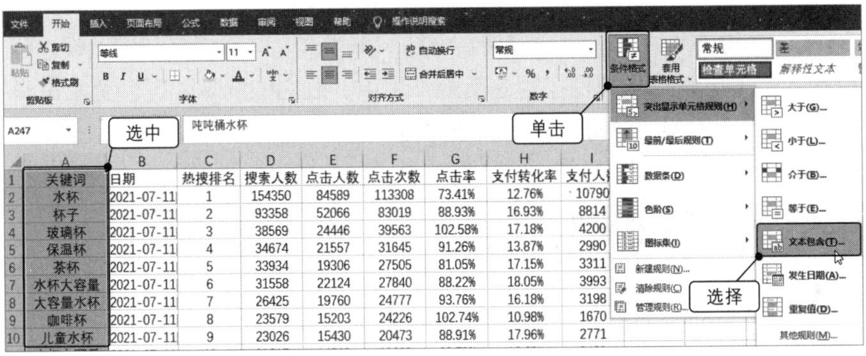

图 5-12　选择"文本包含"选项

第2步　在弹出的对话框中输入要删除的关键词（这里以"吸管"为例），在"设置为"下拉列表中选择"浅红填充色深红色文本"选项，然后单击"确定"按钮，如图 5-13 所示。

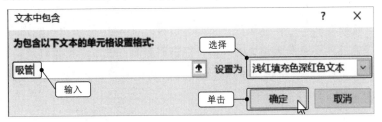

图 5-13　输入要删除的关键词

第3步　返回工作表中即可看到带有"吸管"的关键词被标上了设置的颜色，在其上单击鼠标右键，在弹出的快捷菜单中选择"删除"选项，即可将其删除，如图 5-14 所示。

图 5-14 删除标记颜色的关键词

图 5-14 中"星巴克杯子"这一关键词，虽然搜索量高，但由于有品牌名称，故不能应用在卖家自己的商品（星巴克品牌授权的商品除外）中，故应做删除处理。卖家可根据以上操作，删除与自己商品不相关或关联性不强的关键词。

5.3.2 判断标题关键词的好坏

创建关键词词库并对关键词进行初步筛选后，就能直接组建标题了吗？其实不然，上述操作只是粗略地对关键词进行了分析，要真正利用好这些关键词，还需要做详细的数据分析。例如，分析搜索人数、支付人数、点击率、支付转化率等。

- 搜索人数：关键词最近 30 天的搜索人数，搜索量越大，代表需求量越大。
- 支付人数：通过搜索关键词进店后付款的人数，人数越多，代表需求越大。
- 点击率：商品展现后的被点击率，通过点击率可以看出商品是否吸引人。点击率的高低反映了商品对买家的吸引力的大小，点击率越高，说明消费者对商品的兴趣越大。
- 支付转化率：通过搜索关键词进店的转化率，转化率越高，代表消费者购买意向越强，流量价值越高。

卖家在分析关键词时需要用到 Excel 的数据透视表功能，具体操作如下。

第1步 全选"杯子"关键词 Excel 工作表，在"插入"选项卡中单击"数据透视表"按钮，在弹出的对话框中单击"确定"按钮，插入透视表，如图 5-15 所示。

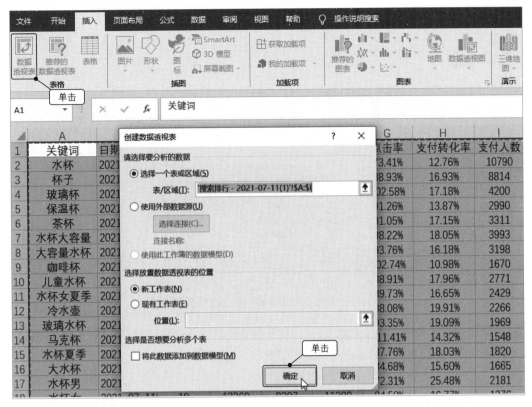

图 5-15　插入透视表

第 2 步　打开"数据透视表字段"窗格,将"关键词"拉入"行"中;将"搜索人数""点击率""支付转化率""支付人数"拉入"值"中,即可得到图 5-16 所示的结果。

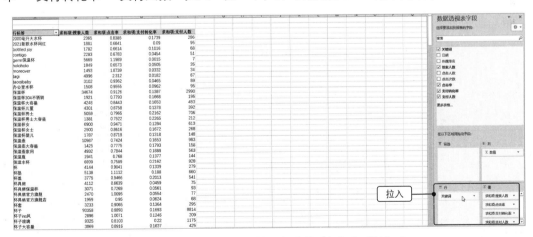

图 5-16　将透视表字段拉入相应的"行"和"值"中

第 3 步　为了便于查看数据,将点击率与支付转化率的"值汇总依据"设置为"平均值"(这里以设置支付转化率为例,如图 5-17 所示),并将数据格式调整为百分比。

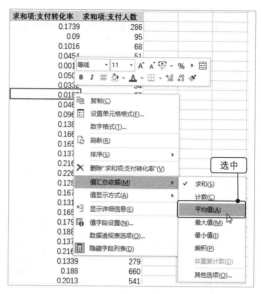

图 5-17 调整支付转化率的值汇总依据和格式

第 4 步 选中交易金额下的任意数值并右击,在弹出的快捷菜单中选择"排序→降序"选项,使关键词按照交易金额从大到小进行排列,如图 5-18 所示。

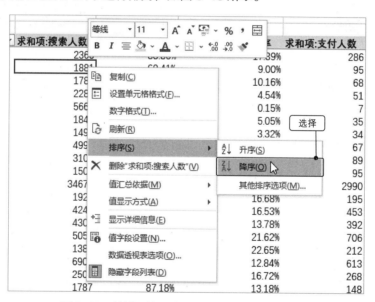

图 5-18 关键词按照交易金额从大到小进行排列

第 5 步 为了进一步对比关键词数据,可用色彩将表现良好的关键词突出显示。选中所有关键词的搜索人数,在"开始"选项卡中单击"条件格式"按钮,在弹出的下拉列表中选择"最前/最后规则→前 10%"选项,如图 5-19 所示。

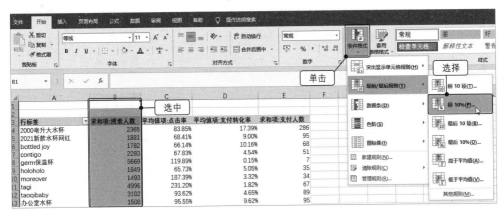

图 5-19 选择"前 10%"选项

第 6 步 在弹出的对话框中将值设置为"30%",然后单击"确定"按钮,如图 5-20 所示。

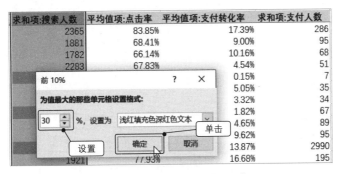

图 5-20 将值设置为"30%"

第 7 步 重复上述两步操作,为点击率、支付转化率、支付人数排名前 10% 的数据标上相应的颜色,如图 5-21 所示。

行标签	求和项:搜索人数	平均值项:点击率	平均值项:支付转化率	求和项:支付人数
2000毫升大水杯	2365	83.85%	17.39%	286
2021新款水杯网红	1881	68.41%	9.00%	95
bottled joy	1782	66.14%	10.16%	68
contigo	2283	67.83%	4.54%	51
germ保温杯	5669	119.89%	0.15%	7
holoholo	1849	65.73%	5.05%	35
moreover	1493	187.39%	3.32%	34
tagi	4996	231.20%	1.82%	67
taoqibaby	3102	93.62%	4.65%	89
办公室水杯	1508	95.55%	9.62%	95
保温杯	34674	91.26%	13.87%	2990
保温杯304不锈钢	1921	77.93%	16.68%	195
保温杯大容量	4248	84.43%	16.53%	453
保温杯儿童	4301	87.58%	13.78%	392
保温杯男士	5059	79.65%	21.62%	706
保温杯男士大容量	1381	75.22%	22.65%	212
保温杯女	6900	94.71%	12.84%	613

图 5-21 为排名前 10% 的数据标上相应的颜色

提示 搜索人数、点击率、支付转化率、支付人数等数据,都是数值越高越好,因此在设置这些数据的项目选取规则时,应选择"前 10%"选项,并将值设置为"30%"。

为关键词数据标上颜色后,能快速看出哪些关键词更有优势,哪些关键词在哪些方面表现略差。如图 5-22 所示,关键词"保温杯男士"的搜索人数、支付转化率、支付人数都属于标红数据,只是点击率方面稍差一些,这说明该关键词的需求量大,购买意向强且又具有竞争力,是表现很好的关键词。

行标签	求和项:搜索人数	平均值项:点击率	平均值项:支付转化率	求和项:支付人数
2000毫升大水杯	2365	83.85%	17.39%	286
2021新款水杯网红	1881	68.41%	9.00%	95
bottled joy	1782	66.14%	10.16%	68
contigo	2283	67.83%	4.54%	51
germ保温杯	5669	119.89%	0.15%	7
holoholo	1849	65.73%	5.05%	35
moreover	1493	187.39%	3.32%	34
tagi	4996	231.20%	1.82%	67
taoqibaby	3102	93.62%	4.65%	89
办公室水杯	1508	95.55%	9.62%	95
保温杯	34674	91.26%	13.87%	2990
保温杯304不锈钢	1921	77.93%	16.68%	195
保温杯大容量	4248	84.43%	16.53%	453
保温杯儿童	4301	87.58%	13.78%	392
保温杯男士	5059	79.65%	21.62%	706
保温杯男士大容量	1381	75.22%	22.65%	212

图 5-22 表现很好的关键词(部分)

卖家可以根据以上思路,收集更多容易变现的关键词,将其应用于自己的商品标题中。

5.3.3 关键词人群分析

为了更好地掌握关键词的目标消费者与自己商品的目标消费者的契合度,卖家可以先对关键词的受众人群进行分析。人群分析通常可以从性别、年龄和地区三方面展开。在百度指数的"人群画像"页面,通过对关键词搜索人群的地域分布和人群属性等内容进行数据统计和分析,可以很方便地了解目标客户的特征。下面就以百度指数为例,简单讲解如何进行关键词搜索人群分析。

在百度指数中,卖家可以对多个商品关键词进行对比分析。这里以"保温杯"和"玻璃杯"两个关键词为例进行讲解。

第1步 打开百度指数页面,在搜索框里输入关键词"保温杯",单击"开始探索"按钮,如图 5-23 所示。

图 5-23 搜索"保温杯"关键词

第2步 进入新页面,单击"+ 添加对比"按钮,输入另一个关键词"玻璃杯",然后单击"确定"按钮,这样即可显示近 30 天两个关键词的搜索指数,如图 5-24 所示。

图 5-24 输入"玻璃杯"这一关键词

第3步 选择"人群画像"选项卡,进入"人群画像"页面,即可看到这两个关键词的搜索人群的地域分布情况,如图 5-25 所示。

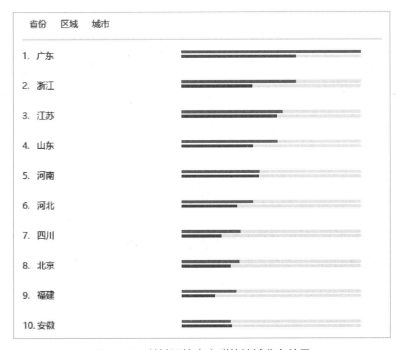

图 5-25 关键词搜索人群的地域分布结果

提示 | 该功能可以针对省份、区域和城市进行排名分析,能够帮助卖家更精准地按地域投放广告。

除地域分布信息外,卖家还可以看到两个关键词的搜索人群的年龄分布、性别分布、兴趣分布等信息，如图5-26所示。

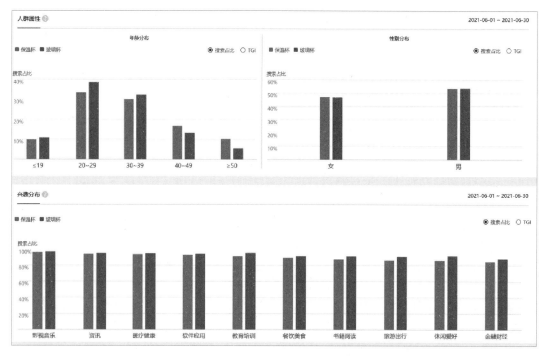

图5-26 关键词搜索人群的其他信息

通过上述分析，卖家可以获得大量关于两个关键词的有用信息。例如，从图5-26中可知两个关键词的搜索人群的年龄集中在20~29岁，且在这个年龄段中，对"玻璃杯"感兴趣的人要高于对"保温杯"感兴趣的人。从性别维度分析，可以发现搜索这两个关键词的男性比女性多。卖家根据以上信息，再分析自己商品的目标人群信息，就可以找到更多符合目标人群的关键词并加以应用。

5.4 用关键词组合标题

经过对关键词的初步分析，词库中剩下的均为较为优质的关键词。卖家需要根据这些优质关键词组合商品标题，以提高商品被搜索的概率，因此卖家还需掌握一些用关键词组合标题的技巧。

5.4.1 常见的关键词分类

在对商品标题进行组合前，应该先将关键词进行分类。常见的关键词类型包括核心关键词、营销关键词、属性关键词、卖点关键词和类目关键词等，如表5-1所示。

表 5-1 常见的关键词类型

关键词类型	解释	举例
核心关键词	即商品的名称,其根本作用就是告诉消费者这个商品是什么	某款商品的标题为"高颜值马克杯带盖勺陶瓷杯子女可爱少女情侣一对",其中"杯子"就是核心关键词,无论其他关键词如何变化,这个关键词都必不可少
营销关键词	用于吸引消费者查看商品详情的关键词,主要包含优惠词和描述品牌信誉的关键词	某款商品的标题为"【买一送一】新款加厚大号花瓶玻璃透明客厅摆件水培富贵竹花瓶",其中"买一送一"就是优惠词,告知消费者这个商品可以买一得二
属性关键词	对商品的属性信息加以说明的词汇,如对服装外观、颜色、材质、款式等内容的描述	某款商品的标题为"高级感白色连衣裙夏季小众设计师赫本风法式泡泡袖",其中"白色""赫本风""法式"等关键词就是对商品颜色、款式等属性的说明,以便让消费者更了解商品
卖点关键词	能够凸显商品购买价值的关键词,如对商品功能进行描述,以吸引消费者购买商品	某款商品的标题为"××洗衣液除菌除螨洁净去污持久护理家用实惠装",其中"除菌""除螨"等是对商品功能的描述词,就是卖点关键词,体现了商品具有的功能
类目关键词	商品的销售类目,也是商品的另外一个名称,其作用是防止消费者因同一商品的不同称呼而错过商品导致的流量流失	"遮阳帽"可以称为"帽子";"雨伞"也可以称为"伞"等。部分商品标题可加入多个类目词,加大被搜索到的机会

一般而言,商品标题中关键词的组合顺序为"营销关键词 + 核心关键词 + 属性关键词 + 卖点关键词 + 类目关键词"。而且在这几类关键词中,核心关键词是必不可少的;营销关键词可有可无,在字数受限的情况下,可优先考虑删除营销关键词。

5.4.2 关键词组合

商品标题的组合并非关键词的随意堆砌,而是具有一定组合原则的。商品标题的组合主要有3个原则,即紧密优先原则、前后无关原则和偏正组合原则,如表5-2所示。

表 5-2 商品标题组合原则

关键词组合原则	解释	举例
紧密优先原则	在同等条件下,优先展示排列更紧密的标题	搜索"杯子"时,在其他因素都相同的情况下,淘宝的搜索引擎会优先展示"水杯女大容量超大水壶杯子肚肚子可爱夏天儿童吸管",而非"水杯 大容量儿童吸管 可爱 肚肚子 超大 水壶 女 大容量"
前后无关原则	一个关键词用一个或几个空格隔开,无论分开的小词排列顺序如何,其搜索效果相差不大	对于长尾关键词"运动水杯超大容量",如果将它分开重新组合,无论是"超大容量运动水杯",还是"运动超大容量水杯",其搜索效果相差不大
偏正组合原则	在组合标题时,将修饰词放在前面,将名词放在后面	某商品的标题为"女夏季大容量网红超大肚杯夏天可爱吸管杯子",其中"夏季""大容量""可爱"等修饰词应该在"杯子"这个名词的前面

上述 3 个关键词组合原则的重要程度为，紧密优先原则＞前后无关原则＞偏正组合原则。故卖家在组合标题时，应首先考虑紧密优先原则。

5.4.3 选用标题关键词的注意事项

对词库中的关键词经过对比分析并筛选出一些较为优质的关键词后，接下来的工作就是将关键词组合成标题。在组合标题时需要注意一些事项。

关键词中的违规词包括但不限于图 5-27 所示的几种类型，卖家在应用关键词时应多加重视。

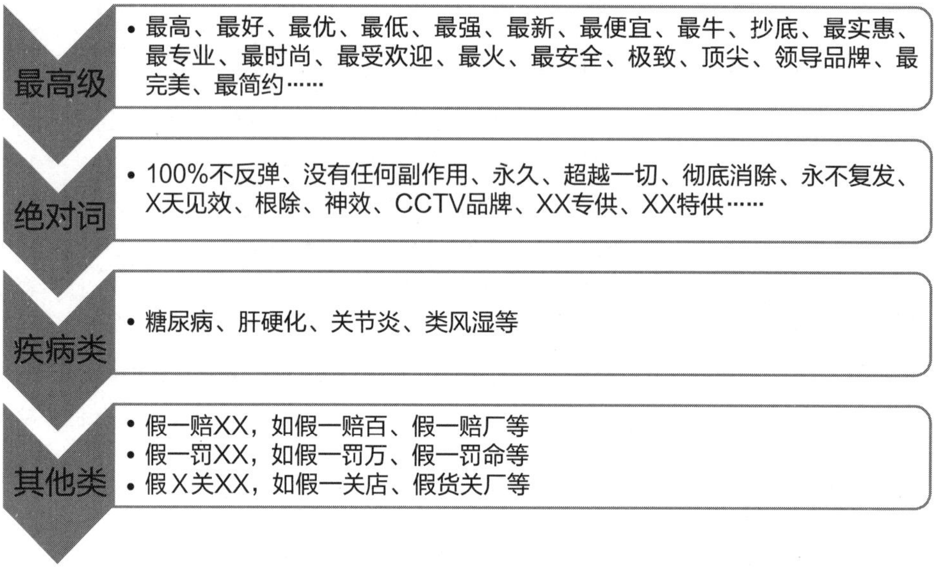

最高级
- 最高、最好、最优、最低、最强、最新、最便宜、最牛、抄底、最实惠、最专业、最时尚、最受欢迎、最火、最安全、极致、顶尖、领导品牌、最完美、最简约……

绝对词
- 100%不反弹、没有任何副作用、永久、超越一切、彻底消除、永不复发、X天见效、根除、神效、CCTV品牌、XX专供、XX特供……

疾病类
- 糖尿病、肝硬化、关节炎、类风湿等

其他类
- 假一赔XX，如假一赔百、假一赔厂等
- 假一罚XX，如假一罚万、假一罚命等
- 假X关XX，如假一关店、假货关厂等

图 5-27　禁用关键词

卖家如果将这些禁用关键词应用在标题中，那么可能会导致以下两种结果。第一种，系统经过排查发现商品标题中包含禁用词，故直接予以下架处理；另一种，被职业打假人发现，要求卖家给钱，否则就举报给平台，导致商品被下架处理。无论是哪种情况，都不利于商品的销售。故卖家在选用关键词时，应直接避开这些禁用关键词。

第 2 部分

装修美化篇

第 6 章

网店装修基础知识

本章导言

俗话说,人靠衣装马靠鞍,网店也需要通过装修来加深消费者对商品及店铺的印象。店铺装修是艺术和技术相结合的体现,好的店铺装修,给消费者带来赏心悦目的感觉的同时,还能提高商品的转化率。

学习要点

- 了解网店视觉效果的重要性
- 了解网店页面设计基础
- 掌握网店页面设计要点

6.1 网店视觉效果的重要性

在众多的同类店铺中，如何让消费者对自家的店铺及商品有深刻的印象呢？除了需要商品具有独特的外观、功能及服务外，还有一项影响着消费者对店铺及商品的印象，那就是视觉效果，其中包括店铺视觉效果及商品视觉效果。那么，卖家如何从视觉方面入手加深消费者的印象呢？

1. 商品图片

前文中提到过，商品图片直接影响商品的点击率和转化率。消费者更倾向于点击引起自己兴趣的商品。当消费者点击一个商品时，也意味着商品在视觉方面符合消费者的需求，所以卖家应根据商品的特征和卖点，拍摄出引人关注的商品主图。

例如，在淘宝平台搜索"鸡爪生冷冻"这一关键词并根据销量排名，可以得到图6-1所示的结果页面。从图中可以看出，除广告商品外，销量第一的商品被摆放在黑色盘子里，给人干净、整洁的印象，相比其他同类主图更容易让人产生点击的欲望。

2. 网店的色彩构成

进入一个店铺后，首先给买家带来视觉冲击的就是店铺的色彩。好的配色不但可以打动人心，让人产生共鸣，还能增强店铺的识别度。图6-2所示为某母婴用品天猫店首页的海报，以充满爱意的粉色为主色，以商品色（黄色和绿色）为点缀色。

图6-1 "鸡爪生冷冻"的搜索结果页面

网店页面的色彩构成一般包括主色、辅助色和点缀色。其中，主色可作为品牌色、背景色使用，它的确立会影响整个画面的格调；辅助色起衬托作用，能帮助主色建立更完整的形象，既能使主色更出彩，又能使画面的视觉效果更丰富；点缀色通常小面积地分散在页面适当的位置，具有高频次、颜色跳跃、反差较大等特性，点缀色不限于一种颜色，其最突出的功能就是活跃画面和引导阅读。

图 6-2　某母婴用品天猫店首页海报

在大部分网店页面中，主色占比为 70%，辅助色的占比为 25%，点缀色的占比为 5%，如图 6-3 所示。一般情况下画面色彩不宜超过 3 种，3 种是指 3 种色相，如深红和暗红可以视为一种色相。

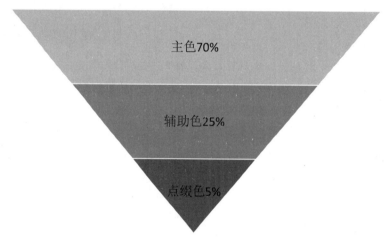

图 6-3　网店页面的配色比例

通常来讲，颜色用得越少越好，因为颜色越少，画面越简洁，给人的感觉就会显得更加成熟。而且颜色越少，设计者越容易控制画面的呈现效果。

3. 个性化首页设计

店铺首页往往包含众多消息，如店名、店招、导航栏、商品分类及店内活动等。消费者通过这些信息能对店铺有个初步的印象。以店招为例，店招是一个店铺的招牌，是本店铺区别于其他店铺的一个标识性符号，消费者进店之后很容易看到店招。独特而有个性的店招不仅能吸引顾客的眼球，还有机会给顾客留下深刻的印象，起到宣传品牌的作用。图 6-4 所示为某鞋类旗舰店的店招，重点突出宣传语"专业老人鞋，认准×××"。

图 6-4　某鞋类旗舰店的店招

另外，店铺商品陈列区也是店铺首页最重要的模块之一，陈列整齐且美观的商品可以有效帮助消费者快速地了解店铺商品，甚至影响消费者的购买决策。图 6-5 所示为某纸巾用品店铺首页的部分活动商品陈列区，有不同价位的任选商品套餐和不同客户的会员权益，可以满足不同消费者的不同需求。

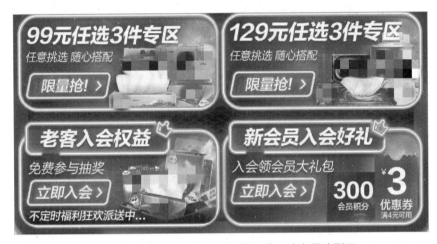

图 6-5　某纸巾用品店铺首页的部分活动商品陈列区

商品陈列区不仅可以让进店的买家根据需要快速选择类别进行浏览，并找到所需商品，还可以给买家提供类似商品作为参考，提高买家购买同类产品的可能性，从而增加销量。

6.2　网店页面设计基础

一个店铺的装修，从详情页到店铺首页都应该与商品相关。店铺风格由商品和店铺整体定位来决定，它体现了店铺的格调。店铺的风格、文案、海报等设计应与产品的定位、产品的风格及品牌理念保持一致。这种一致性有利于打造品牌形象，增强消费者的信任感，吸引更多目标消费者。

6.2.1　网店风格设计

让人印象深刻的网店一般有多个吸引消费者的因素，如高质量的商品、贴心的客服服务及明显的店铺风格等。网店装修风格应该符合产品风格和品牌风格，加深消费者对店铺的记忆。常见的网店装修风格如图 6-6 所示。

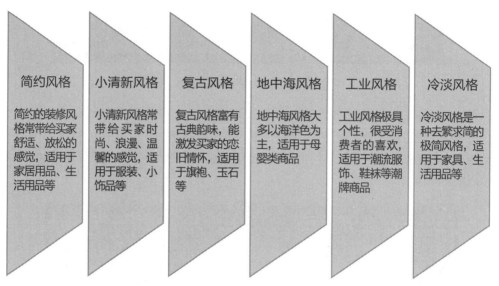

图 6-6 常见的网店装修风格

卖家在装修网店时，应从装修主题、色彩、细节等方面考量，尽量体现出商品文化与品牌形象。

例如，"XX 定制"是一家成立于 2011 年的原创女装品牌，消费群体以 20~30 岁的女性为主。发展至今，"XX 定制"已经有多个店铺，其商品包括多个类目。图 6-7 所示为"XX 定制"店铺首页，一张身着白色上衣的模特实拍的商品海报，透着浓浓的时尚气息，整体装修呈现简约而时尚的感觉。图 6-8 所示为"XX 定制"旗下的童装店铺的首页，整体布局和图 6-7 类似，但考虑到是童装，当时又临近儿童节，故用了一张儿童画，充满童趣。

图 6-7 "XX 定制"店铺首页

图 6-8 童装店铺首页

由此可见，两个店铺的风格形成了明显的差异。从这个案例可以看出，卖家在装修店铺之前应根据商品特征，找准目标消费者，并在装修中加入更多吸引消费者的元素。

6.2.2 网店色彩设计

店铺装修既是为了美观，也是为了促进商品销售。色彩搭配作为店铺装修中的重要项目，不仅可以为店铺装修加分，还可以对店铺转化率的提升起到促进作用。色彩设计应符合整个店铺的主题，表现店铺的品牌文化及形象，便于消费者记忆。不同的商品、不同的季节、不同的时间对色彩会有不同的要求，卖家在进行店铺装修的时候一定要注意颜色的运用及搭配。下面详细讲解网店装修中不同色系的色彩设计及实际应用。

1. 红色系

红色作为突出颜色，容易吸引人的目光，且红色是中国传统中代表喜庆的色彩，能让消费者瞬间联想到节日庆典，从而增强店铺促销的氛围。因此在各大活动中，这种色彩经常被用到。例如，某珠宝店铺使用红色系配色制作了活动海报，如图 6-9 所示。

图 6-9　某珠宝店铺红色系的配色效果

2. 橙色系

橙色介于红色和黄色之间，既是一种引人注目和充满芳香的色彩，也是一种容易令人产生食欲的色彩。而且橙色系本身色调平衡性较好，既能表现出年轻活力，也能传达出稳重感，在店铺装修中使用率比较高。例如，某水果店铺使用橙色系配色制作了"618"活动海报，如图 6-10 所示。

在店铺装修中，橙色系主要用于活泼、时尚的商品，如食品、儿童用品、家居用品等，该色彩能营造出积极、具有活力及美味等氛围。

图 6-10　某水果店铺橙色系的配色效果

3. 黄色系

黄色是所有有彩色中亮度最高的颜色，常给人灿烂、愉快及柔和的感觉。黄色与其他颜色搭配会显得比较活泼，能够彰显快乐、充满希望和阳光般的个性，同时还会给人带来甜美感。例如，某主营蜂蜜的店铺使用黄色系配色装修店铺，如图 6-11 所示。

图 6-11　某主营蜂蜜的店铺黄色系的配色效果

黄色在进行颜色搭配时，建议尽量选用红色、黑色和白色，这样整体画面更容易形成层次感，也更容易突出商品主体；而与蓝色、绿色及紫色搭配时，则能形成轻快的时尚感。

4. 紫色系

紫色能带给人一种神秘、奢华、稀有的感觉，深受消费者的喜爱。在店铺装修色彩的应用中，紫色主要适用于服饰、珠宝、化妆品及保健品等。例如，某保健品网店使用紫色系配色装修店铺，如图 6-12 所示。

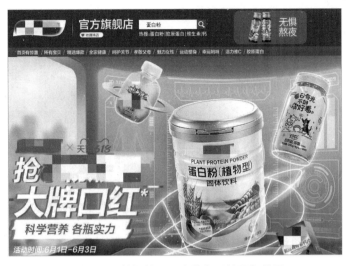

图 6-12 某保健品网店紫色系的配色效果

紫色属于冷色调，可与其他色彩进行搭配，与红色、黄色、橙色搭配时，能让页面的色调形成强烈对比，表现出时尚感。

5. 绿色系

绿色是表达自然能量的色彩，常能给人带来自然、舒适、充满活力和希望的感觉。绿色系既能表现出大自然的生机勃勃，也能传达出健康的感觉。因此它在店铺装修中使用非常广泛。

在店铺装修色彩的应用中，绿色系能让人联想到天然和健康的事物，常用于经营保健品、农副产品等商品的店铺。例如，某经营植物的网店使用绿色系配色装修店铺，如图 6-13 所示。

图 6-13 某经营植物的网店绿色系的配色效果

绿色属于冷色调，可以加入少量的红色、黄色等。

6. 蓝色系

蓝色是一种能表现冷静和理性的色彩。在店铺装修色彩的应用中，蓝色系总能让人联想到科技、智慧和自然方面的事物，常用于数码产品、益智产品等。例如，某儿童益智类产品的店铺使用蓝色系配色装修店铺，如图 6-14 所示。

图 6-14　网店蓝色系的配色效果

7. 黑白灰

除了上述有彩色系以外，白色、灰色和黑色等无彩色也可以用来装修店铺，而且这 3 种颜色属于经典的百搭色，既能作为主色调来设计页面，也能作为其他色彩的辅助色。

- 白色：给人一种简洁、干净、明快和纯真的感觉，是店铺装修中最常见的页面背景色。白色极具时尚感与扩张感，页面整体使用白色时，画面会显得非常优雅、明亮和简洁。
- 灰色：给人一种素雅、沉着的感觉。在使用灰色设计页面时，可采用不同明度的灰色或搭配其他鲜艳的色彩，以此来提升页面所要表现的开放感和力量感。
- 黑色：给人一种神秘且高格调、稳重、庄严的感觉。黑色适用于表现神秘感和力量感的服饰、箱包、数码产品和汽车用品等类目的店铺。

网店页面就像一个体现店主灵魂的推销员，让消费者在视觉和心理上感受到卖家的用心。这里以淘宝店铺为例，介绍设置店铺基础色调的方法，具体操作步骤如下。

第 1 步　登录淘宝网后进入"千牛卖家中心"，单击"店铺"，如图 6-15 所示。

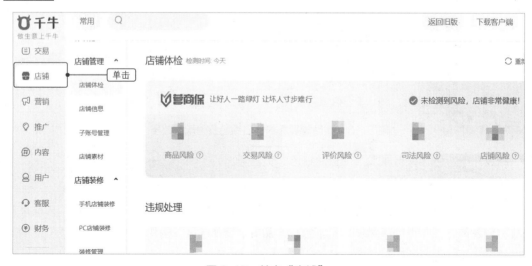

图 6-15　单击"店铺"

第2步　单击"PC 店铺装修",进入新页面,单击任意一个页面后面的"装修页面",如图 6-16 所示。

图 6-16　单击"装修页面"

第3步　进入新页面,单击"配色",选择一个配色(这里以"鹅黄色"为例),然后单击"发布站点"按钮,在弹出的下拉列表中选择"立即发布",如图 6-17 所示。

图 6-17　选择"立即发布"

完成以上操作,即可将店铺的主色调设置为鹅黄色。如果卖家需要搭配好的色彩模板,则可以在装修市场付费购买模板。

6.3　网店页面设计要点

大部分的网店在创建之初都如同一个清水房,需要卖家添置各种有利于消费者记忆和购买的板块,如店招、导航栏、商品分类等。这里以淘宝店铺为例,详细介绍店铺布局规划及页面设计的各项要点,帮助卖家迅速完成店铺装修。

6.3.1　了解店铺布局

初次开店的卖家可能对网店页面不够了解,只是单纯地感觉大卖家的店铺非常美观。实际上,无论卖家大小,都可以在了解店铺布局后,从整体上规划并装修出美观的店铺。淘宝店铺常见的页面布局如图 6-18 所示，主要包括店名、店招、导航栏、商品推荐等。

图 6-18　淘宝店铺常见的页面布局

❶店名：一个店铺的招牌，位于店铺左上角，只能用文字命名，字数在 1~30 个。

❷店招：显示店铺招牌信息，是一个店铺的形象参考，代表店铺的风格、品位、特性等，也起着一定的宣传作用。

❸导航栏：可以添加多个模块，这些模块都可以在装修中增删。

❹商品推荐：显示当前在售商品。

上述是新开淘宝店铺的默认布局，卖家可在"千牛卖家中心"对模块进行删减或设置成其他布局，如使用横向的导航栏、放置活动海报等。

6.3.2　店招设计要点

从品牌推广的角度来看，店招的作用是向消费者宣传店铺、商品，在给消费者留下深刻印象的同时提高转化率。店铺的店招是一个对外宣传的招牌，优秀网店的店招需要具备的元素包括店铺 LOGO、品牌口号、爆款推荐，以及店铺收藏功能和优惠券等，这样店招的推广作用才能全面发挥出来。

店招是一个店铺的招牌，信息不宜太多，最好结合品牌、产品等进行设计。在设计店招时，首先要考虑品牌形象植入，其次是抓住商品定位。图 6-19 所示为某家装器材天猫店的店招，包含品牌语、热卖商品等信息，给消费者植入了一个有质量保障的品牌形象。

图 6-19　某家装器材天猫店的店招

好的店招能有效提高店铺的信誉度及消费者对店铺的信任感，从而提高店铺的成交率。店招通常由文字和图案组成，设计时应遵循图 6-20 所示的几个基本原则。

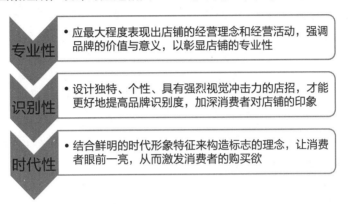

图 6-20　店招设计的基本原则

店招通常影响着消费者对店铺的第一印象，其作用是通过形象宣传来留住更多的消费者的。因此在设计店招时要更多地从消费者的角度考虑。

- 店铺名字：不仅要好记，还要有一定的含义，能直接告诉消费者当前店铺是卖什么的，品牌店铺可以标榜自己的品牌。
- 店标：区别于其他店铺的核心内容，有很高的识别度，能直观形象地体现店铺的品牌和形象。
- 品牌语：即品牌口号，通常用一句简短的话表达这个品牌能为消费者带来什么价值。
- 商品特点：直接阐述自己店铺的产品特点，第一时间打动消费者。
- 店铺（品牌）优势和差异化：展示店铺（品牌）的优势及与其他的店铺的不同之处，展现差异化，提高竞争力。

卖家在设计好店招后，尽量不要更换。因为店招从一定程度上代表着店铺的形象，是对外宣传的名片。如果卖家频繁更换店招，则不利于消费者对店铺的记忆。

6.3.3　导航栏设计要点

导航栏主要起分类引导的作用，它犹如一个店铺的路标，方便消费者快速根据需要选择类别并进行浏览，进而快速找到所需商品。同时，在导航栏中也可以提供一些有利于商品转化的信息，如品牌故事。

好的导航栏不仅要有利于消费者检索商品，还要能提供赏心悦目的内容，给消费者留下深刻的印象。因此在设计导航栏时，应注意图 6-21 所示的要点。

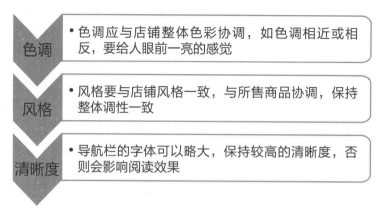

图 6-21　导航栏设计要点

另外，为便于消费者阅读，导航栏字体的色彩不要和图片背景色相近，应采用反差较大的颜色。图 6-22 所示为某鞋类商品淘宝店铺的导航栏，整体色调、风格与店铺一致，内容清晰，能让消费者快速找到目标类目商品。

图 6-22　某鞋类商品淘宝店铺的导航栏

卖家在设计首页导航栏时，可以将一些有利于商品转化的内容放置其中。例如，一些不适合放在商品详情页和主图中，却对转化率有着积极影响的信息，如会员优惠、品牌故事等，可经整合放在导航栏中。图 6-23 所示为某汉服天猫店的导航栏。

图 6-23　某汉服天猫店的导航栏

6.3.4　商品陈列区设计要点

商品陈列区是店铺首页最重要的模块之一，可以有效帮助消费者快速了解店内商品，甚至影响消费者的购买决策。大多数情况下，卖家会把店内人气较高、销量较好的商品展示在商品陈列区中。下面将介绍商品陈列区的设计要点。

1. 分类明确

在设计店铺商品陈列区时，应对同类商品进行分类，这样可以使店内商品看起来更丰富、更整洁、更美观，且更具有视觉冲击力。图 6-24 所示为某鞋类店铺的商品展示图。

图 6-24　某鞋类店铺的商品展示图

2. 突出商品信息

在设计店铺商品陈列区时，要尽量保证商品的大小和背景的统一性，通过背景和商品的对比，突出商品信息。图 6-25 所示为某运动品牌的商品列表页面，图片背景和商品均以蓝色为主，并根据商品类目的不同展示了不同图片。

3. 主次分明

店铺主推的商品或爆款商品应采用不同的排列方式或通过色彩对比的方式进行展示，以求做到重点突出、主次分明。图 6-26 所示为某手机店铺的商品展示页面，上面为主推商品，占据的页面是次推商品的 2 倍。

图 6-25　某运动品牌的商品列表页面

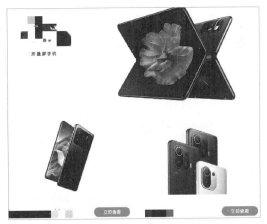

图 6-26　某手机店铺的商品展示页面

4. 突出商品价格与购买按钮

在展示商品时，商品价格的写法要统一，对商品价格及购买按钮进行放大、加粗处理，并使用色彩对比等方式使其突出显示，同时弱化图片中不重要的信息。图 6-27 所示为某伞类店铺的商品展示图，采用图文对应的形式，既展示了伞的实物图，又突出了商品的价格及购买按钮。

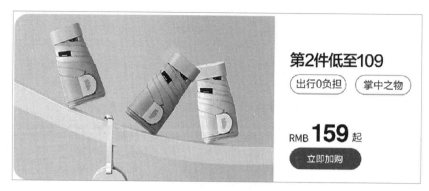

图 6-27　某伞类店铺的商品展示图

6.3.5　页尾设计要点

店铺页尾同样可由卖家自由设计，页尾可以包含大量有用的信息，能够为客户提供全方位的服务。店铺页尾通常包括退货须知、关于快递、客服中心、店铺公告等内容。从设计角度而言，店铺页尾一般使用简短的文字，再配上有一定相关性的图标来传递相关信息。

某珠宝类店铺的页尾设计如图 6-28 所示，主要突出了店内提供的免费保养翻新、首次刻字免费等特色服务。

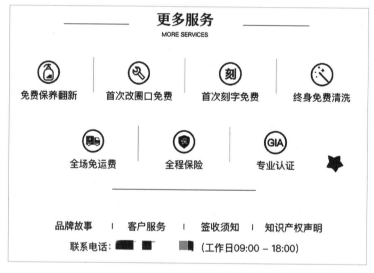

图 6-28　某珠宝类店铺的页尾设计

卖家还可以在页尾中添加发货须知、客户必读、购物流程和默认快递等信息，以帮助消费者快速解决购物过程中可能出现的问题，并减少对常见问题的咨询量。

主图和广告图：制作精美，提高点击率

本章导言

商品图片既是影响商品点击率的重要因素，也是决定访客转化率的关键因素。优质的图片可以直接吸引消费者的注意力，从而吸引消费者点击商品进入详情页并产生购买欲望。本章主要从商品主图设计、拍摄要点及广告图设计出发，帮助卖家快速掌握设计、制作精美图片的方法。

学习要点

- 了解商品主图的设计要点
- 掌握商品主图的拍摄要点
- 掌握广告图的设计要点

7.1 商品主图设计

图片是商品重要的展示方式之一，通常出现在商品的搜索结果页面及商品详情页中。大多数消费者在浏览一个商品时，都是先看到商品的主图，其次才是商品的价格、详情页等，如图7-1所示。

有数据显示，近40%的商品销售转化来自商品的主图。可见，商品的主图是消费者浏览商品详情页的决定性因素。精心设计的主图不仅能展现卖点，还能刺激消费者点击、完成转化，从而提高商品的点击率和转化率。

图 7-1 商品的浏览路径

7.1.1 商品主图设计要点

当消费者搜索一个商品时，搜索结果一般以"图片+文字"的形式展现，并且商品图片占据较大的视觉空间，在很大程度上影响了消费者的点击意愿。图7-2所示为拼多多平台"盘子"的搜索结果页面。

由此可见，商品主图对于商品而言至关重要，那么主图应该如何设计呢？以淘宝为例，淘宝商品主图的结构如图7-3所示。

图 7-2 拼多多平台"盘子"的搜索结果页面

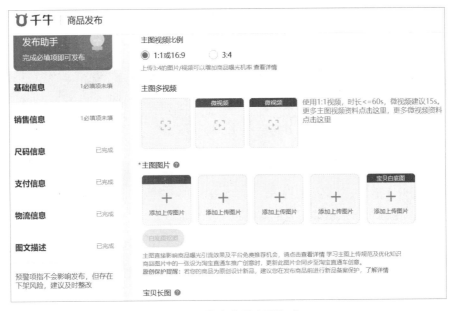

图 7-3　淘宝商品主图构成

在淘宝和天猫平台，商品一般有 5 张常规主图，图 7-4 所示为某耳机的商品主图页面。

- 第一张是淘宝电脑端搜索展现的图片，一般为正面图。
- 第二张是天猫电脑端搜索展现的图片，通常为商品正面图或背面图。
- 第三张可以是侧面图或细节图，可重点突出与其他商品的不同点。
- 第四张一般为细节图，可重点突出商品的特点。
- 第五张是手机端搜索展现的图片，一般为白底商品图。

通常，这 5 张主图的大小不超过 3MB，格式为 GIF、PNG、JPEG。除此之外，还应注意以下细节：

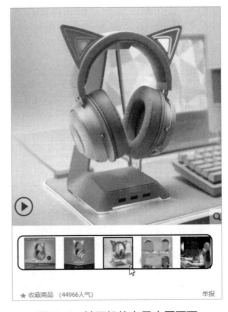

图 7-4　某耳机的商品主图页面

- 5 张商品主图尽量色系统一；
- 图片不要有边框，不要将多张图拼在一起，做到一张图片只反映一方面内容；
- 注重细节的拍摄，细节往往最能打动人心。

主图视频是展现在商品详情页最上端的视频，能在吸引消费者的同时对淘宝店铺起到宣传作用。图 7-5 所示为某耳机的主图视频，视频详细介绍了该款耳机的外观、功能及使用场景等。

主图视频几乎已面向所有卖家开放，部分视频限制类目（如内衣等）的卖家除外。主图视频的制作要求如下。

- 时长：60秒以内，建议9~30秒的视频可优先在"猜你喜欢""有好货"等推荐频道展现。
- 尺寸：1:1，有利于提升买家在主图位置的观看体验。
- 清晰度：画质高清。清晰度≥720P，分辨率≥720P，码率在2M~3M。
- 内容：突出商品1~2个核心卖点，不建议电子相册式的图片翻页视频，因为观看体验效果差。
- 不允许出现站外二维码、站外LOGO、站外APP下载、站外交易引导等内容。

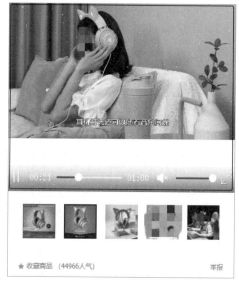

图7-5　某耳机的主图视频（截图）

除此之外，主图对于手机端淘宝的商品也至关重要，主图将直接决定消费者是关闭页面还是继续往下看，很多消费者甚至在看完5张主图后就直接下单。要让手机端主图有吸引力，前提是有吸引点，尽量把商品特点和较强的元素相结合，以提高商品的点击率。

在做手机端主图时还需要注意图片的尺寸。尺寸过大则可能会导致买家在用手机浏览时，主图显示不完整，文案也有可能缺失。

7.1.2　优质主图的特点

一张优质的商品主图可以为商品带来更高点击率和转化率，那么优质主图有什么特点呢？一般来看，优质主图通常具备目标明确、满足需求、突出卖点、突出差异化等特点，如图7-6所示。

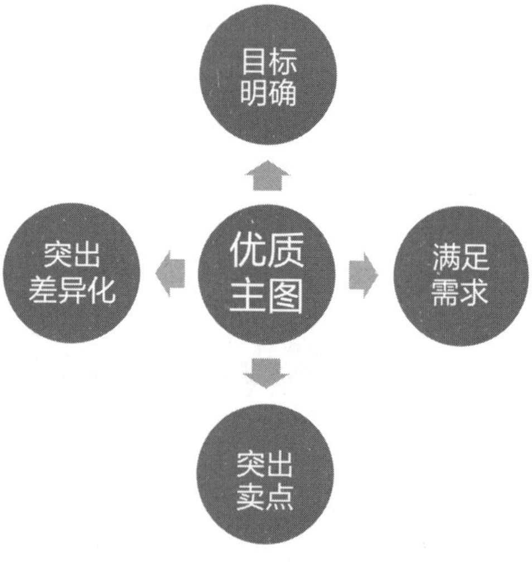

1. 目标明确

主图的作用是吸引消费者，故卖家应站在消费者的角度考虑商品有什么吸引点，然后将这些吸引点加入主图。例如，某款服装类商品的主图的创作目标就是突出商品促销、价格实惠，以此抓住消费者爱占便宜的心理来吸引消费者进入商品详情页。

图7-6　优质主图的特点

2. 满足需求

不同的商品有不同的消费群体，而不同的消费群体又有不同的消费需求，一张好的商品主图能清楚地划分不同消费者的需求。例如，某商品的消费群体为中低收入人群，该商品主图就要突出性价比；若某商品的消费群体为高收入人群，则需要在主图中展现商品的品质与带给消费者的感觉。

3. 突出卖点

好的商品主图应突出卖点，一方面要能吸引消费者的注意力，另一方面要能使店铺获取更精准的流量，提高商品的转化率。同时，主图应以图片为主、以文字为辅，而且体现卖点的语言要精练，便于消费者阅读。

4. 突出差异化

主图如果能做得独具创意、与众不同，平台就有可能给予相应的扶持，使其获得更多的流量。展示差异化的方式有很多种，如卖点展示、场景展示、模特展示、视觉展示、背景展示及搭配组合等。这几种方式可以单独使用，也可以混合使用，但一定要做到美观，突出商品的特点。

7.2 主图的拍摄要点

在了解商品主图的制作要点和优质主图的特点后，还要进一步掌握主图的拍摄要点，如合理搭配主图颜色，拍摄出既和谐又具有吸引力的主图。同时，拍摄光线也对图片有着重要影响，故卖家应掌握对拍摄光线的使用技巧。

7.2.1 主图配色

色彩搭配于卖家而言也是一门必修课，合理的颜色搭配能让商品看起来更具有吸引力及说服力，提高消费者对商品的兴趣；颜色搭配不合理，则容易给消费者留下不协调的印象，从而降低商品销量。恰到好处的图片配色，还能体现商品的定位和风格，给消费者留下更深刻的印象。这里介绍3种常见的主图配色，分别是纯黑色或纯白色作背景、邻近色彩搭配及强烈冲击的色彩搭配。

1. 纯黑色或纯白色作背景

纯黑和纯白背景对于大多数商品都能起到凸显主体的作用，也是最容易掌握的背景色调，在很多商品照片上可见。图7-7所示的玉器图片采用了纯黑色背景，图7-8所示的帽子图片采用了纯白色背景，均能较好地突出商品。

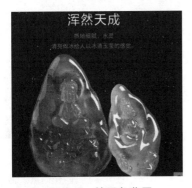

图 7-7 纯黑色背景

图 7-8 纯白色背景

2. 邻近色彩搭配

邻近色彩搭配容易使画面产生和谐感，在电商中，一般通过变化背景色的纯度或明度来增加画面的颜色变化。如图 7-9 所示，青芒的绿与背景的绿是邻近色，放到一起显得既有变化又很和谐，还容易给人留下绿色、健康的印象。

3. 强烈冲击的色彩搭配

选择与商品色调相差较大的颜色作背景，容易形成强烈的对比，给消费者带来视觉上的冲击，更能吸引消费者的目光。图 7-10 所示的雨伞，既有人物又有商品使用场景，加之雨水滴落在雨伞上再弹射出的画面，形成了强烈的色彩冲击及视觉冲击，有很强的代入感。

图 7-9　邻近色彩搭配

图 7-10　强烈冲击的色彩搭配

7.2.2　主图拍摄光线

在拍摄商品主图时，对光线的运用也有讲究。因为光线从不同角度照射到拍摄主体上时，会产生不同的效果。充分利用光线的射入角度，可以对商品进行不同的诠释，从而让商品照片更有吸引力。

1. 顺光拍摄展示商品细节

顺光是指光线照射的方向与拍摄的方向一致，光线顺着拍摄方向照射。大多数情况下，顺光的光源位于拍摄者的后方或与拍摄者并排。当商品处于顺光照射的时候，商品的正面布满了光线。因此色彩、细节都可以得到充分的展示。顺光是拍摄商品时常用的一种光线，图 7-11 所示的白鞋就采用了

图 7-11　顺光拍摄的商品

顺光拍摄，消费者可以看到整个鞋子的细节，包括网纱孔。

2. 侧光加顺光拍摄营造商品立体感

侧光是指光线从侧面照射到商品上，可营造很强的立体感。在拍摄商品时，侧光一般不作为主要照明光使用，通常配合顺光，从两个方向对商品进行照明，侧光的亮度一般小于顺光。如图 7-12 所示，该鞋柜采用侧光加顺光拍摄，增强了鞋柜的立体感。

3. 逆光加顺光拍摄勾勒商品轮廓

逆光拍摄是指将光源置于拍摄主体的后方，正是由于光线来自商品的后面，因此商品的轮廓会被光线勾勒出来，产生一条"亮边"。但由于逆光时，商品的阴影全部在正面，如果只使用一个光源，将无法呈现出商

图 7-12 侧光加顺光拍摄的商品

品的正面细节，因此可以配合一个顺光光源，通过一前一后两个光源，在展现商品细节的同时也可以令商品产生清晰的轮廓线。拍摄图 7-13 所示的红酒杯时就同时采用了逆光和顺光。

4. 顶光拍摄展现商品细节

顶光是指从拍摄主体顶部向下照射的光，适用于小商品的拍摄。因为小商品的体积远小于灯光的照射体积，其他方位的光线作用到它们身上的效果不是太明显，直接采用顶光反而简便。如图 7-14 所示，该手机壳采用顶光拍摄，能清楚地展现商品边框、使用效果等。

图 7-13 逆光和顺光拍摄的商品

图 7-14 顶光拍摄的商品

7.3 广告图设计

除了商品主图外,还有一些图片也非常重要,如展现在店铺首页的活动海报、付费推广的直通车创意图及引力魔方创意图等。故卖家还应了解这些广告图的设计要点。

7.3.1 海报图设计

海报是一种宣传方式,具有向群众介绍某一物体、某一事件的特性,因此也是一种广告。海报图设计是通过版面的构成来吸引消费者的目光。在电商中,海报常见于店铺首页,图7-15所示为某儿童手表旗舰店首页的"618"活动海报。一个店铺精心设计的海报,在彰显店铺风格的同时,还能向消费者传递最新的商品信息及活动信息等。

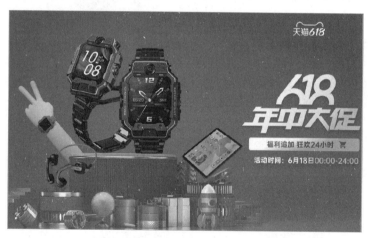

图7-15 某儿童手表旗舰店首页的"618"活动海报

海报的视觉设计通常包含主题、构图、配色3个要点。

1. 主题

卖家在设计店铺海报时首先必须要有一个主题,无论是新品上市还是活动促销,主题选定后才能围绕这个方向确定海报的文案和信息等内容。图7-15所示的海报图的主题是"618"年中大促,加上部分商品及活动主题、形式、时间等文案描述,能让进店的消费者看一眼就知道卖家想表达的活动内容。

2. 构图

海报的构图主要是处理好图片和文字之间的位置关系,使其整体和谐,并突出主体。常见的海报构图包括图7-16所示的几种方式。

3. 配色

除了主题和构图外,海报的配色也十分关键,和谐的色调会营造出更好的购物氛围。在配色中,对重要的文字信息用突出醒目的颜色进行强调,以清晰的明暗对比传递画面信息,并以不同的配色来确定相应的风格。

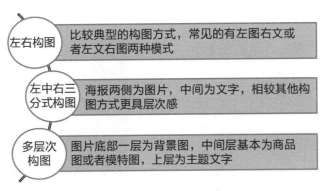

图 7-16 常见的海报构图方式

7.3.2 差异化创意图设计

卖家在做商品或店铺付费推广时，需要创建对应的推广计划，其中就包含上传推广创意图，如直通车创意图、"猜你喜欢"创意图等。这些图片的质量将直接影响推广效果，故卖家应掌握创意图的设计方法，尽可能地提高推广计划的推广效果，使推广效益最大化。

直通车创意图和商品主图有着类似的地方，都是为了吸引消费者进入商品详情页，故在设计直通车创意图时首先要注意图 7-17 所示的要点。

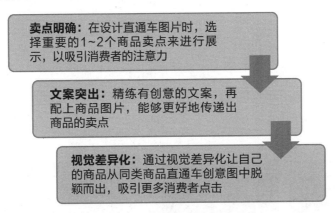

图 7-17 设计直通车创意图的要点

对于卖点提炼和文案撰写这里不作赘述，下面重点讲解如何设计差异化的直通车创意图。直通车创意图要想与众不同，就需要充分研究现有其他周边商品的直通车创意图的特点，找出它们的共性，然后采用差异化策略进行设计。寻找直通车创意图的差异化方向可以从色彩、构图、文案等方面入手。

1. 色彩差异化

如果一个商品的大多数主图的颜色或背景色类似，那么只要找到一个异于大部分图片的颜色，就很容易提高图片的辨识度。例如，很多鸡蛋的主图都采用了白底加实物图的方式进行展现，如图 7-18 所示。但有的卖家就应用黑色背景加单个破壳鸡蛋的形式来展现，如图 7-19 所示，这样就实现了差异化。采用与同类背景色不一样的背景色，商品主图很快就与其他几张图产生了对比，更能吸引浏览者的注意。

图 7-18 大部分鸡蛋的主图背景色

图 7-19 独具一格的鸡蛋主图

提示　虽然与同类有着明显色彩差异的背景色或商品图能快速吸引消费者的注意，但不要让背景的颜色过于复杂，否则不能突出商品图片的主导地位。

2. 构图差异化

构图方式不同，则图片呈现的效果也会不同。图 7-20 所示的两个商品主图中，左侧汤勺采用了对称构图，让汤勺看起来中规中矩；而右侧的汤勺则采用了斜线式构图，更加全面地展示了商品，让商品更加显眼。

3. 文案差异化

卖家在设计直通车创意图时，也可从文案入手，撰写出别具一格的文案以吸引消费者。当众多关于鸡蛋的文案都在突出性价比时，某卖家用"每一枚蛋都是散步在林间草地上的鸡妈妈所产""二到三天 累积足够营养 蕴含足够能量 自然生产一枚鸡蛋"等文案来说明自家鸡蛋属于散养鸡所产，且母鸡和鸡蛋的营养价值高等，如图 7-21 所示。

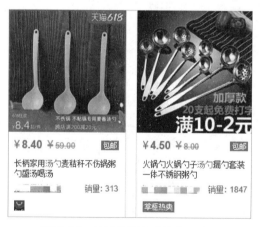

图 7-20 不同构图方式的商品主图

图 7-21 突出鸡蛋自然、营养价值高

当然，部分商品在推广时需要突出性价比，但最好与其他同类突出性价比的文案形成差异。

另外，卖家还可以参考如素材差异、创意差异等来拉开自己的商品与同行商品的差距。

7.3.3 引力魔方创意图设计原则

与直通车推广同理，卖家在投放引力魔方计划时，也需要上传相应的创意图。消费者在看到中意的引力魔方图时，会产生点击跳转行为，这样卖家就可以获得更多的流量。卖家在设计引力魔方创意图时，应注意突出主题、突出卖点、实现差异化等。除此之外，由于引力魔方的投放方式更为灵活，卖家既可以为单个商品投放推广计划，也可以对整个店铺投放推广计划，故相应的创意图尺寸、规格等有更多选择。这里介绍高点击率引力魔方创意图的设计原则。

1. 焦点图构图的通用原则

PC 端焦点图构图的通用原则是指左文右图或左图右文，简言之就是构图时一边放文字，另一边放商品或人物图片。在电商应用中，大部分的创意图构图都符合这个原则。图 7-22 所示的引力魔方创意图就采用了左文右图的构图原则，左边采用文案传递活动信息，右边运用商品图片及人物图片展示实物效果，以吸引目标消费者的眼球。而淘内无线焦点图构图通用原则是上文下图或上图下文。

图 7-22 左文右图的构图示例

2. 信息流场景构图

信息流场景图包括淘内无线和 PC 端的首页猜你喜欢信息流、购中猜你喜欢、购后猜你喜欢、微详情 minidetail 和红包互动权益场等多种场景，如图 7-23 所示。开启智能创意后，系统使用宝贝主副图及自定义创意，生成多种创意效果，自动适配不同资源位。

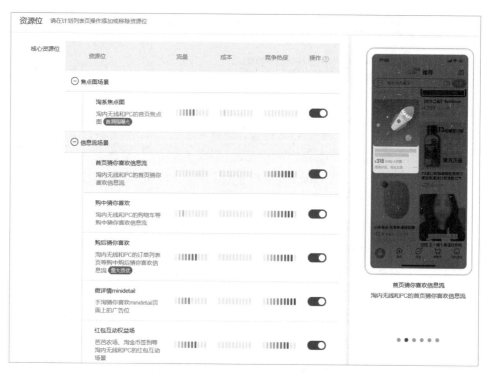

图 7-23 引力魔方淘内无线和 PC 的创意图资源位

3. 整体拍摄原则

整体拍摄是指拍摄时将所有重要信息都囊括在图片中,使图片整体视觉呈现效果更好,具有场景感、真实感。例如,某床上四件套的创意图就采用了整体拍摄原则,不仅展现了商品的使用效果,还给人很强的代入感,如图 7-24 所示。

4. 数据营销原则

大部分消费者都对数据较为敏感,数据在营销中也更具有说服力。数字营销是一种精准的营销理念,可大大提高点击率。例如,某店铺的引力魔方 PC 端图中准确地标注出了真皮床+床垫 1 套仅需 3999 元的文案,说明商品低到何种程度,可以吸引对价格、数字敏感的消费者进入店铺查看详情,如图 7-25 所示。

图 7-24 整体拍摄的图片

图 7-25 以数据营销原则制作的图片

5. 舍图求字原则

舍图求字是指在设计图片时大量使用文字。图 7-26 所示为某家店铺采用舍图求字原则设计的引力魔方图，除了背景图，图中没有再放置商品图，而是通过文字来描述商品的卖点。

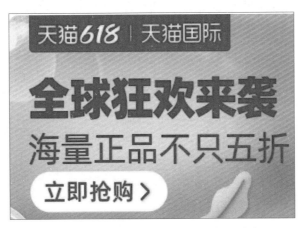

图 7-26　采用舍图求字原则设计的引力魔方图

此外，不同的引力魔方资源位由于所针对的人群不同，其消费特征和兴趣点也各不相同；而不同尺寸的引力魔方资源位对设计者也提出了不同的设计要求。因此设计引力魔方图时，要根据位置、尺寸等信息调整广告诉求，并采取合适的表达方式进行设计。

第 8 章

详情页：充分展示商品特征

本章导言

众所周知，线上购物和线下购物最大的区别在于，线上消费者需要通过卖家提供的图片和文字来了解商品详情。如何迅速吸引消费者的注意，让其在浏览详情页时达成交易，是很多卖家思考的问题。任何商品的销售都有一定的推销原理，详情页的策划其实也有方法可依。本章重点介绍商品详情页的作用、优点及内容组建等，帮助卖家快速了解设计详情页的方法。

学习要点

- 了解商品详情页的作用及特点
- 掌握设计详情页的设计要点

8.1 了解商品详情页

为了让消费者进一步了解商品的信息，大多数电商平台都提供了商品详情页，用于介绍商品的性能、特点、产地和物流等关键信息。如果说商品标题的好坏决定了消费者是否能搜到商品，主图的好坏决定了消费者是否愿意进一步了解商品信息，那么详情页内容的好坏就进一步决定了消费者是否下单购买。故卖家应该了解商品详情页的作用、特点及内容模块的构成等。

1. 商品详情页的作用

在网店购物的消费者由于无法像在实体店购物一般直接通过触摸感知商品，故需要通过图片、文字、视频等来了解商品的外观、功能、使用场景等。而详情页刚好可以详细地向消费者展示商品的各项信息，起着图 8-1 所示的重要作用。

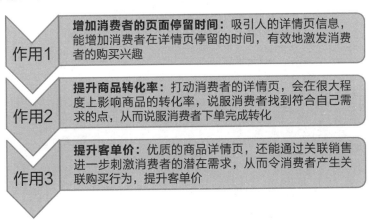

图 8-1　商品详情页的作用

2. 优质商品详情页的特点

商品详情页直接影响着商品的转化率和客单价，那么优质的商品详情页有哪些特点呢？商品详情页主要通过视觉形式向消费者传递商品信息，一个好的商品详情页主要具有图 8-2 所示的 3 个特点。

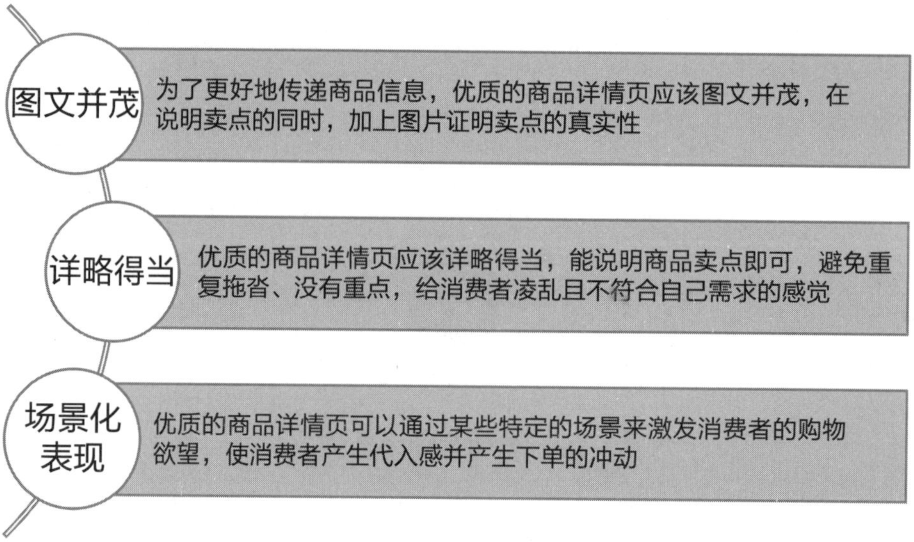

图文并茂
为了更好地传递商品信息，优质的商品详情页应该图文并茂，在说明卖点的同时，加上图片证明卖点的真实性
详略得当
优质的商品详情页应该详略得当，能说明商品卖点即可，避免重复拖沓、没有重点，给消费者凌乱且不符合自己需求的感觉
场景化表现
优质的商品详情页可以通过某些特定的场景来激发消费者的购物欲望，使消费者产生代入感并产生下单的冲动

图 8-2　优质商品详情页的特点

3. 常见详情页的内容模块

虽然各个商品的详情页存在差异，但常见的内容模块主要包括商品的参数模块、整体展示模块、细节展示模块、卖点展示模块、品牌文化展示模块、关联销售模块、承诺模块、包装展示模块等，如图 8-3 所示。

参数模块
整体展示模块
细节展示模块
卖点展示模块
品牌文化展示模块
关联销售模块
承诺模块
包装展示模块

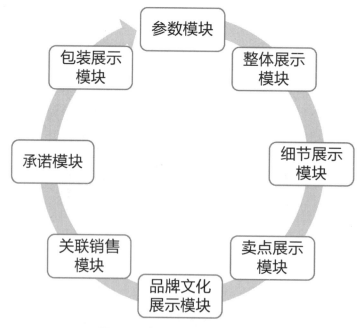

图 8-3　常见的详情页内容模块

除了以上内容模块外，部分商品详情页中还含有活动信息、商品对比、搭配展示等模块。卖家可根据自己的实际情况对内容模块进行增减。商品详情页的内容排版依照的是商品信息递进的原则，让消费者由浅入深地一步步了解更多关于商品的信息，从而做出是否下单购买的决定。

8.2 设计详情页的内容

设计商品详情页这项工作看似简单，但需要经过谨慎的分析和策划，才能设计出高转化率的详情页。本节将重点介绍详情页面向的群体及商品卖点提炼、促进成交的因素及如何激发消费者兴趣等，帮助卖家快速了解热门详情页的内容。

8.2.1 详情页要面对新客户

商品详情页的设计虽然讲究的是创意与创新，但也要与销售商品紧密关联。部分商品详情页虽然创意满满，但转化率很低，问题就出在过于追求独特，忽略了消费者的需求。卖家在设计商品详情页时，要站在新客户的角度去撰写内容，尽量做到内容通俗易懂，让消费者一看就能明白且将其与自己的需求相结合。那么，卖家应该如何做到让详情页面对新客户呢？

1. 详情页内容通俗易懂

在组建详情页的内容时，尽量做到通俗易懂，而不要把商品过于专业性的东西展现给消费者。专家的语言体系和顾客的语言体系有着很大的区别，很多卖家为了突出自己商品的高端，故意在详情页中加入一些专业语言、图片。但实际上，大多数消费者只喜欢看自己能看懂的内容。因此，卖家要尽可能地用消费者能听得懂的语言，形象地展示出商品的价值和卖点，从而让消费者产生共鸣，以达到成交的目的。

2. 从消费者的购买决策入手

俗话说，"知己知彼，百战不殆"。卖家只有了解消费者的购买决策，并策划出与之购买决策相通的内容，才能更好地引导消费者下单转化。《购买的真相》一书中提及，大部分消费者的购买决策过程如图8-4所示。

图8-4 消费者购买决策过程

这4个步骤其实也很好理解，感性对应注意力，感情对应兴趣，理智对应信任，行动就是最后自然的一个结果。在规划商品描述时，第一步是要抓住消费者的注意力，用一两句文案（在第一屏、第二屏）激起消费者的兴趣，进而提供种种证据，最终消费者下单。

例如，某卖家提出一个论点：我的防晒霜有着很强的防晒效果，接着一步一步地提供证据去论证这一论点的正确性，从而让消费者产生信任感，促使消费者有下单这一行动。

8.2.2 商品卖点的提炼

一件商品的卖点是促使消费者产生购物行为的主要因素，商品卖点越符合消费者的需求，就越能刺激消费者的下单欲望。一件商品可能同时具有多个卖点，但只有找到能展现商品独特性和差异性的卖点，才能吸引消费者下单。提炼商品卖点时，主要考虑3点，如图8-5所示。

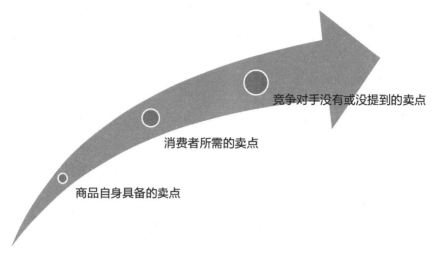

图8-5 提炼商品卖点

也就是说，卖家在研究自己商品卖点的同时，还要研究消费者的喜好和同行商品的卖点，从而找到符合以上原则的卖点并进行展示。这里以研究自己商品的卖点为例进行讲解。根据完整的商品概念，可以将商品卖点大致分为核心卖点、形式卖点和延伸卖点。

1. 核心卖点

核心卖点是指商品的使用价值。例如，一款按摩椅的核心卖点包括按摩手法、力度调节、速度调节等特色功能，如图8-6所示。

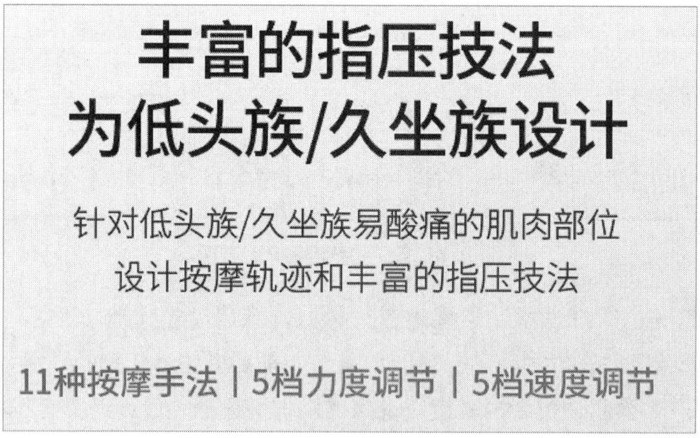

图8-6 针对核心卖点的描述

2. 形式卖点

形式卖点是指商品的外在表现，如商品的外观、质量、重量、规格、手感等。图8-7所示为某款按摩椅的形式卖点，如新潮时尚设计等。

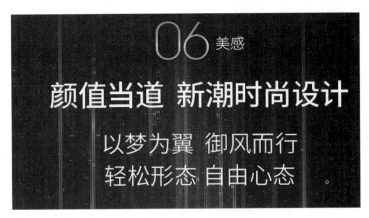

图 8-7　针对形式卖点的描述

3. 延伸卖点

延伸卖点是指商品的附加价值，如商品的材质好、省电等。图 8-8 所示为某款按摩椅的延伸卖点，包括环保材质、断电保护、过热保护、过流保护等带有安全性的卖点。

图 8-8　针对延伸卖点的描述

卖家可将以上信息进行收集、整理，从而提炼出与消费者需求最匹配的独特卖点，从而提高自身商品的竞争力，吸引更多消费者下单。

8.2.3　促进成交的六大因素

高成交量是众多网店卖家共同追求的目标，一个店铺流量再多，若没有成交量，一切都是空的。那么，卖家应该如何通过详情页促进成交呢？经总结发现，详情页中促进成交的因素如图 8-9 所示。

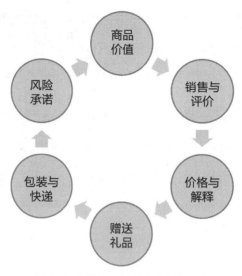

图 8-9 详情页中促进成交的因素

1. 商品价值

现代营销之父菲利普·科特勒曾说过:"顾客买的不是钻头,而是墙上的洞。"这说明消费者购买一个商品,虽然也在意商品的外观、工艺等,但最为关键的还是商品本身的使用价值。例如,一款保温杯的外观精致、用料讲究,但保温效果不佳,则依然很难得到消费者的青睐。

在塑造商品价值时,应该站在消费者的角度,想想消费者购买的目的是什么,或者说他想得到什么结果。从这个点出发,塑造出来的价值才是消费者所关心和需要的,商品才会有销量。

2. 销量与评价

商品详情页的销量和评价模块是消费者对商品产生信任感的主要来源。商品好不好,畅销不畅销,可以从销量高不高和评价好不好两方面来判断。同样,销量和评价本身又反过来影响商品的成交转化率。

特别是部分消费者有着很强的从众心理,在面对同类商品时,会选择销量更高的店铺进行交易,故很多卖家会将能证明商品销量的因素加入详情页中。图 8-10 所示为某按摩椅详情页的销量展示,用实际数据说明该商品蝉联"双 11"按摩椅品类第 1 名。同时,还加以商品的门店数量、售后服务数量、科研人员数量等证明品牌实力,增强消费者对商品的信任感。

除此之外,部分卖家为了激发消费者的购买兴趣,还会将商品评价放置在详情页的醒目位置,并尽可能多地将好评展示出来。图 8-11 所示为某行李箱详情页的评价区,用部分正面评论的关键词说明商品卖点,如箱面结实、颜值高、质量好、轮子静音等。

还有些卖家在尝试将消费者对商品的评价营造出社区感,通过分享、评论、点赞等方式促进消费者互动;通过积分、返现等对方式刺激消费者分享商品图片,进行商品评价。

图 8-10　某按摩椅的销量证明

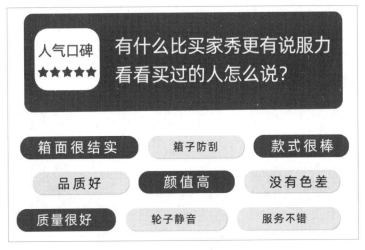

图 8-11　某行李箱的评价区

3. 价格与解释

大部分人在购物时,会被价格因素影响。但作为卖家,不能为了销量而盲目地降低价格。如果商品价格高于同类商品,则利用详情页的内容来强调商品的价值。如图 8-12 所示的袜子,6 双售价为 88 元,比普通袜子贵,但仍有 1256 的销量。打开该商品的详情页,可以看到卖家针对高价格做出解释:"采用先进抗菌技术……此种抗菌锦纶比普通精梳棉贵很多哦",如图 8-13 所示。

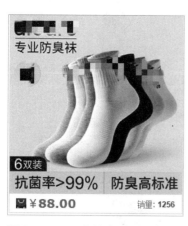

图 8-12　6 双售价为 88 元的袜子

图 8-13　袜子详情页解释价格贵的缘由

上述案例中,卖家从袜子的材质出发,说明了价格贵的缘由。除此之外,卖家还可以从袜子的设计、名人代言等角度出发,对价格进行解释。同理,当卖家售卖的商品价格低于同类商品时,也可以在详情页中加以解释,如促销、清仓或老客户福利等。

4. 赠送礼品

部分卖家为了迎合消费者占便宜的心理,会适当地赠送礼品。只要选用的赠品符合消费者的需求,自然能刺激消费者下单。如图 8-14 所示,某按摩椅详情页写到"购机送专业级空气净化器"来刺激消费者下单。

图 8-14　某按摩椅详情页关于赠品的描述

很多卖家的商品都有赠品,但真正提高转化率的并不多,究其原因是部分卖家提供的赠品没有吸引到消费者。卖家选择的赠品最好和主商品有较强的关联,比如售卖手机时赠送手机壳或手机膜。这些赠品的成本价不高,但对于新手机而言很重要。

5. 包装与快递

当消费者了解到一件商品的价值符合自己所需,而且销量也不错,还可以得到赠品时,卖家再来一个包装与快递服务的信息提示,自然能将消费者代入收取快递后开箱的场景。同时,高端大气的包装,也能增强消费者下单的信心。图 8-15 所示为某钻石戒指详情页关于包装的描述,无瑕的白色礼盒正好映衬纯洁的钻石。

部分卖家还会在详情页中描述自己使用了具有竞争力的快递，如顺丰、京东自营当日达等，让消费者对商品更有信心。

6. 风险承诺

多个电商平台都有相应的风险承诺，如淘宝的七天无理由退换，拼多多的极速退款等服务。加入这些服务，易形成一个观念：只要消费者足够信任这个商品，只要他有购买行为，不管是什么原因，风险都由卖家来承担。图8-16所示的某家电的详情页中直接指出了提供七天无理由退换货服务，消费者在收货7天内，可以享受该服务，由此可以增强消费者下单的信心。

图8-15 某钻石戒指详情页关于包装的描述

图8-16 某家电详情页中指出提供七天无理由退换货服务

促进成交的因素还有很多，卖家可参考同行卖家详情页中有利于促进成交的元素，并将其应用到自己商品的详情页中。

8.2.4 激发消费者兴趣的详情页

大部分消费者购买商品或服务的原因是商品或服务的价值能满足消费者的需求，如果卖家能在商品详情页中展现商品更多的实用价值，自然能更有效地刺激消费者下单转化。塑造商品价值其实很简单，就是让消费者看到商品能够带给他们的利益或好处。这个利益或好处应该是消费者最关心、最需要的，即消费者的痛点。卖家利用这些痛点给予消费者信心，消费者自然能够信任这个商品。最后，卖家要将消费者的痛点或者说是消费者可以得到的好处，以醒目的形式展示在商品详情页中，如商品对比和借助公信力等形式。

1. 商品对比

说明一个商品效果好、功能好、比同行好的方法就是对比，如同类商品对比、使用前后效果对比等。部分卖家在详情页中展示商品使用前后的效果对比，起到了非常直观的展示作用。例如，在某款果蔬洗洁精的详情页中，通过使用商品前后的对比图展示了商品的使用效果，如图8-17所示。

图8-17　详情页中的商品使用前后效果对比

大部分消费者在购物时会受到视觉感官的影响，商品使用前后的效果对照，能对这些消费者起到很强的视觉刺激作用，从而促使他们迅速做出购买决定。

2. 借助公信力

借助公信力的理论依据来源于经典著作《影响力》，该书提到，大家倾向于认可社会、书籍或媒体权威披露的答案。如何借助公信力呢？例如，借助权威书籍、知名人物、百度百科、公知类网站等。借助公信力的好处在于，可增加商品被信任的可能。很多专业属性较高的商品，普通消费者无法对其做出质量判断，因此更愿意相信意见领袖的专业性推荐。例如，某按摩仪的详情页中展示了某知名人物对该商品的代言信息，如图8-18所示。

图8-18　商品详情页中知名人物代言

如果商品能与知名人物、权威机构、书籍相关联，那么无形之中就增加了商品的价值，有利于商品的运营与推广。

8.2.5 详情页 FABE 法则

美国奥克拉荷大学企业管理博士、台湾中兴大学商学院院长郭昆漠提出的 FABE 法则，是非常典型的利益推销法，可以应用于商品详情页中。FABE 法则主要从图 8-19 所示的特征、优势、利益和证据 4 个方面入手，在解决客户最为关心的问题同时实现商品的销售。

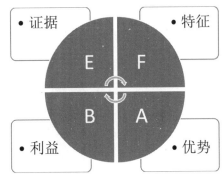

图 8-19　FABE 法则

1. F（特征）

F 代表特征（Features），是指商品的特质、特性等基本功能，也是客户购物时关心的首要问题。例如，消费者购买防晒商品，在浏览商品详情页时，最为关注防晒功能。

如果商品详情页展现了商品具备较好的防晒功能，消费者就会继续浏览；如果不具备该功能，消费者可能会直接退出详情页，寻找其他商品。所以很多商品详情页的第一屏，都选用一张具有核心功能的海报来介绍商品。如图 8-20 所示，某防晒霜详情页第一屏介绍了该商品的水能防晒技术、光能量技术及 ×× 多方位阻隔，能对皮肤起到防晒作用，消费者通过这一信息，能大致知道自己是否需要这款产品。

图 8-20　某防晒霜详情页第一屏

2. A（优势）

很多商品都有相似的特征，那如何让商品从众多商品中脱颖而出呢？这就涉及 FABE 法则中的"A"了。A 代表优势（Advantages），通常在列出商品特征属性后，起强调、对比作用。商品的特征可以激发消费者的兴趣，在优势的引导下，则更容易让消费者产生购买行为。在图 8-21 所示的某花瓶详情页图中，该商品与其他同类商品相比，具有更厚实、更高级、更美等优势。

图 8-21　某花瓶详情页

卖家在策划详情页商品优势时，可着重介绍消费者较为关心的优势。为突出与同类商品的区别，可多花时间收集同行信息，着重整理具有差异化的优势。

3. B（利益）

B 代表利益（Benefits），强调商品能为消费者带来的利益和好处，可以解决消费者的痛点，激发消费者的购买欲望。利益点在销售中至关重要，优势一般用于激发消费者的潜在需求，利益点则用于影响消费者的购买行为。

消费者购物时通常比较在意该商品或服务能为自己带来的好处，但由于线上购物不能直接接触商品，因此需要通过详情页的文案告知消费者该商品能为其解决什么问题。例如，王老吉朗朗上口的文案"怕上火就喝王老吉"，让人在吃香喝辣的同时，就会联想到王老吉这款商品。

卖家在撰写详情页时，可以将消费者的痛点罗列出来，再描述能为客户解决什么问题。图 8-22 所示为某款行李箱的详情页截图，除了东西多、装不下等问题，再用"扩展升级"这一卖点来解决这些问题，这也是说服消费者购买当前商品而不购买其他家商品的重要理由。

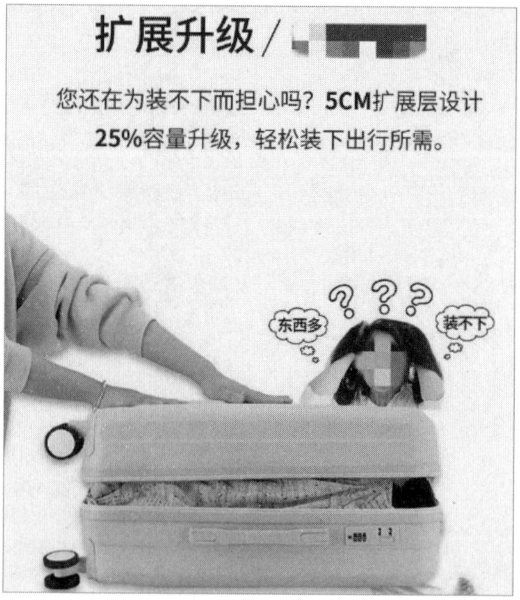

图 8-22　某行李箱详情页

4. E（证据）

E 代表证据（Evidence），通过展示商品的质检报告、买家评价等，加强消费者对商品和店铺的信任。如图 8-23 所示，某水杯的详情页展示了相关的检测报告，说明商品的质量通过了检测认证，可放心购买。

图 8-23 某水杯的详情页提供的检测报告

  如果是连锁品牌的商品，还应出具品牌授权书。卖家还可以提供商品现场演示照片、视频等来说明商品的质量。在出据关于商品材料的证据时，应注意客观性、权威性和可靠性等。

  FABE 法则作为经典的销售法则，应用到详情页的策划中，也能起到很好的促进转化作用，对店铺的发展也起着关键性作用。

短视频：全方位展示商品

本章导言

随着短视频的发展，各类与商品相关的视频对促进商品转化起着重要的作用。电商卖家要认识到短视频对于营销的重要性，并且掌握拍摄短视频的常用方法、基本原则及编辑短视频的基本操作。通过拍摄商品短视频，为商品争取到更多的流量及销量。

学习要点

- 认识短视频
- 掌握拍摄短视频的方法
- 掌握编辑短视频的基本操作

9.1 认识短视频

短视频是指播放时间较短的视频,如目前火热的抖音短视频、快手短视频、网店短视频等。短视频也是一种以互联网为载体,以丰富内容为竞争力的网络营销方式,其目的以变现盈利为主。

网店因为有电商平台的固定访客为基石,具有流量大的优势。例如,淘宝平台的短视频目前已经应用到了多个展位中,如主图视频、详情页视频、"猜你喜欢"等板块。短视频对不少商品的转化起着良好的促进作用,能刺激更多消费者下单购买商品。图9-1所示为手机端淘宝"猜你喜欢"板块的短视频截图。消费者点按任意一个视频,即可进入视频,视频的下方带有商品的具体链接和价格,如图9-2所示。消费者在查看短视频时如果对短视频里的商品感兴趣,即可直接购买商品。

图9-1 "猜你喜欢"短视频

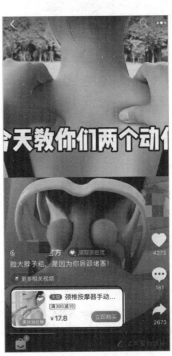

图9-2 短视频详情

卖家在上架商品信息时，可根据自身需求，拍摄、上传有利于商品转化的短视频。部分商品在做推广时，也可以根据创意拍摄短视频，如抖音短视频、快手短视频等。

抖音于2016年9月20日上线，每年都保持着惊人的用户增长速度，是继微信后成长速度最快的产品之一。抖音在2018年3月推出了"直达淘宝"功能，观看视频的消费者如果对视频中的商品感兴趣，就可以直接点按屏幕中的购物车图标，跳转到淘宝页面购买该商品。正是这种短视频与购物相结合的购物形式的兴起，让不少电商卖家纷纷开设了短视频号或在短视频平台开设了店铺，通过分享与商品相关的视频，使商品获得了更多销量。

图9-3所示为某彩妆旗舰店在抖音平台发布的商品短视频。消费者点按下方购物车图标，即可进入商品详情页或跳转至购物平台的商品详情页，如图9-4所示。

图9-3　抖音平台的商品短视频

图9-4　商品详情页

由此可见，电商卖家的商品销售方式已经不仅限于某种固定形式，卖家可通过短视频的形式来吸引客户，为商品赢得更多流量及销量。

9.2　拍摄短视频

既然短视频可以为商品带来更多转化的可能，卖家可以着手拍摄一些短视频，将其发布在商品主图、详情页及专门的短视频平台，加大商品曝光量的同时，为商品带来更多销量。本节将介绍拍摄短视频的常用器材、构图原则及拍摄流程等，帮助卖家快速掌握拍摄视频的方法。

9.2.1　拍摄短视频的常用器材

拍摄短视频需要准备一些常用器材，如手机、相机等拍摄器材，三脚架、自拍杆等辅助设备等。拍摄器材的选择涉及专业度和预算，不同规模的团队和不同的预算有不同的选择。下面介绍一些常用器材供卖家参考。

1. 拍摄器材

拍摄器材种类多种多样，如手机、相机、摄像机等。对于中小卖家而言，手机拍摄是不错的选择。在价格上，手机价格较低；在外形上，手机小巧轻便，易于携带；在功能上，手机自带视频拍摄功能，可以直接将拍好的视频分享到各个短视频平台，实时显示视频的播放量、点赞数等数据。近年来，各种品牌的手机配置越来越高，尤其是摄像方面配置的提高更为显著。

除了手机外，部分卖家还会选择用相机拍摄短视频，如单价在4000元左右的微单相机、单价在5000元左右的单反相机等。相机虽然有视频录制功能，但绝大多数时候都被用于拍摄静态的素材照片，用到短视频里。卖家在购买相机时，主要还是考虑其照相性能。

部分在短视频方面投入较大的电商卖家，由于对画质要求较高，因此会选择用摄像机来拍摄短视频。截至目前，市面上的摄像机可以分为两种：一种是适合大团队拍摄的专业摄像机，另一种是适合单人、小团队拍摄视频的DV机，二者在价格、成像效果及便携性方面有所差异，卖家可根据自身需求购置适合自己的摄像机。

2. 三脚架

三脚架是短视频拍摄过程中使用最为频繁的一种辅助拍摄工具，其最大的特点在于"稳"。虽然现在大多数拍摄设备都具有防抖功能，但人的双手几乎不可能长时间保持静止，这时候就需要借助三脚架来稳定拍摄设备，从而拍摄出画面更为平稳的效果。

如果卖家选用手机来拍摄短视频，则可购置手持云台、自拍杆等辅助工具，来提高视频画面的稳定性。

3. 声音设备

很多视频都需要画面里的人物发出声音，用手机或相机拍摄短视频时，由于距离的不同，可能会导致声音忽大忽小，尤其是在噪声较大的室外拍摄时，就需要借助麦克风来提升短视频的音频质量。市面上的麦克风价格不一，但大多数的麦克风都具备音质好、适配性强、轻巧易携带的特点。

4. 灯光设备

拍摄短视频时，如果遇到光线不足的情况，为了保证拍摄效果，就需要准备灯光设备。常见的灯光设备有LED、冷光灯、闪光灯等。在使用灯光设备时，往往还需要一些辅助性照明器材，如柔光箱和反光板等。

另外，卖家还可根据拍摄需求购置滑轨、小型摇臂等辅助工具，来提升视频画面的质感。

9.2.2 短视频构图的基本原则

拍摄短视频与拍摄商品图片一样，都讲究构图。因为构图往往有着至关重要的表现力，不仅能给消费者传达出认知信息，还能赋予视频更多美感。卖家要了解短视频构图的基本原则，让视频在展现主题的同时更具美感，将视频的兴趣中心引到主体上，给人更强的视觉吸引力。

常见的短视频构图原则包括主体明确、环境烘托、光线应用等。

1. 主体明确

几乎每个视频都有主体，且主体将直接关联商品本身或视频主角，必须重点展示。因此在拍摄短视频时，主体要放在醒目的位置。依据人的视觉习惯，将主体置于视觉中心，更容易突出主体。例如，某拖鞋的商品主图视频，虽然加入了男主和女主人物元素，拖鞋这一主体还是处于视觉中心，如图9-5所示。

除了商品主图视频及详情页视频会将商品放置在视频画面的中间外，还有部分发布在娱乐、社交平台的视频，也会将主体放在显眼的位置，其目的就是快速吸引消费者的注意。中心构图法是将拍摄对象放置在相机画面或手机画面的中心进行拍摄，可以很好地突出画面重点，观看者会很快明确视频主体，将目光锁定在主体上，从而获取视频传达出的信息。图9-6所示的抖音某短视频使用了中心构图法，出镜人物和食物都处在画面中间，消费者在快速锁定视频主体的同时还可以很容易地获取视频传达出的信息。

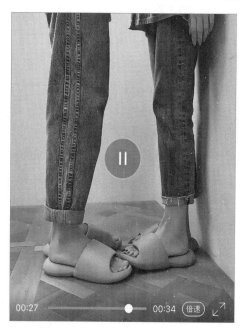
图9-5　主体明确的视频画面

图9-6　中心构图法

2. 环境烘托

从诸多艺术作品中都可以看出环境对主体、情节的烘托作用。卖家在拍摄短视频时，如果选取了合适的场景，不仅能突出主体，还能增强视频画面的真实感，增强消费者的代入感。例如，某眼罩商品主图视频的环境选用了干净、整洁的床，通过模特使用眼罩入眠的画面将消费者带入了一种舒适入眠的情境，如图9-7所示。

部分卖家在实际应用中，难以取舍视频中主体与环境的镜头。处在主体前面的景物为前景，处在主体后面的景物为背景。前景能弥补画面的空白感，背景则是影像的重要组成部分。在构图时，前景与背景处理得恰到好处，不仅能渲染主体，还能使画面富有层次感和立体感。

前景构图法是指摄影师在拍摄时利用拍摄对象与镜头之间的景物来进行构图的一种方法，不仅可以很好地增强视频画面的层次感，使视频画面内容更加丰富，同时又能很好地展现视频的拍摄对象。图9-8所示的抖音短视频就应用了前景构图法，通过展示前景中一束束颗粒饱满的谷穗，突出了农民劳作的辛苦。

图9-7　环境烘托的视频画面

图9-8　前景构图法

从图9-8中可以清晰地感受到，摄影师利用谷穗作为前景，使画面有一种由外向里的透视感，令观者有身临其境的真实感。

3. 光线应用

拍摄视频离不开光线，合理运用光线可以让视频画面呈现出更好的光影效果。常用的光线主要包括图9-9所示的顺光、逆光、顶光、侧光。

- 顺光是拍摄中最常用的光线，光线来自拍摄对象的正面，能够让拍摄对象很清晰地呈现出自身的细节和色彩，从而方便拍摄者对其进行全面的展现。
- 逆光来自拍摄对象的背面，是一种极具艺术魅力和表现力的光线，可以更好地勾勒主体的轮廓线条。
- 顶光来自拍摄对象的正上面，最常见的就是正午时分的阳光，光线垂直地照射在物体上，会在物体下方投下阴影。
- 侧光来自拍摄对象的侧面，拍摄对象会出现一面明亮一面阴暗的情况，采用侧光拍摄短视频可以很好地体现出立体感和空间感。

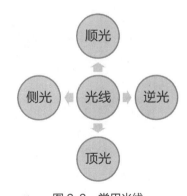

图9-9　常用光线

另外，拍摄短视频时选用简单、干净的背景，不仅可以有效增强画面的舒适度，还能避免出现喧宾夺主的情况。例如，同样是展示一个花瓶摆放效果的视频，选择干净、整洁的背景与选择脏、乱、差的背景，效果会完全不同。前者给人感觉更舒适，后者则容易引起消费者的不适感，导致其不会下单购买商品。故卖家在拍摄时，应注意画面简洁。

9.2.3 拍摄短视频的一般流程

短视频的拍摄并不是拿出手机或摄像机对准商品一阵乱拍即可。一个好的视频，需要经过寻找选题、整理素材、设计脚本等步骤，且在拍摄完后，还需要进行添加配音、字幕等后期制作。

1. 寻找选题

选题决定短视频内容的大体方向，如美食、穿搭、旅游、游戏等。卖家既可以建立选题库，策划多个主题，选取其中一个使用，也可以在分析竞争对手的视频后，借鉴其优质内容。

2. 整理素材

在确定视频的选题后，便可以着手准备素材了。素材是指从实际生活中收集到的、没有整理加工过的、分散的原始材料。整理素材时要提炼出一个中心点，如策划一个以故事为选题的短视频时，应整理出整个故事的时间、地点、情节等。

3. 设计脚本

在策划短视频内容时，要根据实际情况来设计脚本。脚本所呈现出的内容要尽量详细，包括故事里人物的动作、对话等细节。例如，有的商品需要通过软广的形式植入视频剧情中，这就需要提前确定视频主人公的特征及话术、动作等，这样才能保证整个视频内容更具可看性。

4. 拍摄工作

拍摄视频还需要搭建优质的创作团队，正确选取拍摄器材，并合理利用场地，以拍摄出优质的视频内容。

5. 后期制作

拍摄好的视频内容可能不够完美，需要卖家对其进行剪辑，设置转场，添加滤镜、背景音乐、字幕等操作，让整个视频看起来更具冲击力。

9.2.4 拍摄高点击率视频的方法

近年来短视频对于商品转化率的影响越来越大，这促使越来越多的卖家开始为商品拍摄短视频。拍摄短视频是为了让消费者更直观地了解商品，同时促成卖家获得更多商品订单。那么，怎样才能拍摄出点击率高、转化率高的短视频呢？

1. 展示商品的真实效果

消费者在购买一款商品前，希望看到商品的真实使用效果。卖家如果能通过视频展示商品的真实功能、使用效果，则更容易引起消费者的关注。例如，对于服饰、鞋帽类商品，如果通过模特试穿，那么短短几十秒就能展示商品的款式、穿戴效果、细节等。图9-10所示为某卖家用短视频记录使用某粉饼的真实效果，获得6万多个赞。点按视频左下方的购物车图标，查看商品详情，可见该款商品的销量非常高，如图9-11所示。

图9-10　记录使用某粉饼的视频

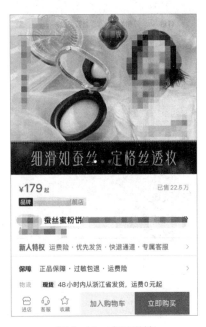

图9-11　商品详情

卖家在展示商品的真实使用效果前，需要对商品进行全面的了解。例如，介绍一件羽绒服需要从衣服的尺码、面料、颜色、板型、搭配等细节进行讲解。为了提高视频的趣味性，在讲解的过程中，展示者以专业穿搭博主的身份，给"粉丝"提供正确的穿搭建议，更容易得到认可。

2. 展示商品亮点

卖家要想通过短视频售卖更多商品，一定要通过单品脚本提炼并展示商品亮点，以便商品从众多同类商品中脱颖而出。商品亮点往往是决定消费者购买的关键因素之一。在提炼亮点时，既可以用传统方法展示商品亮点，如经久耐用、性价比高、适用人群广等；也可以从品牌故事出发，为建立信任背书，得到消费者的认可。

例如，某卖家通过多个短视频向众人展现了一个田园生活中的单亲妈妈形象，这位妈妈经常通过镜头向"粉丝"们展示自己农作的画面。很多"粉丝"通过短视频了解到她是一个励志型的企业家，也是一位可敬的母亲。她在视频中说自己要创业（见图9-12）时，"粉丝"们纷纷点赞、留言，表示支持。点按视频中的商品链接，即可看到该款商品上线后，销量已超过2万，如图9-13所示。

图 9-12　某卖家通过短视频说明自己要创业　　　　图 9-13　商品详情

上述案例中，卖家虽然并未直接在视频中宣传茶叶的卖点，但由于她的人设深入消费者心中，消费者愿意信任她，也愿意找她买商品，从而形成一种良性循环。

3. 展示商品的使用场景

在拍摄商品短视频时，将商品的使用场景展现出来，则更能让消费者产生代入感，从而购买商品。例如，某扫地机器人的商品主图视频就向消费者展示了该商品在日常生活中的使用场景，包括居家清洁、办公室清洁等，如图 9-14 所示。正是这些使用场景，极大地激发了消费者的购买欲望，该款商品月销售量已经超过了 2 万件。

除了以上几点，卖家还需要注意短视频的拍摄时长。常见的商品短视频的时长在一分钟以内，通过较短的时间展示出商品的细节及亮点，能够吸引消费者关注、购买。如果商品短视频时间冗长，反而容易让消费者失去观看的耐心。

9.2.5　拍摄视频的转场应用

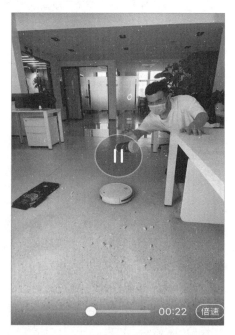

图 9-14　展示商品使用场景的视频

一个时长只有十几秒的短视频可能由几十个分镜头组成。在镜头与镜头之间，把控观众感官的场景切换被称为"转场"。把握好转场的应用，能增强视频的观感，给观众带来更好的视觉感受。卖家要熟悉视频的转场方式，如无技巧转场和技巧转场。

1. 无技巧转场

无技巧转场是指以镜头自然过渡的方式来连接上下两段内容，其间不运用任何特效，如常见的空镜头转场、特写转场、主观镜头转场等，如表 9-1 所示。

表 9-1 常见的无技巧转场

转场名称	详细介绍
空镜头转场	空镜头是指没有人物出现的镜头，一般作为剧情之间的衔接及渲染气氛的画面出现，是非常经典的转场镜头。例如，某视频讲述一只流浪猫被救助的故事。在视频的开头有一只身体瘦弱的小猫，小猫眼神涣散，对着镜头发出微弱的叫声。镜头一转是下着淅沥小雨的草丛，没有一处可以供流浪猫避雨的地方。镜头的转换给观众传递了流浪猫没有充足的食物、生存环境很恶劣的信息，唤起了观众的同情心，是一个成功的空镜头转场
特写转场	特写转场是指无论上一个镜头结束时是何种景别，下一个镜头都从特写开始，对拍摄主体进行强调和放大，这就是特写转场的手法，也是运用较为广泛的一种转场方法。例如，在一个讲述青涩的校园情感类故事的视频中，前一个镜头是一群青年男女在拍合照，下一个镜头特写一群人中的男女主人公，突出人物关系，让观众细细品味二者的关系与感情
主观镜头转场	主观镜头转场是指依照人物的视觉方向进行镜头的转场，即上一个镜头是主人公在做某事，下一个镜头就切换到主人公的视角，从而给观众以很强的代入感。例如，很多收获农作物的视频，会先拍摄主角收割作物的镜头，下一个镜头拍摄农作物装进口袋的场景。这样可以使视频既具有视觉冲击力，又合乎剧情逻辑。又如，某知名视频博主在拍摄一段采摘农作物的视频时，前一个镜头还是手摘桃子的镜头（见图 9-15），下一个镜头就是将采摘的桃子放入篮中的画面，如图 9-16 所示。两个镜头详细记录了采摘桃子的过程，将观众代入了采摘的场景中。这就是典型的主观镜头转场

图 9-15 手摘桃子的镜头

图 9-16 把摘好的桃子放入篮中的镜头

无技巧转场看似简单,但很强调视觉的连续性。卖家在运用无技巧转场时,要注意寻找合理的转换因素。

2. 技巧转场

与无技巧转场相比,技巧转场是运用特效来转场的一种方式。技巧转场常用于情节之间的转换,能给观众带来明确的段落感。常见的技巧转场包括图 9-17 所示的淡入/淡出转场、叠化转场、划像转场等。

- **淡入/淡出转场**：淡入/淡出转场是指在上一个画面与下一个画面之间加上明暗变化,即上一个镜头的画面由明转暗,下一个镜头的画面由暗转明,逐渐显现,直至正常的亮度,通常运用在节目或场景的开头、结尾或时间地点的变化处

- **叠化转场**：叠化转场是指前一个镜头的结束画面与后一个镜头的开始画面叠加的转场形式。在转场中,画面会显出先后两个镜头的轮廓,只是前一个镜头的画面逐渐暗淡隐去,后一个镜头的画面则慢慢显现并清晰

- **划像转场**：划像转场的切出与切入镜头之间没有过多的视觉联系,常用于突出时间、地点的跳转。划像分为划出与划入,划出是指前一个画面从某一方向退出荧屏,划入是指下一个画面从某一方向进入荧屏

图 9-17　常见的技巧转场

淡入/淡出转场常运用在视频中,通过两个画面的明暗变化,突出视频内容的变化。图 9-18 所示的视频通过视频明暗变化来表示视频内容的变化。

图 9-18　淡入/淡出转场

9.3 编辑短视频

后期处理是视频制作中的关键环节，后期处理可以让原视频变得更具吸引力。特别是很多视频由多个素材组合而成时，必须由后期人员对视频进行剪辑，并配上符合内容和氛围的配乐及字幕，让整个视频更具观赏性。编辑短视频的工具种类繁多，这里以手机剪辑软件——剪映 APP 为例进行讲解。

9.3.1 剪辑视频

卖家在拍摄好一个视频的相关素材后，需要通过合并、分割视频使视频更具完整性及美观性。利用剪映 APP 可以很方便地剪辑视频，具体操作如下。

第 1 步　打开剪映 APP，点按"开始创作"按钮，如图 9-19 所示。
第 2 步　在弹出的页面中选中一段或多段视频，点按"添加"按钮，如图 9-20 所示。

图 9-19　点按"开始创作"按钮　　　图 9-20　点按"添加"按钮

第 3 步　在视频编辑页面点按视频末尾的"+"按钮，如图 9-21 所示。
第 4 步　跳转至增添视频页面后，选中一段或多段视频，然后点按"添加"按钮，如图 9-22 所示。

根据以上操作即可将几个视频合成一个新的视频，这是增添视频的操作。卖家在剪辑视频时还可对视频进行删减处理，具体可续上述操作。

第 5 步　返回视频编辑页面，点按"剪辑"按钮，如图 9-23 所示。
第 6 步　跳转至剪辑视频页面后，选中一段视频，然后点按"删除"按钮，如图 9-24 所示。这样即可删减视频。

图 9-21 点按"+"按钮

图 9-22 点按"添加"按钮

图 9-23 点按"剪辑"按钮

图 9-24 点按"删除"按钮

9.3.2 为视频配音

随着短视频内容的逐渐丰富,绝大多数创作者不再满足于普通视频,希望创作出更高级、更优秀、更受关注的视频。因此不少人会通过给短视频配音来实现这一想法。利用剪映 APP 可以很方便地为剪辑好的视频添加真人配音,具体操作如下。

第1步 在剪映 APP 中打开一段视频,在工作界面点按"音频"按钮,如图 9-25 所示。

第2步 在弹出的音频页面中点按"录音"按钮,如图 9-26 所示。

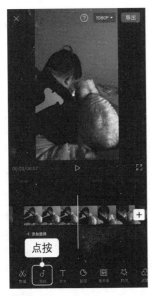
图9-25 点按"音频"按钮

图9-26 点按"录音"按钮

第3步 在弹出的页面中出现一个红色录音按钮,长按录音按钮即可配音,松开录音按钮配音结束,一段音频便生成了,如图9-27所示。卖家可根据需求对配音进行调整,如调整声音的大小及出现的位置等。

在给视频配音时,如果不想使用真人配音,也可使用模拟真人文本朗读功能。具体操作如下。

第1步 在剪映APP中打开一段添加了字幕的视频,在工作界面点按"文本朗读"按钮,如图9-28所示。

第2步 在弹出的页面中选择任意风格的朗读音即可,如图9-29所示。

图9-27 长按录音按钮

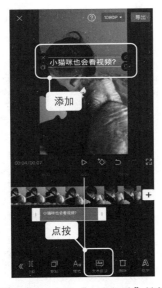
图9-28 点按"文本朗读"按钮

图9-29 选择任意风格朗读音

提示	文本朗读需要以有文本为前提，因此必须在为视频添加文本后再点按"文本朗读"按钮。添加配音后同样可以调整音频的音量、位置等，以保证字幕和音频同步。

9.3.3 为视频添加字幕

在短视频中添加字幕，不仅便于消费者理解视频内容，消费者的观感也会更好。给短视频添加字幕的方法主要包括手动输入和系统识别两种。通过手动输入文本来添加字幕的方法非常简单，具体操作步骤如下。

第1步 在剪映 APP 中打开一段视频，在工作界面点按"文本"按钮，如图 9-30 所示。

第2步 在弹出的页面中点按"新建文本"按钮，如图 9-31 所示。

图 9-30 点按"文本"按钮

图 9-31 点按"新建文本"按钮

第3步 输入文字，完成后点按"√"按钮即可生成字幕，如图 9-32 所示。同时，卖家还可以根据视频的画面设置文字的样式、花字、气泡、动画等效果。

如果视频文字较多，手动输入较为烦琐，则可以通过自动识别字幕的方式来添加字幕，具体操作方法如下。

第1步 在剪映 APP 中打开一段视频，在工作界面点按"文本"按钮，如图 9-33 所示。

第2步 在弹出的页面中点按"识别字幕"按钮，在弹出的提示对话框中点按"开始识

图 9-32 输入文字

别"按钮,如图9-34所示。这样从页面中即可看到系统自动识别的字幕信息,如图9-35所示。

图9-33 点按"文本"按钮

图9-34 点按"开始识别"按钮

图9-35 系统识别的字幕

系统生成字幕后,卖家也可以根据视频画面调整字幕的样式、大小、位置等。如果自动识别字幕时发现有错别字,则可以对字幕进行手动编辑。

编辑短视频的操作还包括为视频添加滤镜、转场特效等,卖家可对此进行学习和研究,争取早日编辑出优质短视频。

9.3.4 为视频添加特效

在不同视频片段的衔接处,可使用专用的转场模板进行过渡,即转场特效。转场特效不仅可以丰富视频的视觉效果,还可以让视频的切换更为流畅。用剪映APP为视频添加转场特效的步骤如下。

第1步 打开剪映APP,点按"开始创作"按钮,如图9-36所示。
第2步 在弹出的视频页面中选中多段视频,点按"添加"按钮,如图9-37所示。
第3步 在视频编辑页面点按视频与视频之间的小白框,如图9-38所示。
第4步 在弹出的特效页面中选中转场特效,点按"√"按钮即可添加转场特效,如图9-39所示。

图 9-36 点按"开始创作"按钮

图 9-37 点按"添加"按钮

图 9-38 点按小白框

图 9-39 选中特效

第 3 部分

运营推广篇

推广工具：高效推广商品

本章导言

在运营店铺的过程中，为了获取更多精准流量，卖家必须掌握一些常见的推广工具，如淘宝平台的直通车、引力魔方等；拼多多平台的多多搜索、多多场景、多多进宝等。卖家要了解这些推广工具的推广逻辑、展现内容及付费模式等，并能根据自身情况制订推广计划。

学习要点

- 认识付费推广的重要性及推广方式
- 掌握直通车、引力魔方等淘宝平台常用的推广工具的使用方法
- 掌握多多搜索、多多场景等拼多多平台常用的推广工具的使用方法

10.1 认识付费推广

部分卖家在经营店铺的过程中，有的认为自家商品无须投放广告，有的则盲目投放广告，这导致推广效果不佳、浪费过多投放费用等问题的出现。实际上好的付费推广不仅能为商品带来更多收益，还能为商品获得更多自然流量。卖家要认识到付费推广的重要性及常见的付费推广方式，为付费推广打下基础。

10.1.1 商品需要付费推广吗？

截至目前，电商平台的大多数收入都来源于卖家的付费广告。以淘宝平台为例，平台很大一部分收入来源于直通车广告。例如，在淘宝的搜索框中随意输入一个关键词（这里以"背包"为例），搜索结果中的第一个商品一定是直通车推广商品，如图10-1所示。

诸如直通车这类推广方式值得卖家使用吗？这里用常见的卖家关于付费推广的3种错误观念来回答。

1. 低成本创业，不应该做付费推广

在任何地方创业都需要一定的成本，如在线下开店，需要缴纳高昂的转让费和租金；在电商平台开店，虽然没有门店租金，却也需要支付一定的费用才能售卖商品，如推广费用。特别是随着流量平台趋于成熟，免费流量会越来越少。因此，淘宝卖家必须精通付费推广的方法。

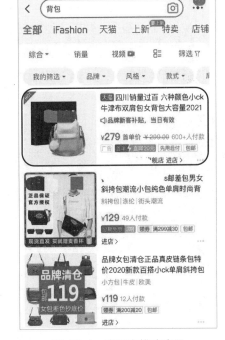

图 10-1 直通车推广商品

2. 店铺没流量，因为投放广告少

部分卖家一发现店铺没有流量，就认为需要付费做推广。即使在没有做好商品内功的前提下,也开始付费推广。结果并不理想,虽然花了钱,商品却没有卖出去。付费推广只是锦上添花,而不是雪中送炭。

淘宝、拼多多等电商平台的大多数展示位,都为卖家免费提供,只有少部分展位属于广告位置。因此,电商平台就得保证这少部分的位置能够收到满意的广告费。故而从机制上,系统希望那些运营得好的卖家去占领这些位置,因为运营得好的卖家更愿意付高昂的广告费。商品不是投广告变得优秀的,而是优秀后才开始投广告的。

当卖家想投放付费广告时,可能就意味着要花很多钱。如果因为商品内功方面存在问题,如定价过高,那么即使点击率高,但因为转化率较低也很难收回推广费用。也就是说,运营一家店铺首先要通过优化商品的关键词、定价、主图、详情页等,来获得一定的免费流量,之后再去做付费推广,让这个本来就很优秀的商品有机会出现在精准人群的眼前。

3. 只喜欢免费流量,不想付费做推广

部分卖家运营免费流量做得也不错,且有不错的收益,但因为听到很多推广付费亏钱的例子,所以非常怕付费推广,认为免费流量挺好,无须再付费做推广。这个观念很不可取,淘宝平台有一个重要的规则:如果一个商品投了广告,只要广告表现不错,就会提升该商品的免费流量。例如,某桌子原来每天有 800UV(Unique Visitor,独立访客)免费流量,在投放"猜你喜欢"推广期间,每日有 200UV 付费流量,但最终该商品所获得的流量会涨到 1400UV 左右。

通过以上 3 个错误观念不难看出,卖家在具备成熟的运营能力后,应该尝试付费推广,让商品出现在更多精准消费者的眼前,提高商品的流量和转化率。

10.1.2 常见的付费推广方式

为满足部分卖家愿意通过广告推广商品的需求,多个电商平台陆续推出了推广工具,如淘宝平台的直通车、引力魔方、极速推等,拼多多平台的多多搜索、多多场景、多多进宝等。这些工具的推广方法有所不同,卖家需要充分了解各个工具的功能,并能熟练掌握其应用方法,才能令推广效果最大化。

1. 淘宝、天猫

淘宝、天猫常见的推广工具包括图 10-2 所示的直通车、引力魔方、极速推、万相台、淘宝联盟(淘宝客)等。

图 10-2 淘宝、天猫的常见推广工具

（1）直通车

直通车是按照点击付费的竞价排名推广工具，在消费者搜索指定关键词的搜索结果页中展现推广的商品，实现商品的精准推广。

例如，某卖家为店内某款行李箱投放直通车计划后，当消费者搜索"行李箱""箱子"等关键词时，该款商品将展现在搜索结果页面中的直通车专属广告位，在消费者点击商品主图后，卖家需要支付一定的推广费用。

（2）引力魔方

引力魔方推广工具覆盖了淘宝首页"猜你喜欢"、淘宝焦点图等各类优质精准的推广资源位。消费者从进入淘宝浏览、点击收藏、加购到订单成交后，引力魔方流量资源场景均有覆盖。

例如，某卖家为某款行李箱投放引力魔方推广计划后，当系统识别到某些消费者近期有搜索、浏览"行李箱"的记录，便判断这些消费者可能需要购买推广的商品，引力魔方会将该款行李箱展现在消费者的"猜你喜欢"商品列表中。消费者点击商品广告后，卖家需要支付一定的推广费用。

（3）极速推

极速推是一种快速获得曝光的自动推广工具，在手机端淘宝"猜你喜欢""购物车"等推荐场景中展示，卖家只需要通过创建需要的曝光量即可自动开启推广展示。

例如，某卖家经营了一家销售箱包的店铺，希望在某款包包上新之前进行新品测试，故在后台开启了极速推，让该款包包快速在消费者面前曝光，卖家为此支付广告费，按曝光量计费。

（4）万相台

万相台是一站式智投推广工具，淘系站内外跨渠道生意加速神器。通过搜索、展示、互动、视频等全渠道资源，在丰富的场景中助力商家营销增长。万相台为商家提供基于店铺拉新、货品打爆、新品上新场景定制方案，智能提效，一键投放。

例如快消行业，"拉新快""会员快""新品快"是商家使用最频繁的场景。万相台针对不同流量需求的场景有细分的 AI 人群包，能够精准找到商家所需群体并进行高效的触达，给店铺带来了大量的新增会员。

（5）淘宝联盟（淘宝客）

淘宝联盟推广是一种雇用他人推广店铺商品，按成交量计算佣金的推广模式。被雇用的推广者被称为"淘宝客"。

例如，某卖家为某款行李箱投放了淘宝客计划，淘宝客们在后台接受卖家的任务并从推广区获取商品代码，将代码分享给其他消费者。消费者下单后，系统将自动从卖家的余额里扣除费用支付给淘宝客。

2. 拼多多平台

与淘宝的直通车、引力魔方等诸多推广工具不同，拼多多的推广中心涵盖了多种类型的推广工具，如以关键词推广为主的多多搜索、以千人千面推广为主的多多场景等。拼多多平台的推广工具主要包括图 10-3 所示的 4 种。

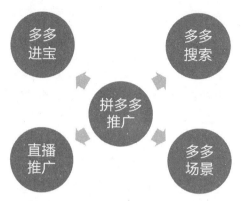

图 10-3　拼多多常见的 4 种推广工具

电商平台的推广工具种类繁多，上述介绍的只是几种比较具有代表性的推广工具。卖家可根据商品特点和推广需求，选择适合自己的推广工具，顺利展开推广工作，提高商品曝光率。

10.2　淘宝直通车推广

直通车作为淘宝、天猫平台应用较为广泛的一个付费推广工具，对于店铺提升销量起着重要的作用。卖家要了解直通车的基础知识，以及更多关于直通车推广的技巧，并且能创建新的推广计划，从而在控制直通车推广费用的同时，提升直通车的推广效果。

10.2.1　淘宝直通车基础知识

直通车的作用并不局限于推广，它还具有测款、测词、测图等作用，因此除了商品不依靠其他渠道便已拥有稳定的自然搜索流量，需通过直通车来拉升人群标签外，在商品有测款、测图需求时也可以考虑开直通车。因为商品在前期想获取自然搜索流量，需要漫长的时间来做关键词权重，权重高，商品才能获得展现。通过直通车可以付费买展现机会，只要出价合理，新品也有机会获得好的排名。当推广的商品排名靠前时，便可以根据点击率来反馈商品的款式及主图是否符合市场需求。

在淘宝、天猫的推广中，直通车推广占了很大一部分，其展示位也遍布多个页面。以淘宝电脑端为例，常见的直通车展示位包括上方广告位、右侧展示位及底端展示位。

1. 上方广告位

由于直通车推广主要是关键词推广，故在开直通车展示位之前，需要先输入一个关键词（这里以"风扇"为例），搜索结果页面的第一页，"掌柜热卖"区域就是直通车的展示位置，如图 10-4 所示。

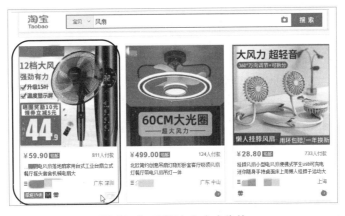

图 10-4　直通车上方广告位

2. 右侧展示位

按照上述操作，搜索结果页面的右侧，"掌柜热卖"区域就是直通车的右侧展示位置，如图 10-5 所示。截至 2021 年，搜索结果页面右侧共有 16 个竖着的直通车展示位。

图 10-5　直通车右侧展示位

3. 底端展示位

按照上述操作，拉动搜索页面至底端，能看到图 10-6 所示的直通车展位。页面底端一般有 5 个横着的直通车展示位。

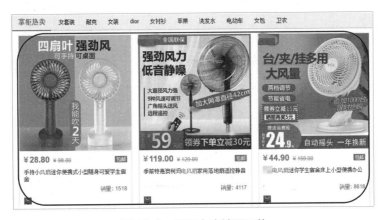

图 10-6　直通车底端展示位

截至2021年，电脑端淘宝搜索结果每页基本有22~24个直通车展示位：页面上端1~3个，页面右端16个，页面下端5个。由于手机屏幕较小，故手机端淘宝的直通车展示位略有不同，具体以详细页面为准。

虽然直通车推广对于不少店铺确实有着积极的作用，但直通车有相应的准入条件，并非所有店铺都可以投放直通车计划。这里以淘宝店铺为例，来说明直通车的准入条件。根据阿里妈妈的规定，要成为淘宝/天猫直通车服务用户，就需要符合相应的条件（与阿里妈妈另有书面约定的除外），包括但不限于：

- 店铺状态正常；
- 用户状态正常；
- 淘宝店铺的开通时间不低于24小时；
- 近30天内成交金额大于0；
- 店铺综合排名；
- 未在使用其他营销服务时因严重违规被中止或终止服务；
- 经阿里妈妈排查认定，该账户实际控制的其他阿里平台的账户未被阿里平台处以特定严重违规行为处罚或未发生过严重危及交易安全的情形，且结合大数据判断该店铺经营情况不易产生风险。

符合条件并想开通直通车的卖家，可进入"千牛卖家中心→推广中心→直通车"页面，单击"直通车"图标。按照操作提示进入新页面后，即可创建直通车计划。

10.2.2　创建淘宝直通车推广计划

卖家在开通直通车服务后，可在直通车后台创建相应的推广计划。

第1步　开通并进入直通车的后台，单击"新建推广计划"按钮（见图10-7）即可进入新页面。

图10-7　新建直通车推广计划

第2步　进入新页面后选择推广方式，设置投放信息，主要包括计划名称、日限额、投放方式及高级设置等，如图10-8所示。

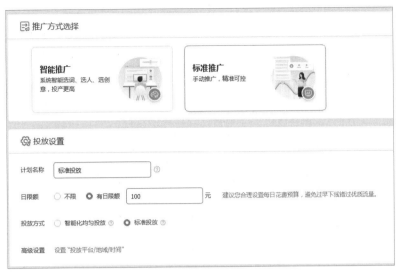

图 10-8　设置投放计划页面

在填写"计划名称"时，可以为不同的计划设置不同的名称，方便卖家记忆与区分。"日限额"分为"不限"和"有日限额"两种。选择"有日限额"时，计划在执行时会根据日限额而终止当天的操作，日限额的最低消费为 30 元；选择"不限"时，直通车计划会一直执行，直至费用消耗完。"投放方式"则分为"智能化均匀投放"和"标准投放"两种。"智能化均匀投放"是指根据淘宝流量变化和日限额的设置，智能化分配推广预算；"标准投放"是指在日限额范围内，正常展现推广计划。"高级设置"则是用于投放平台、投放地域和投放时间等项目的设置。以上信息可由卖家自行设置。

第 3 步 以将投放平台设置为移动端为例，选择高级设置页面的"投放平台"选项卡，选中"移动设备"的"淘宝站内"后面的"投放"，如图 10-9 所示。

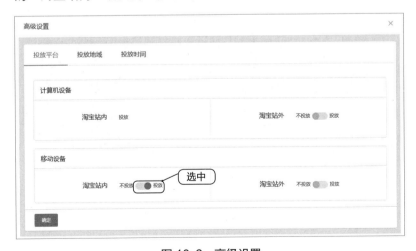

图 10-9　高级设置

第 4 步 设置好投放平台后，切换至"投放地域"选项卡，选择需要投放的地域，然后单击"保存设置"按钮即可，如图 10-10 所示。

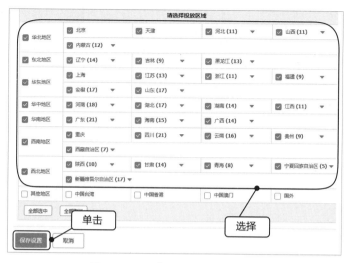

图 10-10 "投放地域"选项卡

> **提示** 在设置投放地域时，除了其中的中国台湾、中国香港、中国澳门、国外选项外，其他的地区可以全部投放。当然，卖家也可以选一些商品转化率较好的地区进行投放。

第5步 切换至"投放时间"选项卡，设置需要投放的时间及溢价时间，完成后单击"确定"按钮即可，如图 10-11 所示。

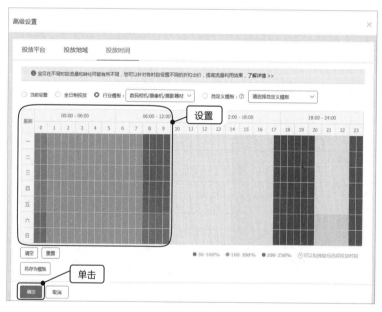

图 10-11 "投放时间"选项卡

大部分类目的商品在设置投放时间时，可以排除 0:00—8:00 这个浏览量较少的时间段。其余时间有两种设置方法：一种是全天投放；另一种是参考同行转化率较高的时间段。另外，卖家可在不同时间段设置不同折扣，使直通车在未来的一个时间段内按照卖家的流量需求进行合理的安排。

第6步 返回推广设置页面，单击"添加宝贝"按钮，如图10-12所示。

图10-12 单击"添加宝贝"按钮

第7步 跳转至添加宝贝页面，在该页面中选择推广的商品，然后单击"确定"按钮保存设置，如图10-13所示。

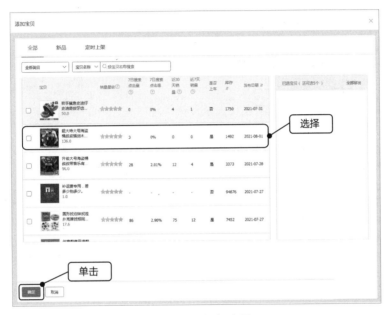

图10-13 添加宝贝

第8步 返回推广设置页面，系统会自动抓取卖家所选商品的主图作为创意图。接着单击"进一步添加关键词和人群"按钮，进入具体的设置页面，如图10-14所示。

图10-14 创意设置页面

提示	直通车创意图是指展现在搜索结果页面的商品主图。创意图最好用商品正面图、商品大图，而非细节图。

第9步 在添加好关键词后，下一步是对关键词出价。直通车计划出价分为计算机出价和移动出价（手机端出价），这里以主要投放在移动端为例，故提高移动端价格，如图10-15所示。

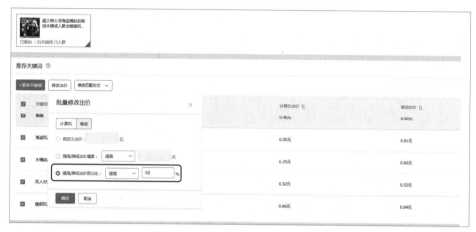

图10-15 出价页面

第10步 返回推广设置页面，即可查看与推广相关的重点信息，如关键词、推荐理由、计算机出价、移动出价、匹配方案等，如图10-16所示。

图10-16 推广设置页面

以上就是创建一个完整的直通车推广计划的步骤，卖家可在直通车后台熟悉各项操作，以便有推广需求时能快速创建推广计划。

10.2.3 淘宝直通车推广技巧

直通车作为一种付费推广工具，在最低推广费用的前提下去获得更好的推广效果是众多卖家的共同目标。那么，卖家应该如何优化直通车计划来实现低投入、高回报的目标呢？

1. 找准投放人群，让广告更加精准

直通车有一个精选人群的功能，它像一个筛子，可以帮助卖家过滤不精准的受众，从而针对精准的人群投放广告，使得广告效果达到最佳。卖家在创建直通车计划时，可任意选择是否需要精选人群。但如果不精选人群，就会出现点击率、转化率低的情况。

卖家为"帽子"一词投放了直通车广告，并且该关键词质量分高，出价高，排名靠前。基本上只要有人搜索"帽子"，该卖家的商品就能得以展现，但点击率很低。其原因在于该广告的创意图展示的18~25岁的女性帽子，而该广告是展现给所有人看的，其中不乏只想给孩子、老人买帽子的女性及男性，这些人在看到该广告时，会认为该商品与自己的需求不符，自然不会点击。即使关键词标明了使用人群，如"女性帽子""少女心帽子"等，依然有不同年龄段、不同消费能力、不同喜好的人会看到该广告，其转化率必然也不同。

所以，卖家在投放直通车广告时，应针对不同人群设置不同的价格。例如，对精准人群设置较高的价格，让精准消费者在搜索该关键词时，可以看到该广告，从而获得更多的点击量。这其实也是把钱花在刀刃上的一种表现。

2. 优化关键词，提升点击量

直通车的本质是由消费者的搜索关键词来决定展现的，故直通车计划需要实时调整，通过不断优化关键词，来提升推广商品的点击量。

添加关键词的操作并不难，难点在于如何选择关键词。部分卖家直接根据系统推荐，选择市场中点击率、转化率高的关键词进行添加，但有时效果并不佳。这说明有的关键词虽然历史数据表现好，但并不适用于卖家的商品。所以，卖家需要对关键词进行长期监测，多选词、多删词，从而找到最适合自己商品的关键词。

在创建直通车推广计划时，为了测试关键词，卖家需要同时选择多个关键词。这些关键词的表现有好有坏，卖家应该先删除一些表现不好的关键词。通常，卖家可以根据投产比、质量分、点击率和展现量4个要素来决定是否删除关键词，如图10-17所示。

图10-17　决定是否淘汰关键词的4个要素

（1）投产比

投产比的高低可以直接反映一个关键词是否能带来收益，特别是一些投产比很低的关键词，留着只会花费更多的推广费用，却不能带来理想的展现效果和更多订单。因此，从支出和收益的角度出发，投产比较低的关键词应该被删除。

（2）质量分

质量分直接影响着关键词的出价和排名，如果一个关键词的质量分长时间都无法提高，则意味着需要花更多的成本去推广。从节约成本的角度出发，可以删除那些质量分低于5分的关键词。

（3）点击率

关键词的点击率影响质量分，而质量分又会影响出价。因此，要淘汰点击率低的关键词。为了避免误删，对于点击率低的关键词，可以进行修改、调整、观察，给予一定机会后，若点击率还是没有变化，再将此关键词删除。

（4）展现量

如果一个关键词的展现量较低，那么相应的点击率和转化率都不会太理想。因此展现量较低的关键词，也应删除。有的关键词在计划初期并没有展现量，但随着时间的推移，展现量可能会有所提升。因此卖家查看关键词展现量时，至少应查看该关键词 7 天内的数据。

有的关键词展现量很高，排名也比较好，但点击率很低。针对这种关键词，应该如何取舍呢？出现这种情况，可能是因为关键词和消费者的需求不匹配。比如，消费者在搜索"凉鞋"时，某卖家计划中带有"凉鞋"关键词的商品得以展现，但实际上，消费者想要的是儿童凉鞋，而卖家展现的是成人凉鞋，与消费者的需求不匹配，则不会被消费者点击。因此，这类关键词也可以删除。

还有一些关键词，有点击、有展现，也有花费，但是没有转化、收藏、加购。按理来说这类关键词也可以删除，但数据是多变的，卖家应该根据实际情况做出合理判断。比如，某个关键词只有 5 个点击，没有成交和收藏，只有 1 个加购。按理说，这样的关键词可以删除，但实际上，5 个点击里有 1 个加购，已经达到了 20% 的加购率，是否还要删除呢？由于该关键词可参考的相关数据较少，无法准确判断其推广效果，故需要多观察几天再做决定。

3. 提高质量分，降低出价

直通车有多种推广计划，都按点击进行计费。例如，消费者搜索"羽绒服女"，某店铺刚好投放了这个关键词的直通车广告，当消费者点击了店铺推广的商品时，系统便会进行扣费。实际扣费规则为：

店家实际扣费 = 下一位的出价 × 下一位的原始质量分 ÷ 店家原始质量分 +0.01

例如，甲、乙、丙、丁 4 个店铺，对关键词"帽子女"的出价和实际扣费详情如表 10-1 所示。根据上述扣费规则可计算出：甲的实际扣费 = 乙的出价 × 乙的原始质量分 ÷ 甲的原始质量分 +0.01= 0.91×1022÷1160+0.01=0.81（元）。

表 10-1 对关键词"帽子女"的出价和实际扣费详情

店铺	关键词	出价（元）	原始质量分	直通车后台处理后质量分	综合排名	实际扣费（元）
甲	帽子女	0.89	1160	10	1	0.81
乙	帽子女	0.91	1022	10	2	0.85
丙	帽子女	0.99	870	8	3	0.90
丁	帽子女	1.15	670	6	4	—

> **提示**　直通车的质量分包括原始质量分和直通车后台处理后质量分，原始质量分是实际得分，而处理后质量分是直通车系统为了方便数据处理，经过标准化处理后的得分。在计算实际扣费时，用的是原始质量分；文中提及的"质量分"多指直通车后台处理后质量分。

由公式可见，质量分将影响扣费金额，并且质量分越高，所需支付的费用就越低。质量分指的是质量得分，用于衡量推广关键词与商品推广信息和淘宝网用户搜索意向之间的相关性。换言之，质量分就是衡量商品和用户搜索的关键词的匹配程度的数字。

质量分是 1 至 10 之间的整数，分值越高，则推广效果越理想。例如，某个推广计划的质量分为 7 分，则说明出价竞争同一个关键词的店家较多，所以相关性可能只在 70% 的位置，还有 30% 相关性更好的人出价。淘宝平台对于质量分的具体计算方法是保密的，但根据推测，可能与类目相关度、竞争对手同时段的表现有关。那么，如何从这几方面入手来提高质量分呢？

（1）提升相关性

相关性是指关键词与商品文本信息描述的一致性，它是影响质量分的关键。因此，卖家在发布商品时，一定要选择正确的类目，全面地完善商品属性。同时，把商品属性词体现在标题中，以便更多消费者搜索。

（2）提高点击率

影响点击率的因素主要包括关键词、推广图、投放时间和投放地域。卖家一定要经过多方选词、测词，找到搜索量大的关键词，设计出吸引人眼球的推广图片，结合数据来分析哪些时间段、哪些地域点击率更高，然后安排投放。

（3）优化消费者体验

优化消费者体验主要从商品、服务、流程 3 个方面入手。选品时要选择质量上乘的商品，以减少因为质量问题带来的差评；服务方面要求客服做好接待工作和售后工作；为方便客户购物，应简化购物流程。

以上就是直通车推广技巧，更多技巧可由卖家自行操作后进行总结、归纳。

10.3　引力魔方推广

引力魔方是超级推荐的升级版本，它融合了"猜你喜欢"和焦点图等优质流量推广产品，原生的信息流模式是唤醒消费者需求的重要入口，全面覆盖了消费者购买前、购买中、购买后的消费全链路。

10.3.1　什么是引力魔方

引力魔方是在手机端淘宝"猜你喜欢"等推荐场景中穿插原生形式的信息的推广工具，其核心是用内容创造消费需求，用商品挖掘潜在人群。总体而言，各个平台的付费推广方式虽多种多样，但主要分为图 10-18 所示的两大类：人找货和货找人。

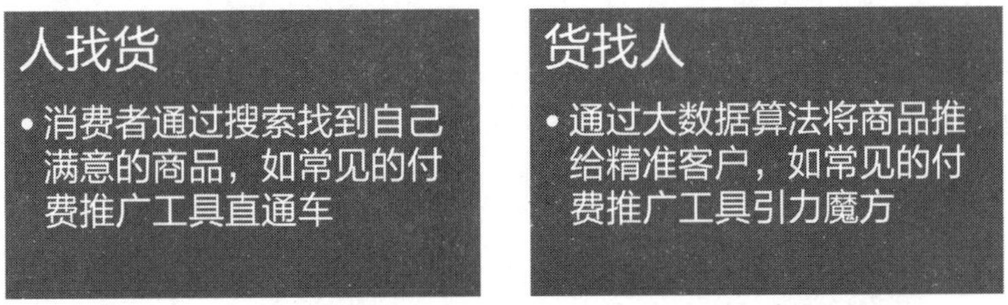

人找货	货找人
• 消费者通过搜索找到自己满意的商品，如常见的付费推广工具直通车	• 通过大数据算法将商品推给精准客户，如常见的付费推广工具引力魔方

图 10-18　付费推广方式

那么，人找货和引力魔方这种货找人的推广方式到底有何区别呢？最大的区别就是二者的推广方式不同。

直通车主要用于淘宝搜索推广，当消费者搜索某个关键词、某个商品时，直通车就把与该关键词相关的商品广告推送到消费者的眼前。换言之，直通车必须在消费者搜索商品时才会出现，这是一种比较精准的广告投放形式。

而引力魔方的本质是信息流广告推广工具。信息流广告是指系统根据算法猜测消费者近期可能需要买什么商品，然后向消费者主动推送商品。例如，某消费者曾在淘宝、天猫上看过一些与按摩椅相关的商品，当该消费者再打开淘宝时，系统就会给他推送更多有关按摩椅的商品，如图10-19所示。诸如引力魔方这种信息流广告，目前遍布在当下热门的抖音、今日头条、微信朋友圈广告中。

另外，直通车推广的位置就在搜索页面，而引力魔方的位置有很多，其推广形式也多种多样，如商品推广、店铺和自定义url等，如图10-20所示。

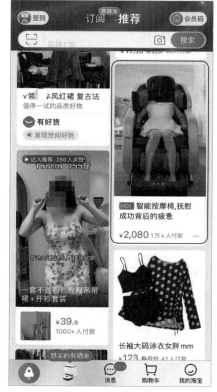

图10-19　系统推送的与按摩椅相关的商品

引力魔方的展现位置根据卖家设置的计划而定，卖家可结合商品特征来选择适合的计划和展示位。

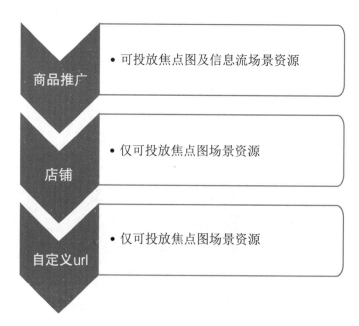

图10-20　引力魔方的推广形式

相比直通车，引力魔方是后起之秀，又得到平台的流量扶持，因此推广费用比直通车略低。同时，引力魔方是官方重点推广的商品，会有一定流量扶持，流量成本比直通车低，故感兴趣的卖家可以尝试这种推广方式。

10.3.2 创建引力魔方计划

引力魔方计划类型多样，可满足大部分卖家的推广需求。卖家可通过"推广中心"进入引力魔方后台，创建推广计划。创建一个引力魔方计划的步骤如下。

第1步　卖家通过"千牛卖家中心→推广→推广中心"可找到引力魔方工具，单击该工具下方的"立即开启"，如图10-21所示。

图10-21　单击"立即开启"

第2步　进入阿里妈妈引力魔方首页，可看到账户整体效果概览、账户余额、投放中计划等数据。想创建引力魔方计划的卖家，可单击页面中的"新建计划"按钮，如图10-22所示。

图10-22　单击"新建计划"按钮

第3步　卖家可根据自己的需要新建推广计划，在"计划"页面下方即可看到图10-23所示的关于创建计划的选项，这里单击"新建推广计划"按钮。一个计划组包括多个计划，一个计划N个商品一个定向多个资源位，一般情况一个计划一个商品。

图 10-23　单击"新建推广计划"按钮

第4步　根据自己的需求选择计划组类型,包括"自定义计划"和"投放管家"两种类型,然后编辑计划组名称,如图 10-24 所示。

图 10-24　设置计划组类型

提示　"自定义计划"是自定义投放主体、人群圈层进行投放至淘宝焦点图、"猜你喜欢"等核心资源位。"投放管家"是系统托管投放,依托大数据能力,高效创建智能调优。

第5步　这里选择"自定义计划",然后填写自定义计划的基本信息,如图 10-25 所示。

图 10-25　填写自定义计划的基本信息

第 10 章 推广工具：高效推广商品

第6步 投放主体中，选择"商品推广"为主体类型，单击"选择宝贝"按钮，如图 10-26 所示。而选择"店铺"时，将以店铺首页为投放主体；选择"自定义 url"时，将根据创意本身绑定的 URL 进行投放。

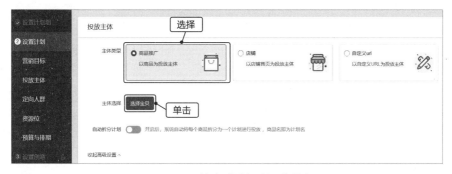

图 10-26　单击"选择宝贝"按钮

第7步 进入"选择宝贝"页面，选中需要推广的商品，并单击"添加"按钮，如图 10-27 所示。

图 10-27　添加需要推广的商品

第8步 跳转至定向人群页面，选择定向人群。定向方式包括"智能定向"和"自定义"，如图 10-28 所示。

图 10-28　选择定向方式

提示　所谓的定向人群，可以理解为引力魔方投放过程中圈选的人群。

第9步 卖家可根据自己的需求自定义其他人群，如图 10-29 所示。

图 10-29　自定义其他人群

第10步　关于资源位,卖家可以在计划列表页进行添加或删除资源位操作,在"预算与排期"中可设置"目标出价""预算设置"等,如图 10-30 所示。

图 10-30　添加或删除资源位后,设置出价和预算

第11步　在图 10-30 中单击页面下方的"展开高级设置",可对投放地域进行设置,如图 10-31 所示。

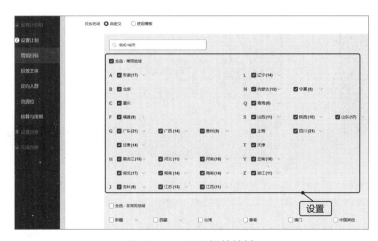

图 10-31　设置投放地域

卖家在创建第一个引力魔方计划时，可能无法判断哪个资源位比较好。这种情况下，可以将每个资源位都设置 10% 的溢价，后期再根据数据进行调整。

第 12 步 如果需要对资源位进行溢价设置，可返回第 10 步，选择"详细出价"，然后对溢价进行相关设置，如图 10-32 所示。

图 10-32　设置溢价

第 13 步 对创意图进行设置，如图 10-33 所示。

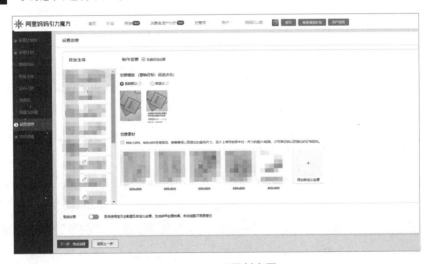

图 10-33　设置创意图

根据以上操作即可创建一个全新的引力魔方自定义计划。创建引力魔方其他模式的计划的操作步骤和自定义类似，卖家可尝试设置其他计划，如店铺、自定义 url 推广计划等。

10.4　万相台推广

万相台从商家营销诉求出发，围绕消费者、货品、活动场，整合阿里妈妈搜索、推荐等资源位，算法智能，跨渠道分配预算，实现人群在不同渠道流转承接，从提高广告效果与降低成本两方面回归用户最本质的投放需求。

10.4.1 万相台基础知识

万相台营销场景主要包括消费者运营、货品运营、活动场景和内容营销四大部分，如图10-34所示。

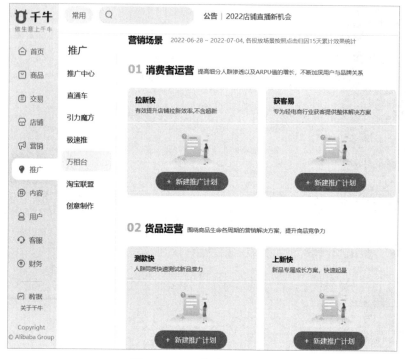

图 10-34 万相台营销场景

消费者运营：提高细分人群渗透及ARPU（每用户平均收入）值的增长，不断加深用户与品牌的关系。

货品运营：围绕商品生命各周期的营销解决方案，提升商品竞争力。

活动场景：活动全周期优化，提升全店流量。

内容营销：通过内容营销满足用户的兴趣内容消费需求，实现"种草"到"拔草"的内容价值。

表10-2所示为四大营销场景的核心场景及简介。

表 10-2 四大营销场景的核心场景及简介

营销场景	核心场景	场景简介
消费者运营	拉新快	有效提升店铺拉新效率，不含超新
	获客易	专为轻电商行业获客提供整体解决方案
货品运营	测款快	人群同质快速测试新品潜力
	上新快	新品专属成长方案，快速起量
活动场景	活动加速	加速活动卡位，赶超竞对
内容营销	超级短视频	含视频加速数据

10.4.2 创建万相台推广计划

卖家可在"千牛卖家中心→推广"中找到万相台推广工具,如图10-35所示,还可以从"千牛卖家中心→推广→推广中心"进入万相台。创建一个万相台推广计划的步骤如下。

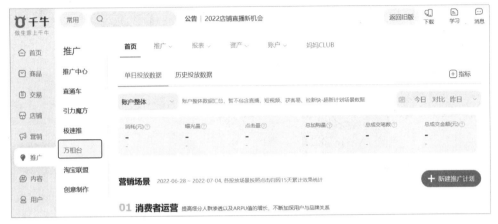

图10-35 从"千牛卖家中心→推广"进入万相台

第1步 通过"千牛卖家中心→推广→推广中心→万相台"页面找到万相台推广工具,并在该页面单击"立即投放",如图10-36所示。

图10-36 单击"立即投放"

第2步 进入万相台推广页面,选择营销场景,如图10-37示。

图10-37 选择营销场景

第3步 以创建"消费者运营"中的"拉新快"场景计划为例，如图10-38所示。按照流程创建计划，包括人群设置、投放主体和落地页、预算和排期、创意设置、预览资源位等。其中，"人群设置"的"细化人群"主要包括访问新客、兴趣新客和首购新客。此处卖家也可以选择屏蔽人群，过滤掉非目标人群。

图10-38 创建"拉新快"计划

第4步 在"投放主体和落地页"中设置投放主体类型、落地页（主要是商品详情页）等，如图10-39所示。

图10-39 设置"投放主体和落地页"

第5步 在"预算和排期"中，可以设置推广方式、优化目标、投放日期等，如图10-40所示。

提示　推广方式包括持续推广和套餐包。选择持续推广，系统将基于广告投放实时扣费，投放开始后，可以基于投放效果调整部分计划配置，也可以实时暂停、重启、结束投放计划；选择套餐包，系统将一次性预扣除套餐包金额，投放开始后，将基于设置的投放目标及投放表现持续调优策略。

图 10-40　设置预算和排期

第 6 步　卖家在"创意设置"模块为商品在各个资源位选择打底创意,包括智能创意优选、仅投放宝贝主图创意和不设置打底创意,如图 10-41 所示。

图 10-41　设置"创意设置"

第 7 步　卖家通过"预览资源位",选择想要投放的资源位,如图 10-42 所示,完成创建。

图 10-42　预览资源位

卖家可以根据自己的营销诉求，创建其他营销场景推广计划，根据数据效果，做出优化调整。

10.5 极速推推广

极速推是阿里巴巴继直通车等推广工具后推出的一个快速提升商品曝光率的推广工具。卖家需了解极速推的基础知识，熟悉极速推的计划创建方式，掌握这款操作简单的推广工具。

10.5.1 极速推基础知识

与引力魔方等推广方式不同，极速推可以在 24 小时内帮卖家将新品曝光给潜在消费者，并根据消费者的反馈信息，判断该新品是否有成为爆款的可能。极速推推广的商品会根据系统的算法入池到"猜你喜欢"，帮助卖家快速找到目标消费者。

官方资料显示，极速推功能还在不断完善中，目前主要适用于图 10-43 所示的应用场景。

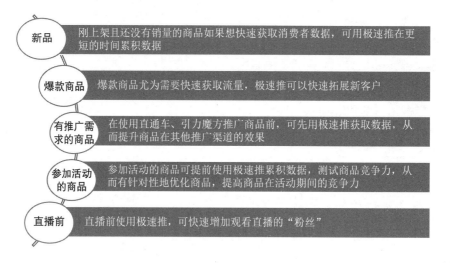

图 10-43　极速推的应用场景

从图 10-43 中可以看出，极速推的应用场景十分广泛，使用极速推工具可以为店铺带来大量的曝光机会。

10.5.2 创建极速推计划

极速推的特色之一就是操作简单。卖家可在"千牛卖家中心"的"推广中心"中看到极速推工具。创建一个全新的极速推计划的步骤如下。

第1步　通过"千牛卖家中心→推广→推广中心"找到极速推工具，并在该页面单击"立即投放"按钮，如图 10-44 所示。

图 10-44 单击"立即投放"

第2步 进入商品页面,单击要参与推广的商品后面的"极速推广",如图 10-45 所示。

图 10-45 单击"极速推广"

第3步 进入推广页面,然后选择消费者曝光次数(这里以"5000+"为例),完成后单击"立即支付"按钮,如图 10-46 所示。

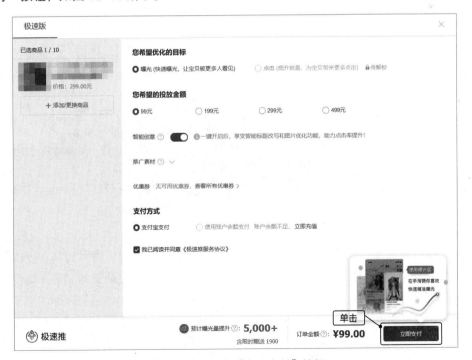

图 10-46 单击"立即支付"按钮

根据以上操作即可进入支付页面，在支付相应费用后，极速推计划即可展开推广。极速版基本上不能动，就是花钱买展现。极速推推广的操作简单，可更改的内容不多，无须专业人员苦心研究出价、竞价等内容，是一个能快速上手的推广工具。

10.6 淘宝联盟推广

淘宝联盟也是付费推广工具之一，但与直通车等推广方式不同的是，淘宝联盟是雇人推广店内商品，然后按成交量支付预设的佣金给推广人员。使用淘宝联盟推广商品的优势在于，推广成本更可控。卖家应该了解淘宝联盟的付费模式与展现位置，并能根据推广需求配置合适的推荐计划，充分利用淘宝联盟来推广店内商品。卖家可在"千牛卖家中心→推广→淘宝联盟"创建推广计划。

10.6.1 认识淘宝联盟推广

淘宝联盟是指淘宝平台上雇人推广的一种方式，淘宝客是指为卖家推广商品并按成交业绩提成的推广人员。与其他付费推广方式不同，淘宝联盟按成交付费，于卖家而言是一种较为保险的推广方式，因为没有订单则无须付费。卖家要熟悉淘宝联盟的基本知识，如淘宝客的推广方法，以及开通这一推广工具的原因等。

1. 淘宝客的推广方法

现在仍然有非常多的人从事淘宝客这一职业，优秀的淘宝客年收入高达上千万元。那么，淘宝客们是如何进行推广的呢？目前流行的淘宝客的推广方法如图10-47所示。

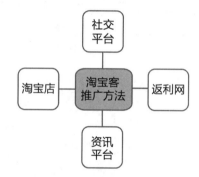

图 10-47 淘宝客的推广方法

（1）社交平台

社交平台包括微信、微博、QQ等，如微信中常见的低价抢购商品的微信群、朋友圈等。淘宝客把需要推广的商品信息发布在群里，供群友选择，如图10-48所示。部分管理有方的淘宝客的手里有成百上千个这样的群，积累了一批爱购物的客户，推广收益很可观。

（2）返利网

网上有很多返利模式的网站，消费者通过这些网站跳转淘宝网店购买商品，可以领取抵用券或直接在购买后获得相应的佣金。部分返利网站的运营者其实就是淘宝客，他们在拿到佣金后，给消费者返还一定比例的金额，消费者得了实惠，就会变成返利网站的忠实客户。虽然运营者把自己的佣金分一部分给消费者，但在消费者数量越积越多的情况下，运营者的盈利仍较为可观。

（3）资讯平台

资讯平台如今日头条，其特卖频道就是由淘宝客组成的。淘宝客发布文章推广商品，资讯平台的读者在看完信息后，有不少人会看商品推荐，感兴趣的就会购买，淘宝客也可以因此获得佣金。

（4）淘宝店

有些淘宝客会自己开设淘宝店，他们会到淘宝客的市场中选择高佣金的店家合作，直接用店家的商品信息制作成自己店铺的商品详情页。如果有客户购买，淘宝客会直接到上家下单，并填写客户的收货地址，他们以这种方式来赚取佣金。

2. 为什么要开通淘宝联盟？

目前除了中小淘宝客外，还有一些较大的淘宝客，或者说是淘宝联盟平台。这些平台会弹出关于淘宝网的广告，客户点击这些广告进入淘宝网页，里面展现的就是开通了淘宝联盟的商品。例如，在百度搜索框内输入"淘宝网"，搜索结果中排名第一的就是淘宝热卖，如图10-49所示。

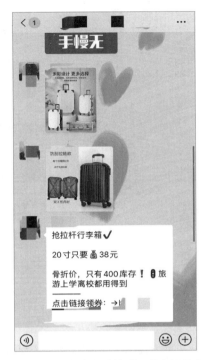

图10-48　发布在微信群里的商品信息

图10-49　百度展现"淘宝网"的搜索结果

进入淘宝热卖，页面中展现的商品都是开通了淘宝联盟的，如图10-50所示。

这些淘宝联盟平台的真正目的在于推广淘宝网，而不是某件商品。如果卖家不开通淘宝联盟，就和这里的流量无缘了。据统计，一家正常运营的店铺如果开通了淘宝联盟，就会有5%~10%的淘宝客流量。因此，建议各大卖家尽可能多地开通淘宝联盟，抓住淘宝客流量。

图 10-50　淘宝热卖

10.6.2　创建淘宝联盟推广计划

淘宝联盟推广有着众多优点，感兴趣的卖家可开通这个工具投放推广计划。不过淘宝联盟推广服务还是有一定的门槛的，店铺须满足以下条件。

- 店铺状态正常（店铺可正常访问）。
- 用户状态正常（店铺账户可正常登录使用）。
- 近 30 天内成交金额 > 0。
- 淘宝店铺掌柜信用 ≥ 300 分；天猫店铺无此要求。
- 淘宝店铺近 365 天内不存在修改商品的重要属性（如类目、品牌、型号、价格等），使其成为另外一种宝贝继续出售而被淘宝处罚的记录；天猫店铺无此要求。
- 店铺账户实际控制人的其他阿里平台账户（以淘宝排查认定为准），未被阿里平台因特定严重违规行为予以处罚，未发生过严重危及交易安全的情形。
- 店铺综合排名良好。排名维度包括但不限于用户类型、店铺主营类目、店铺服务等级、店铺历史违规情况等。

店铺如因违反《淘宝规则》《天猫规则》《飞猪规则》《天猫国际服务条款规则》中相关规定而被处罚扣分的，还须符合其他相应条件才能申请使用淘宝联盟推广服务。卖家可自己通过阿里妈妈平台查看自己店铺是否满足申请条件。

满足淘宝联盟使用条件的卖家，在"千牛卖家中心→推广→淘宝联盟"页面能找到商家中心入口；登录阿里妈妈也可以找到淘宝联盟商家中心（见图 10-51），单击即可进入淘宝联盟商家中心设置页面。

图 10-51　阿里妈妈首页

淘宝联盟计划包括通用计划、营销计划、定向计划、自选计划 4 种类型。卖家应根据需求投放适合自己店铺的计划。

- 通用计划：全店商品，全部淘宝客可推广。通用计划是默认开通并全店商品参加推广的计划。该计划仅支持设置类目佣金比率，未设置佣金比率的商品，系统默认按照商品所在类目最低佣金比率计算。
- 营销计划：限定单品，全部淘宝客可推广。选择店铺重点推广的商品，单独设置佣金，为主推商品吸引更多淘宝客推广。"日常"是在营销计划下新增主推商品后设置的商品日常推广策略；"活动"是报名招商团长活动时设置的商品活动推广策略；"默认"从当前有效的日常策略和活动策略中选最优的佣金率、最优的优惠券，进行推广（所有淘宝客均可查看并推广）
- 定向计划：限定单品，指定淘宝客可推广。指定单品，单独设置佣金，并邀请指定淘宝客来推广。使用定向计划，可以跟指定淘宝客合作，并追踪他们的推广效果。
- 自选计划：限定单品，公开推广筛选优质淘宝客。指定单品，单独设置佣金，可查看单个淘宝客推广效果，并可限制部分淘宝客不可推广

大多数卖家习惯使用通用计划，卖家可根据实际情况投放具体计划。这里以创建定向推广计划为例进行讲解。定向推广计划是店家为淘宝客中某一个细分群体设置的推广计划，可以让淘宝客在阿里妈妈前台看到推广并吸引淘宝客参加。

定向计划不可删除，但可以修改，佣金比例最高可以设置为 90%。佣金不宜经常改动，改动后会有邮件通知。定向计划也可以设定门槛，如设定为信誉超过 1 个皇冠的淘宝客可自动通过审核，低于此信誉的则需要卖家手动审核，这样就能保证淘宝客的质量。

另外，在投放定向推广计划后，卖家可以把计划信息分享到淘宝客群，吸引更多资深淘宝客加入定向计划进行推广，提高商品的曝光量。

卖家可进入淘宝联盟商家中心后台，单击"新建计划"按钮，开始创建定向计划，如图 10-52 所示。

图 10-52　单击"新建计划"按钮

跳转至新的页面后，根据提示完善计划信息，如计划名称、推广日期、佣金等，如图 10-53 所示。

图 10-53　根据提示完善计划信息

在填写计划时应注意以下几点。

- 计划名称：建议填写加入条件、佣金来吸引淘宝客。例如，写明初期淘宝客 10% 的佣金，中级淘宝客 20% 的佣金，高级淘宝客 30% 的佣金。
- 是否公开：其他淘宝客是否可以看到此计划。
- 审核方式：对于不符合申请条件的淘宝客，需要卖家手动审核。
- 开始和结束时间：根据店家的目标来设置是长期计划还是短期计划。

定向计划的审核方式与通用计划无门槛加入不同，不是所有的淘宝客都可以参与，因此灵活性更强。卖家可以把计划的佣金设置得高一点，只有通过审核了才能推广，这样可以吸引更多资深淘宝客参加。

10.7 拼多多平台的常见推广工具

拼多多平台常见的推广工具有很多，这里重点介绍多多搜索、多多场景、直播推广及多多进宝。

10.7.1 多多搜索

多多搜索主要通过消费者搜索关键词后对推广的商品进行展现，与淘宝直通车推广相似。如图10-54 所示，在拼多多 APP 中输入"帽子"这一关键词，默认的搜索结果中排名第一的右下角有"广告"字样的商品，就是参与了多多搜索推广的商品。

多多搜索的本质是关键词推广，是一种较为精准的推广方式。因为多多搜索推广的商品只有以消费者搜索关键词的动作为前提，商品才会得到展示。既然消费者有需求在前，转化率自然会比较高。

卖家在缴纳店铺保证金后，可以在推广中心创建相应的推广计划。设置多多搜索推广计划的操作如下。

第1步 进入电脑端拼多多商家版后台，单击页面中"推广中心"下的"推广概况"链接，如图10-55 所示。

第2步 进入推广概况页面后可以看到多多搜索、多多场景等推广方式。这里单击"多多搜索"下的"新建推广计划"按钮，如图 10-56 所示。

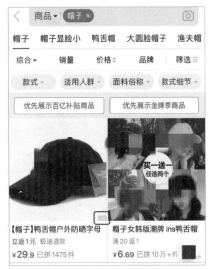

图 10-54　参与多多搜索推广的商品

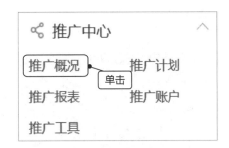

图 10-55　单击"推广概况"链接

图 10-56　单击"新建推广计划"按钮

| 提示 | 已经创建过多多搜索推广计划的卖家,可以在该页面看到多多搜索一定时间内的曝光量、点击率、花费等数据。 |

第3步　进入新建推广计划页面,填写计划名称,完成后单击"继续"按钮,如图10-57所示。

图10-57　单击"继续"按钮

第4步　页面新增分时折扣选项,单击分时折扣下方的"修改",右侧弹出"分时投放策略"选项区。设置好折扣后,单击"应用"按钮,如图10-58所示。

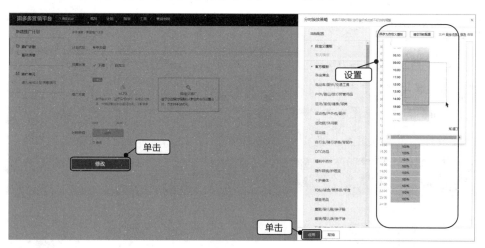

图10-58　设置分时折扣

| 提示 | 目前分时折扣主要有两种模板可供卖家选择。第1种:官方模板,官方对不同行业已经设置好折扣,卖家根据商品选择对应的类目即可;第2种:自定义模板,卖家可根据自己商品类目的高峰段设置相应的时段折扣。 |

第5步　跳转到新建推广计划页面,在"推广单元"区域选择要推广的商品,完成后单击"确认"按钮,如图10-59所示。

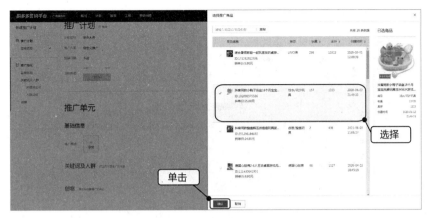

图 10-59　添加商品

第 6 步 在"关键词及人群"区域选择推广关键词，如图 10-60 所示。

图 10-60　选择推广关键词

提示　多多搜索的关键词可根据搜索热度、点击转化率、搜索量来设置。注意，添加的关键词不能超过 200 个。

第 7 步 在"人群溢价"区域自定义人群溢价的相关内容，如图 10-61 所示。

图 10-61　设置人群溢价

提示　设置人群溢价可以立即为重点人群增加出价，让重点人群看到推广商品的信息。

第8步 在"创意"区域选择创意图片，然后单击"确认"按钮，如图 10-62 所示。

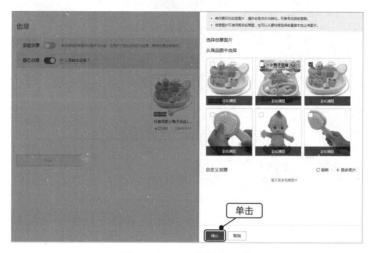

图 10-62　设置创意图片

> **提示**　创意就是卖家使用推广计划时展现给消费者的图片。目前创意主要包括智能创意和静态创意两种。若选择智能创意的计划，系统就会根据消费者的购物喜好来选择展现的创意图，以达到智能匹配的效果；若选择静态创意的计划，系统则会随机选取展现的创意图。

至此，完成整个推广计划的创建。

从创建多多搜索推广计划的过程中可以看出，整个计划的设置要点主要包括分时投放、设置关键词、设置人群溢价、上传创意图等。卖家把握好这些设置要点，即可创建高产出的推广计划。

10.7.2　多多场景

如果把多多搜索比喻成人找货，那么多多场景就是货找人。因为多多搜索通过搜索关键词、点击浏览商品，以达到推广商品的目的；而多多场景根据人群的不同展现不同的商品。例如，某消费者近期在拼多多搜索浏览过柠檬相关的商品，当再次打开拼多多时，首页便会出现多个关于柠檬的商品，如图 10-63 所示。这些与柠檬相关的商品中就有参与了多多场景推广的商品。

由此可见，多多场景是一种投放关键词到搜索广告位，引导消费者点击浏览商品，从而促进商品转化的推广方法。对于卖家而言，借助多多场景可以快速实现商品、

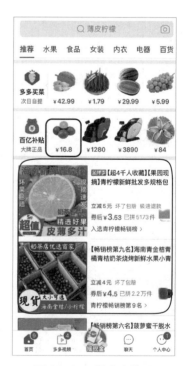

图 10-63　拼多多首页

店铺引流，并且创建多多场景推广计划的操作与创建多多搜索推广计划相似，操作简单，对此推广工具感兴趣的卖家可尝试自行创建推广计划。

10.7.3 直播推广

拼多多的直播推广会根据创建推广计划的直播间类目属性、商品讲解等信息，与消费者的人群特征、历史行为数据进行匹配推荐。例如，某消费者在拼多多 APP 中搜索"苹果"，搜索结果中部分商品不仅显示"广告"字样，还显示"直播中"字样，这些就是参与了直播推广的商品，如图 10-64 所示。

消费者点按商品主图进入商品详情页后，可以看到直播间的小屏幕，如图 10-65 所示。点按直播间小屏幕即可进入直播间，如图 10-66 所示，可进行与主播实时互动、下单购买商品等操作。

图 10-64 直播推广的商品

图 10-65 商品详情页中的直播间小屏幕

图 10-66 直播间

直播推广在店铺运营中有着重要作用，特别是当下直播正热，直播推广可以让消费者进入直播间，近距离地了解商品并及时与主播互动，从而增强消费者购买商品的信心。拼多多直播推广计划的创建方式与多多搜索及多多场景推广计划的创建方式相似，故这里不再赘述。对这一推广工具感兴趣的卖家，可自行创建推广计划来推广商品。

10.7.4 多多进宝

多多进宝作为拼多多平台的一款推广工具，其功能和淘宝平台的淘宝客有着异曲同工之妙。多多进宝也是一款没有生成订单就不收费的推广工具，在卖家设置推广计划后，第三方推手主动获取商品信息进行推广。推广成功后，卖家向推手支付一定比例的佣金即可。

多多进宝官方案例显示，某牛奶品牌曾借助多多进宝这一推广工具设置了推广计划。推广期间销量达到了 3.2 万单，销售额达到了 250 万元，销量在本类目排名第一。多多进宝开通门槛极低，无须提前充值也可开通，感兴趣的卖家可开通这一推广工具来推广店内商品。目前多多进宝支持全店推广和单品推广，这里以单品推广为例介绍创建推广计划的步骤。

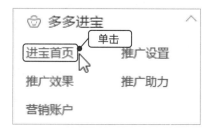

图 10-67 单击"进宝首页"链接

第1步 进入电脑端拼多多商家版后台，单击"多多进宝"下的"进宝首页"链接，如图 10-67 所示。

第2步 进入进宝首页可以查看推广设置、推广效果等内容。因为这里需要创建一个新的推广计划，故单击"设置推广"按钮，如图 10-68 所示。

图 10-68 单击"设置推广"按钮

第3步 进入开通多多进宝单品推广服务页面，单击"立即开通"按钮，如图 10-69 所示。

图 10-69 单击"立即开通"按钮

> 提示　已开通单品服务的卖家将自动进入下一步。

第4步 进入添加商品页面，选择商品后单击"下一步"按钮，如图 10-70 所示。

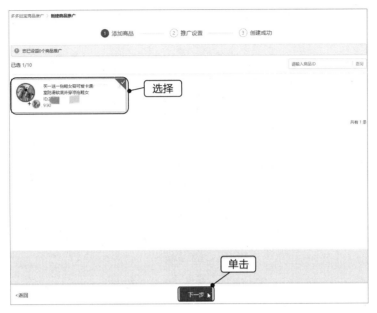

图 10-70 单击"下一步"按钮

第5步 进入推广商品页面,单击"编辑优惠券"链接,如图 10-71 所示。

图 10-71 单击"编辑优惠券"链接

第6步 进入创建优惠券页面,设置优惠券内部名称、领取时间、使用时间、面额、发行张数等,完成后单击"发布"按钮,如图 10-72 所示。

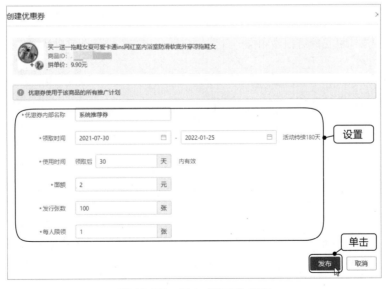

图 10-72 单击"发布"按钮

第7步 跳转至推广商品页面，核实推广商品、优惠券信息、基础佣金比率等信息后单击"确认"按钮，如图 10-73 所示。

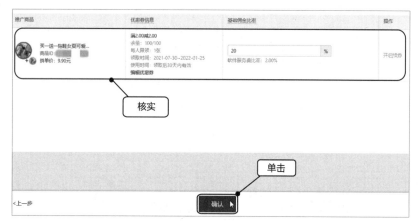

图 10-73　单击"确认"按钮

第8步 系统提示单品推广设置成功，卖家可单击"查看设置结果"按钮查看具体的推广计划，如图 10-74 所示。

图 10-74　单击"查看设置结果"按钮

第9步 在推广计划页面可以看到推广计划的商品、状态、优惠券信息及操作等，如图 10-75 所示。

图 10-75　推广计划页面

在上述操作中，需要卖家自主设置优惠券信息。优惠券的多少，可根据商品利润及定价等来设定。另外，创建多多进宝推广计划后，可能不能马上出单，需要卖家耐心等待。如果在较长的时间内都未出单，卖家可对推广计划进行暂停、删除等操作。

第11章

网店活动：提高销量

 本章导言

活动往往有着流量大、转化率高等优点，是提升商品销量的好渠道。卖家应了解常见的平台活动和店铺活动，积极参与并策划出优质活动，在增加更多流量的同时转化更多客户，从而提升店铺的综合竞争力。

 学习要点

- 认识活动的重要性
- 了解热门活动的规则
- 掌握活动策划的基本流程

11.1 为什么店铺都要做活动？

无论是在哪个电商平台，总能看到各色各样的活动，如京东"618"、淘宝"双11"、拼多多砍价免费拿等。这些看似卖家会亏损的活动对店铺有什么意义呢？为什么这些店铺都要做活动呢？首先，大部分活动都以高销售量或高销售额作为最终目的，一场成功的活动可以为店铺带来更多订单。图11-1所示为拼多多首页展现的参加拼多多百亿补贴的某款手机。进入该手机详情页，可见该手机总售量超过了10万件，并且是"品牌智能手机畅销榜"第1名，如图11-2所示。

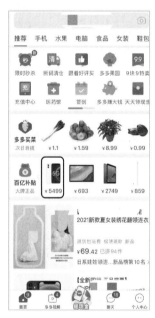

图 11-1 拼多多首页

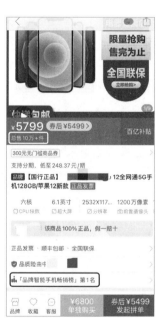

图 11-2 某款手机详情页

实际上，活动的作用不仅在于提高商品订单，还能吸引更多消费者积极参与、提高品牌曝光率和转化率，以及处理库存商品等。

11.1.1 吸引消费者参与

一个好的活动可以调动消费者的积极性，吸引更多消费者参与到活动中来。正因如此，才能更好地宣传商品信息及品牌信息。某知名达人自创品牌曾在 2019 年 11 月 8 日发布微博视频，提及商品（豆浆粉）活动，如图 11-3 所示。由于视频制作精美，商品适用人群较广，视频及活动一经推出就吸引了 3.3 万人参与互动。

图 11-3　某视频活动

类似图 11-3 提及的活动，多半需要参与者评论、转发及晒单才能参与抽奖，这样在提高商品原本销量的同时，还能提高商品曝光率，吸引更多新客户参与。一些规模较小的店铺，在"粉丝"较少、预算也有限的情况下，可以考虑策划周年庆、新品满减等活动，吸引消费者的关注和参与。

11.1.2 提高品牌曝光率

部分卖家策划活动，不仅是为了售卖商品，更重要的是提高品牌曝光率。例如，某茶饮就常在各个社交平台策划营销活动，把品牌内容不断推送给大众。图 11-4 所示为某茶饮策划的微博活动，既介绍了某款饮品，也通过活动吸引网友转发 1.1 万次，评论 3380 条。

当消费者熟悉、认可品牌，且品牌已建立信任背书后，消费者会更愿意购买该品牌下的商品。例如，很多消费者在提到凉茶时，会很容易联想到和其正；在提到牛奶时，会很容易联想到伊利、蒙牛等。

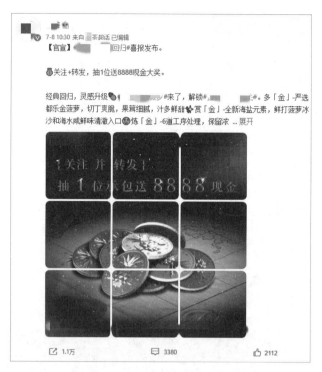

图 11-4　某茶饮策划的微博活动

11.1.3　提高店铺转化率

大部分成功的活动都能为商品或店铺带来更多流量和转化。例如，某坚果类店铺在首页放置的抢购活动海报中的商品，已累计销售 3.7 亿袋，成绩傲人，如图 11-5 所示。

图 11-5　活动海报商品

由此可见，该店铺通过这种领券立减的活动，已有效提升商品销量。诸如这类领券减、满减的活动，很容易刺激消费者下单转化，很大程度上提高店铺转化率。

11.1.4 有利于新品销售

一般新品在没有基础销量和评价做信任背书的前提下,很难展开销售局面。部分卖家在商品上新时,通过策划活动激励消费者下单,降低消费者初次消费成本,即可促使消费者购买新品。图 11-6 所示的连衣裙作为一款新品,详情页标注了"新品上新"字样,且有原价 358 元及现价 179 元的价格对比,很好地利用了价格反差来吸引消费者下单。

由此可见,活动可以帮助新品打开市场,使消费者更快速地接受新品。当新品有了一定的基础销量和评价后,会更有利于后期的销售。促销活动本质上是让利给消费者,但这样的让利并非时时都有。为了让消费者意识到这一点,店主应该营造出一种"机不可失,时不再来"的氛围,促使消费者快速接受并购买商品。

11.1.5 处理库存商品

很多卖家会面临库存积压的问题,积压的商品如果不及时处理,就有可能影响店铺的资金流转。针对这种情况,卖家可利用促销活动来处理库存商品。图 11-7 所示为某服装类店铺在首页放置的清仓活动海报,用低至 2 折的优惠活动来刺激消费者下单。

图 11-6　活动商品详情页

图 11-7　清仓活动海报

举办活动甚至跨平台举办清仓活动是一个行之有效的处理库存商品方法,卖家可借鉴学习。

11.2 不同平台的促销活动

各个电商平台为打造更高的人气，往往会推出一些有平台标签的大促活动。例如，淘宝、天猫的"双11"、聚划算、淘金币、天天特卖；拼多多的限时秒杀、多多果园、百亿补贴等。卖家应熟悉这些活动的规则，并能及时报名参与到活动中，从而提高商品销量。

11.2.1 淘宝、天猫

淘宝、天猫从创立之初就有很多促销活动，淘宝平台会投入大量的广告对活动进行宣传。平台提供的促销活动，部分有时间限制，如"双11"活动在每年的10月20日左右至11月11日举办。淘宝、天猫从1月到12月，都有不同主题的促销活动。图11-8所示为淘宝、天猫于2021年7月的部分活动截图。满足招商条件的卖家，可在选择好商品后参与到活动中，提升商品流量。

图 11-8 淘宝、天猫于 2021 年 7 月的部分活动

除了这些有时间限制的活动外，淘宝、天猫还推出了多个没有时间限制的活动，如聚划算、淘金币等活动。

11.2.2 京东

京东平台的商品分类涵盖了生活的方方面面，特别是家用电器、手机、数码等类目，京东积累了很多忠实客户。京东平台基本每个月都会推出不同主题的活动。例如，2021年4月京东推出了数个活动，其名称和时间如图11-9所示。

京东平台最出名的活动为每年6月18日的京东"618"。据京东官方宣布，2021年6月1日0时—6月18日24时，京东"618"

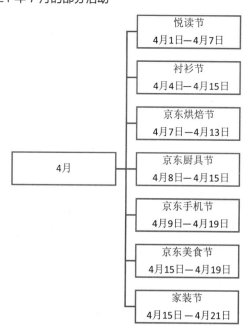

图 11-9 京东平台 2021 年 4 月的部分活动

活动中累计下单金额超 3438 亿元，创下新的纪录。有意向参加京东官方活动的卖家，可在京东营销活动中心报名。除此之外，京东平台的卖家也可以自行策划店铺的营销活动，如单品促销、拼购、满减等。

11.2.3 拼多多

拼多多通过人性的消费心理定位，不断地吸引着新客户。拼多多平台的活动也比较多，在拼多多首页即可看到"限时秒杀""断码清仓""9 块 9 特卖""多多赚大钱""砍价免费拿"等活动，如图 11-10 所示。其中，"限时秒杀""断码清仓"等活动在淘宝中也比较常见。

图 11-10　拼多多首页的部分活动

值得一提的是拼多多的裂变拉新类活动，如"砍价免费拿"。拉新裂变类活动是指通过利益驱动，让消费者自发地大量传播活动，形成活动人员数量呈现指数增长的态势。特别是在社交平台（如微信）中传播的活动，裂变效果非常良好。

图 11-11 所示为拼多多某款电动车砍价免费拿的活动页面。该活动的规则为，在 24 小时内，发起者邀请新老用户通过发起者分享的链接，进入拼多多 APP 的活动页面砍价。每个用户可砍的金额不同，砍到底价"0 元"时，发起者可免费获得该商品。

免单活动中的发起者为了免费得到商品，会自发地转发分享活动。而被分享的人看到可以免费拿商品时，又会发起新的助力或砍价活

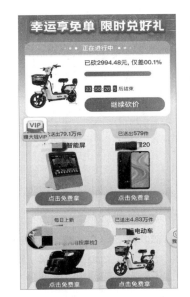

图 11-11　某款电动车砍价免费拿活动页面

动。这样活动分享范围会不断扩大，商品知名度和平台用户数也会随之不断地扩大。对这类活动感兴趣的卖家，可以在拼多多商家版后台报名参加。

11.2.4 策划店铺活动

很多官方活动都有相应的参与门槛，新店铺可能无法参加活动。针对此类情况，卖家可以策划店铺活动来吸引流量。常见的活动类型包括节日活动、店庆活动、上新活动和清仓活动，如图 11-12 所示。

图 11-12　常见的店铺活动类型

1. 节日活动

节日期间通常是消费者的购物高峰期，因此很多店家会以"节日庆祝"为由进行促销活动。特别是母亲节、情人节、中秋节、国庆节、春节等节日，更是为促销活动提供了好的理由。

店家在做节日庆祝类促销活动时，需要考虑节日与店铺销售的商品的关联程度。例如，经营地方特产的食品类目店铺，比较适合在端午节、中秋节、春节等传统节日进行促销活动。

2. 店庆活动

与节日活动相比，店庆活动更为灵活，可以不受时间限制。例如，新店开张时、周年庆时、月销破万时都是举办店庆活动促销的大好时机。

一方面，这类促销活动的次数有限，故有利于营造出一种机会难得的氛围，增强消费者的购买欲望。另一方面，这类促销活动可以展示店铺的历史，有助于增强客户对店铺的信任感。

3. 上新活动

新品促销是一种常见的营销活动，可以使新品很快地打开市场，使消费者快速接受新品。一旦新品有了购买记录，积累人气和提升销量就容易多了。例如，不少销售食品的店铺就常常推出低价试吃这种促销活动来吸引消费者购买。

在策划上新活动时，加大折扣力度是一个重点，更重要的是多多阐述商品的优点。例如，某店铺在上新一款牛肉干并推出"新品 8 折购"活动时，除了必须突出"8 折"吸引新老客户的注意力外，也要阐述清楚该款牛肉干有哪些优点，从而吸引新老客户下单。

4. 清仓活动

清仓活动是指店家将那些库存比较大的商品作为促销对象，通过一定的优惠活动进行销售，使资金周转更加良性化。常见的库存商品促销活动就是店铺的换季清仓促销。店家在策划换季清仓活动时，以出售库存商品为主，故在价格方面应尽可能地降到最低。为吸引更多消费者参与，卖家可提前唤醒老客户。

11.3　热门活动的规则及介绍

各大平台的活动有着人气旺、流量大等优点，但对报名卖家和商品有一定的门槛。卖家在参加平台活动前，应仔细阅读活动规则及招商规则。

11.3.1 聚划算

聚划算是阿里巴巴集团旗下的团购网站之一，因为依托淘宝网的消费群体，故有着用户基数大、流量多等优点。聚划算展现在手机端淘宝首页比较显眼的位置，如图 11-13 所示。进入聚划算页面即可看到聚划算还有"今日推荐""百亿补贴"等活动，如图 11-14 所示。

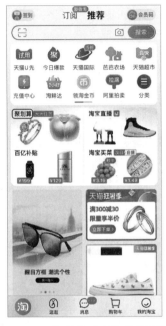

图 11-13　手机端淘宝首页的聚划算展位

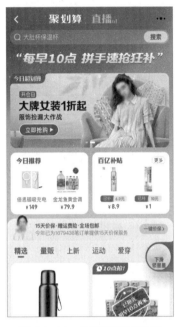

图 11-14　聚划算活动页面

聚划算自身就拥有丰富的流量，参加聚划算的商品基本都能取得不错的销量。除此之外，聚划算还有着商品流量大、有利于打造爆款商品、能清理库存商品等优点，符合参与条件的商品可积极参与其中。聚划算有多种类型，主要包括商品团、品牌团、竞拍团等，如图 11-15 所示。

图 11-15　聚划算的类型

其中，商品团是最常见的限时特惠的体验式营销模式，是很好的爆款营销渠道，也是低客户获取成本的方式，有着展位多、门槛低、流量稳定等优点。

品牌团是基于品牌限时折扣的营销模式，是品牌规模化出货，快速抢占市场份额，提升品牌知名度的好渠道。品牌团适合少量库存、多种款型的品牌商参与。

竞拍团是中小卖家快速参与聚划算的营销模式，因为采用流程系统审核，中小卖家更有机会参与进来。而且竞拍团通过市场化的竞价模式，由竞拍价格最高的商家获得活动坑位。竞拍费用反映了商家参加聚划算的意愿，由商家掌握更多的主动权。

除此之外，聚划算还有诸如聚名品、聚新品等类型，卖家可在活动中心查看各个类型的规则及其报名条件。

1. 店铺报名条件

聚划算招商规则规定，卖家要报名名品团，须满足以下条件。

店铺须符合《营销平台基础招商标准》的要求。近 30 天内参与过聚划算的店铺（除保险类目外），近 30 天参聚订单金额退款率不超过 50%，且同时应满足以下条件：

- 店铺开店时长 ≥ 90 天；
- 店铺星级 ≥ 1 钻；
- 店铺近半年动态有效评分 ≥ 50 个；
- 宝贝与描述相符（DSR） ≥ 4.7；
- 卖家服务态度（DSR） ≥ 4.7；
- 卖家物流服务（DSR） ≥ 4.6。

> 提示　DSR 指店铺动态评分，分别为"店铺宝贝与描述相符"评分、"店铺服务态度"评分、"物流服务"评分，这些评分是动态变化且实时更新的。这 3 项指标都具有 5 个分值，分别是 1~5 分，1 分表示非常差，2 分表示差，3 分表示一般，4 分表示好，5 分表示非常好。

另外，还要求店铺提供活动商品的完整进货链路或完整的品牌（商标）授权链路证明。属于进口商品的，还应提供参聚商品近 1 年内海关报关单据、品牌商标注册证及商标注册人授权于该卖家的完整销售授权凭证，品牌商直接授权集市商家为最佳。

2. 商品报名条件

聚划算招商规则规定，报名商品必须同时符合以下条件：

- 须符合《营销平台基础招商标准》的要求；
- 手表类目商品必须支持全球联保或国际联保；
- 天猫店铺报名商品的"宝贝与描述相符"评分须达 4.7 分。

除以上要求，聚划算招商规则对商品的主图和描述也有要求：

- 商品主图为 960×640（px）；
- 主图左上角必须有品牌 LOGO，且 LOGO 不得有底色；
- 图片中不得有文字（除特别活动要求之外），不得有拼接图；
- 商品描述中必须有品牌故事的相关内容；
- 商品主图的款式在开团前必须有库存；
- 报名商品必须设置商品限购数量，限购数量最高为 5 个（特殊类目除外）。

图片引用自官网、其他网站或人物肖像的，须获得版权所有者同意，否则因此而引起的纠纷投诉一旦成立，除立即取消商品的活动资格外，还将取消该店家当季聚名品的卖家资格。满足报名条件的店铺及商品，可积极参与到聚划算活动中，提高商品的曝光量。

11.3.2　淘金币

淘金币是淘宝网的虚拟积分，消费者通过购物、签到、种树等方式都可以得到数量不等的淘金币。当淘金币积累到一定数量后，消费者可以用它参加抽奖活动或在购物时用它抵扣部分金额，如图 11-16 所示。

图 11-16　淘金币活动页面

对于卖家而言，淘金币用法多种多样，如图 11-17 所示。

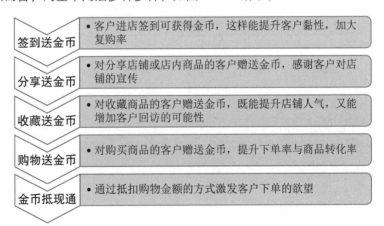

图 11-17　淘金币的用法

另外，卖家参加淘金币活动，还有机会获得淘金币频道的展位，提升商品流量和销量。总体来看淘金币频道的商品可以发现，不同商品的抵扣有所差异。有的商品淘金币抵扣比例高，有的商品淘金币抵扣比例低。通常只有两种情况适合设置淘金币高抵扣：一种是参加淘金币活动，活动规则要求店家给高折扣，如 30%、50% 等；另一种是想让消费者更有动力参与店铺签到送金币、收藏送金币、分享送金币等活动中。

除以上两种情况外，其他商品的淘金币抵扣比例一般为 2%、5% 和 10%。其中，2% 和 5% 较为常见，10% 较为少见。不能设置过高的抵扣比例，原因有两个：一个是淘宝平台为了预防店家设置过高的抵扣比例，导致市场混乱；另一个是店家若设置过高的淘金币抵扣比例，则客户支付的金额就会少，店家相应的利润也会减少。所以，大部分店家除了参加活动，通常不会设置高抵扣比例。

11.3.3 天天特卖

天天特卖是一个快速引流的淘宝活动。天天特卖在电脑端和手机端都有专门的展位，消费者通过点击展位即可进入活动页面。图 11-18 为电脑端的天天特卖活动页面，页面中的商品价格普遍偏低，更有 1.49 元包邮、1.7 元包邮等商品。

图 11-18　天天特卖活动页面

很多追求实惠的消费者喜欢聚集在该活动中寻找心仪的商品，故参加天天特卖的商品普遍能吸引很多流量。天天特卖活动也包括多种玩法，卖家通过千牛卖家中心进入天天特卖活动页面，即可看到最近可参加的活动。各个活动之间差别不大，卖家可阅读各个活动的招商规则，选择适合自己的活动报名。

由于天天特卖的流量和销量都一一计入搜索流量和销量，因此很多卖家蜂拥而上，想报名参与到该活动中。但每个活动都有相应的条件，如报名"天天特卖极致爆款—9.9 元包邮"的店铺必须满足且不限于以下条件：

- 店家信用等级在 1 钻及以上；
- 店铺须支持淘宝消费者保障服务；
- 店铺近 30 天（含）不存在因出售假冒商品而被扣分的情况；
- 除部分主营虚拟商品一级类目以外，其他店铺实物交易占比须在 90% 及以上；
- 近半年店铺 DSR 评分三项指标分别不得低于 4.6 分；

- 店铺在 365 天内因违反《淘宝规则》《天猫规则》等导致扣分达 12 分的，不能参加；
- 店铺开店时长在 90 天及以上。

报名的商品必须同时满足以下条件：

- 商品须符合《天天特卖日常单品招商标准》要求；
- 报名商品除特殊类目以外，库存须不低于 1000 件；如果是女装 / 女士精品、女士内衣 / 男士内衣 / 家居服类目，则库存不低于 3000 件；
- 报名商品的活动价格低于《天猫及营销平台最低标价》规则中的"天天特卖最低标价"，且商品活动价格低于 9.9 元；
- 报名商品历史销售记录必须满足相应条件，如女装 / 女士精品、男装、女士内衣 / 男士内衣 / 家居服类目商品近 30 天的历史销售记录必须大于 100 笔。

部分卖家会发现自己虽然满足招商规则规定的条件，却依然无法报名。针对这种情况，卖家可先优化店内商品细节。图 11-19 为卖家快速通过天天特卖报名的技巧。

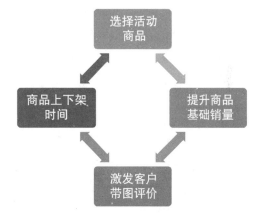

图 11-19　快速通过天天特卖报名的技巧

- 选择活动商品。选择的商品须是应季商品且是店内热销款。这样的商品参加活动更容易成为爆款。
- 提升商品基础销量。招商规则对商品基础销量有要求，如男装类目近 30 天历史销售记录必须大于 100 笔。为了快速通过报名，卖家可以通过优化商品标题、主图，找淘宝客推广等方式来提升商品基础销量。
- 激发客户带图评价。通过在包裹中放置书签、品牌故事等卡片，激发消费者带图评价。带图评价最好能占到评价的 1/3 以上，这样有利于提升商品的转化率。
- 商品上下架时间。一般需要提前 3 天报名参加活动，报名时商品如果流量可观，被选中的概率也更大。商品越接近下架时间，系统流量权重越高。

店家如果想知道为什么报名没有通过，可以马上再次进行报名，系统就会有所提示。为了更好地服务参加天天特卖的卖家，天天特卖于 2019 年 6 月 25 日启动了收费机制。收费订单范围如下。

- 客户进入天天特卖频道，于活动时间内在频道内加购或通过频道进入商品详情页面加购后购买或立即购买产生的有效订单。
- 客户通过天天特卖举办的营销活动，将活动商品加入购物车且在活动时间内购买或立即购买而产生的有效订单。
- 客户通过天天特卖合作渠道将天天特卖活动商品加入购物车且在活动时间内购买或立即购买而产生的有效订单。

活动开始后，天天特卖交易订单在客户确认收货时，将实时划扣一定比例的款项。实时划扣软件服务费的计算方式 = 客户确认收货的金额 × 软件服务费率。

11.3.4 "双11"

"双11"活动指的是每年11月11日的网络促销日。在这一天,诸多店铺会进行大规模促销活动。"双11"活动起源于2009年11月11日,最早的出发点仅仅是想做一个属于淘宝商城的节日,目的是扩大淘宝的影响力。时至今日,"双11"活动不仅仅是电商消费节的代名词,对非网购商城和线下商城也产生了较大的影响。

阿里官方数据显示,2020年天猫"双11"总销售额达到了4982亿元,相比2019年的2684亿元多了2298亿元。天猫"双11"近10年的销售额逐年递增,如图11-20所示。

图11-20 天猫"双11"近10年的销售额

由此可见,天猫"双11"活动的影响力很大。卖家应提前对每年的"双11"活动进行剖析,满足条件的店家可以积极参与"双11"促销活动。与聚划算、天天特卖等营销活动相比,"双11"一年只有一次,其影响力也更为惊人。在报名时间上,"双11"活动提前了很多。例如,2020年"双11"报名时间流程如图11-21所示。

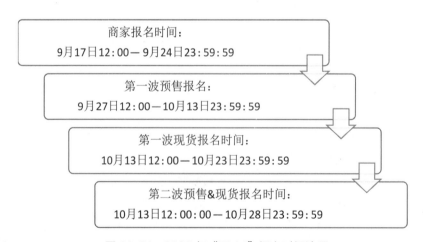

图11-21 2020年"双11"报名时间流程

"双11"活动对店铺和商品都有相应的门槛设置,如2020的招商规则规定,卖家须同时满足以下条件方可报名行业分会场。

- 卖家为淘宝网卖家。
- 符合《淘宝网营销活动规范》。
- 本自然年度内未因发布违禁信息或假冒材质成分的严重违规行为被扣分满 6 分及以上。
- 本自然年度内不存在出售假冒商品的违规行为。
- 店铺绑定的支付宝账户身份认证信息达到 II 类支付账户要求。
- 店铺具有一定的综合竞争力。
- 卖家须设置店铺承接页，要求有无线店铺装修且有详情页。

除以上门槛，卖家还须符合各行业分会场的其他招商要求。对于符合报名条件的卖家，淘宝将择优审核通过。卖家一旦通过报名审核，若出现不再符合活动任一报名要求的情形，将被取消相应资格，并被清退出活动。

正是因为"双 11"活动的影响力之大，故备货也成了很多店家头疼的事情。若备货过多，则容易导致库存商品过多，资金无法正常流动；若备货过少，最直接的问题就是有流量、销量却无货可发。备货问题还是要根据具体情况来具体分析。例如，有的店家实力较强，在活动前就会做活动预热，如参加聚划算、开通直通车等。这类店家在备货时就要考虑多个活动带来的流量、销量问题，故需要多备货。

店家在备货时要做到量力而行，首先要看清自己公司的规模、行业排名等；其次，还应通过生意参谋来分析平时的流量、转化率、销售额及往年"双 11"的战绩等；不能忽略整个市场环境，如竞争对手的数量、行业销售的疲软等问题。另外，店家如果只想参加"双 11"活动，则不需要有这方面的考虑；如果店家有意参加"双 11"和"双 12"活动，那么在备货时就可以考虑"双 12"的商品问题。参加"双 12"的卖家一般会优先考虑"双 11"的商品。

"双 11"活动期间，开直通车也是关键词的竞赛。大词、热词出价的人多，竞争激烈，有时一个关键词甚至可以出价高达几十元。中小店家经济实力稍微薄弱，在选择关键词时就要避开热词，找到部分转化率不错的长尾关键词。

在活动前期和活动进行中，一定要竭尽所能去做推广。部分店家会考虑到成本问题，不上直通车。但在活动当天会发现，再高的扣费销量都上不去了。不过中小店家在开直通车时，要考虑推广费用及利益回报。如果能接受平本，就在平本的前提下能花多少就花多少；即使能接受亏本，也要有个底线，不能盲目开直通车。

卖家如果有私域流量（如微信、微博、抖音），在活动开始前就要注重对这些流量的利用。先把活动规则和爆款商品分享出来，让更多的人参与到活动中。

11.3.5 限时秒杀

拼多多的限时秒杀活动定位于"大流量和快速成单"，频道位于首页第一个位置，如图 11-22 所示。限时秒杀拥有千万级流量，是拼多多流量和转化率最好的频道之一。如图 11-23 所示，限时秒杀频道里的商品销量都不错。

图 11-22　限时秒杀入口

图 11-23　限时秒杀页面

参加限时秒杀活动有以下优势：

- 免费获取千万级流量，迅速积累店铺销量；
- 报名门槛超低，对全网卖家开放；
- 销量提升商品搜索排位，助力分类页冲排序，增加个性化推荐权重。

虽说限时秒杀报名门槛低，但也不是完全没有门槛。限时秒杀对店铺的要求如下：

- 单店铺本次活动最多可报名的商品数量为 9999；
- 该活动 24 小时内最多可以报名 25 次；
- 店铺领航员须满足活动要求的评分；
- 店铺活动保证金须 ≥ 5000 元；
- 店铺的账户资金状态正常。

同时，限时秒杀对商品也有一定的要求，包括商品所在店铺开通退货包运费、商品综合竞争力、商品类目、商品历史评价数量（仅统计有效评价）等方面的要求。满足报名条件的商品，可积极参与限时活动，以增加商品流量。

11.3.6　多多果园

多多果园是位于拼多多首页的一项趣味社交活动，拼多多平台用户选择种植树苗，通过浇水让果树成长，直至结出果实，用户从而可以获得免费包邮水果。用户进入多多果园活动页面后可以进行种植树苗、领取水滴、给果树浇水等操作，如图 11-24 所示。用户在种树过程中，如果想让树苗成长得更为迅速，就需要完成诸如浏览商品、拼单、给好友分享商品等操作，从而获得更多水滴，如图 11-25 所示。

图 11-24　多多果园种树页面

图 11-25　领水滴操作页面

　　用户在进行这些操作的同时，就会看到很多商品资源位。对于卖家而言，报名参加多多果园活动可以轻松获得流量及销量。成为多多果园的供货卖家，平台会报销商品成本及运费成本，并帮助卖家以低成本推广商品。

　　拼多多平台还有很多这类活动，如多多爱消除、金猪赚大钱等，都是通过娱乐的方式来吸引用户浏览商品，促进商品销量的提高。对这些活动感兴趣的卖家可积极报名参加。

11.3.7　百亿补贴

　　拼多多百亿补贴是指拼多多官方在卖家成本价的基础上给予一定比例的补贴，让平台用户能买到最具价格优势的品牌商品。拼多多百亿补贴目前有多个流量入口，如图 11-26 所示的首页大入口、不定期的首页 Banner（横幅广告）第一帧、不定期的拼多多开屏、站内消息推送，及快手、抖音、今日头条、朋友圈广告等。

　　拼多多百亿补贴自 2019 年以来，日活用户已突破 1 亿，参与该计划的国内外品牌已超过数千家，补贴商品超过数万款，其中不乏苹果、戴森及高端美妆等全网热销品牌及商品，图 11-27 所示为百亿补贴部分商品。

　　商品参与百亿补贴活动可获得搜索、推荐场景大幅加权，帮助商品快速积累基础销量，积累更多店铺"粉丝"。但同时，参与活动的商品也必须给出低于市场价的价格，那么卖家还愿意参加拼多多平台的百亿补贴活动吗？参与活动能赚到钱吗？

图 11-26 拼多多首页的百亿补贴入口　　图 11-27 百亿补贴部分商品

真心食品是一个成立了 20 年左右的传统食品企业，在 2017 年提出"三年计划"后，当年公司电商业务年交易额在 1000 多万（元）；到了 2018 年，相较于 2017 年的交易额增长约 240%；再到 2019 年底，销售总额已经超过 1.2 亿（元），并在多个电商平台成为头部卖家。

真心食品公司电商业务的发展离不开拼多多平台的销售增长。2019 年 5 月，该公司开始和拼多多对接，当时是一个全新的店铺，销量为 0。因为品牌知名度不小，同年 6 月拼多多小二就邀请店铺参加了百亿补贴活动。同年 6 月到 12 月，店铺销售额增长趋势如图 11-28 所示。

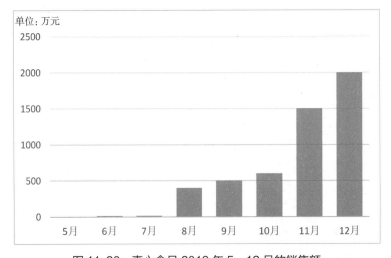

图 11-28 真心食品 2019 年 5—12 月的销售额

通过百亿补贴，增长的不仅仅是商品销售额，还有"粉丝"数量。截至目前，该公司的某个店铺已在拼多多平台积累了 234.9 万人关注，如图 11-29 所示。在很多人看来，拼多多用户可能集中在三、四线城市，但店铺后台数据显示，店铺"粉丝"主要以一、二线城市居民为主。

那么，平台对于百亿补贴是如何补的呢？拼多多目前确实是在拿现金做补贴，具体的补贴金额是品牌方成本报价与平台售价的差额。例如，一件商品的成本报价（含商品成本、物流成本、运营成本）为 100 元，拼多多平台就会派小二验证价格的合理性。如果不合理，就无法通过审核、上架；反之，小二则会与卖家探讨，根据行业需要制定一个合理价格。具体的补贴金额也是小二和卖家一起探讨而得的，基本能在保证品牌成本的基础上缩短消费者购买决策的时间。

值得一提的是，并非店内所有商品都能参加百亿补贴活动。真心食品店铺有近 200 款商品，参与百亿补贴活动的仅有 50 款左右。平台和卖家都会考虑商品的竞争优势及是否符合该活动等因素。

总体而言，参加百亿补贴活动不仅能提升业绩、增加"粉丝"数量，还有小二耐心指导，帮助店铺提高运营能力，是帮助店铺快速成长的方式之一。目前百亿补贴已不再是拼多多平台的专属，诸如淘宝、京东平台也陆续推出了百亿补贴活动，对这一活动感兴趣的卖家可进行详细了解。

图 11-29　某店铺首页

11.4　活动策划的基本流程

卖家除了报名参与平台活动外，还可以策划店铺活动，在吸引新客户的同时，提升老客户的复购率。但任何一个活动都不是信手拈来的，需要卖家精心策划。故卖家应了解一些活动策划要点及常见的促销活动及折扣方式。

11.4.1　活动策划要点

策划一个活动时，通常须考虑活动规则的设计、活动的前期准备、如何处理活动中的各种状况、如何通过活动提高销量、活动后期的维护等问题。

1. 活动规则

为了保证活动取得一个好的结果，必须制定活动规则，以规则的形成来确保活动的顺利进行。活动规则应该简洁明了，让消费者一看就能明白活动的主题和内容。在设置规则时，尽量不要叠加过量的活动方案，否则在交易量较大的情况下容易产生纰漏，同时也会增加客服的工作量。

例如，在淘宝和拼多多平台，常见的店铺活动为领取优惠券抵现。如图 11-30 所示，拼多多平台的某商品的详情页标明了可领取"3 元无门槛商品券"，且标注了商品券后价。这种活动规则简洁明了，易于理解，因此也更具吸引力。

图 11-30　拼多多平台某商品详情页

2. 活动选款

选款是促销活动前期准备的一个重要环节。选款要根据商品的销售情况和促销活动的形式来确定。选款主要考虑表 11-1 所示的两点。

表 11-1　选款应考虑的两点

考虑点	原因	如何做
1. 考虑款式的需求	考虑客户的需求，有需求才有市场	在线上商城，通过"搜索"就能体现需求。打开阿里指数，选择商品类目，可从搜索排行榜中看到上升榜和热搜榜。透过搜索榜能看到商品搜索热词、搜索趋势和搜索指数等数据，便于店家分析近期客户的搜索动向；再通过查看全站商品数，能初步了解该商品的竞争情况
2. 紧跟竞争对手的销售动向	部分类目竞争对手的实力强，在活动方面也更具优势，紧跟他们的动向，对选款会有所帮助	"双11"活动中，部分店铺在9月底到10月初就已经开始做主推商品的搜索权重、直通车推广等工作了。根据这条线索，店家可以定期定时记录直通车车位商品信息，包括卖家信息、价格、销量增量、位置。如果发现某款商品连续几天都处于非常好的展现位置，价格稳定、销量呈现平稳上升趋势，基本说明这款商品是目前重点推广的活动商品，也比较符合市场需求。在符合自己类目的前提下，选款时可考虑加入这款商品

3. 勾画客户画像

通过查看生意参谋的"访客分析"和"买家人群画像"，可以查看店里访客和买家的年龄、性别、地域、价格等信息。针对客户画像，根据店铺标签适当地添加属性词，强化标签，有利于提高商品搜索权重，获取更多的流量。

4. 活动备货

在进行促销活动时，店铺的交易量可能会刷新历史销量，故店家需要提前准备充足的库存，以备不时之需。在备货时，店家可以根据近期的商品销量情况，或者参考同类商品在活动期间的销量进行备货。

同时，活动中应密切关注商品销量和库存，根据实际情况适时地进行调整。在活动期间，店铺引入大量流量，可能会带动其他商品的销量，因此店家除了要准备好参加活动的商品的库存，还要对店铺中其他商品的库存进行补足。

5. 提前培训客服

活动期间，店铺的流量会不断增加，商品的咨询量和交易量也会不断增加，这也会增加客服人员的工作量。为了避免出现不必要的工作失误，店家需要在活动期间扩大客服团队，并提前培训客服人员。针对活动期间可能会出现的问题和咨询，需要提前设置快捷回复短语，并对客服人员进行统一的话术培训，同时提高客服人员的回复速度和服务态度。

6. 宣传推广

在活动开始前，店家需要进行一些宣传推广，让消费者提前了解活动内容和活动商品。例如，利用免费试用、发放优惠券及直接发送活动短信和邮件等方式，进行活动前期的宣传推广。

7. 后期维护

卖家在策划活动规则时，需要针对活动后期维护制定相应的活动规则。例如，适时地回馈老客户，定期向老客户发送优惠信息；向客户发送节日的祝福和问候；向客户定期发送新品发布信息或活动信息等。活动后期的维护能够使客户在活动完成后，感受到店家的情谊，有利于店铺获得一批稳定的客户，也有利于塑造良好的店铺形象。

11.4.2 常见的促销活动

店铺活动种类繁多，常见的活动主要包括赠送商品、组合促销等。卖家应了解常见促销活动，并将其应用于自己的店铺中。

1. 赠送商品

赠送商品是通过向消费者赠送商品来吸引消费者关注商品的性能、特点、功效等，并达到促进销售的目的。常见的赠送商品活动包括赠送礼品促销及惠赠式促销，如买一赠一、送红包、送积分等。

例如，拼多多平台售卖的某款瓜子就以"买一箱送一箱"的活动来吸引消费者浏览商品详情页，如图11-31所示。可以看出，低廉的商品价格，加上买一赠

图 11-31　买一赠一促销页面

一的活动力度，对消费者而言十分具有吸引力，该商品已拼 10 万多件。

2. 指定促销

指定促销是指对指定商品或对象赠送礼物的促销方式。常见的指定促销包括指定商品促销（如买杯子送杯垫）及指定对象促销（如新用户享折扣）。某眼罩的商品主图如图 11-32 所示，标明赠送冷热敷冰袋及耳塞。

图 11-32　某眼罩赠送冷热敷冰袋及耳塞

随着淘宝直播的兴起，很多活动商品还设定了直播间专享价，吸引更多消费者进入直播间领取指定消费券后再下单。

3. 组合促销

组合促销是去库存商品的一种方式，即将库存积压商品和热销商品进行巧妙的搭配，通过合理的店铺陈列，用热销商品来带动库存积压商品的销售，同时对提升热销商品的销量也有一定的帮助。

常见的组合促销方式包括搭配促销、捆绑式促销、连贯式促销等。常见的搭配销售有衣服搭配鞋帽售卖、连贯式促销（如第二件半价）等。某坚果的商品主图中就注明了"买 1 箱送 1 箱（同款）"的字样，吸引消费者下单购买商品，如图 11-33 所示。这种组合促销的方式可让消费者在多购商品后得到价格上的优惠，从而刺激消费者购买更多商品。

图 11-33　某坚果的商品主图

4. 附加值类促销

附加值类促销是指卖家围绕促销商品展开隐性服务，以此提高商品使用价值的一种促销方法。例如，购箱包终身免费清洗，购家电赠送3次免费上门维修服务等，以此提升商品的额外价值，刺激消费者下单购买。图11-34所示为某按摩椅主图标注的产品特色及服务，除了岫玉机械手、零重力AI语音智控等产品特色外，还提供全国联保、150天免费试用、顺丰到家等附加服务。

5. 名义主题类促销

名义主题类促销活动指的是以××名义而展开的活动。例如，常见的首创式活动（如"××首发"）、主题性活动（如"感恩回馈"）、公益性活动和配合平台主题活动（如"双11"、聚划算）等。这些活动就是找到与品牌相关的点，去策划相关活动来吸引人的眼球。例如，一条裙子以"感恩回馈"为名义推出了促销活动，其页面如图11-35所示。

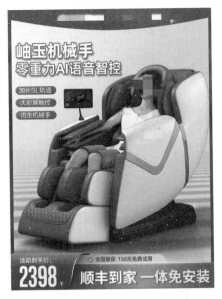

图 11-34　某按摩椅主图

图 11-35　感恩回馈活动

活动加上"感恩回馈"，给消费者营造出一种更人性化、更暖心的感觉，进而刺激消费者购买。除了"感恩"这一主题，还可以考虑加入销量破十万回馈老客户等主题。

6. 节日促销

节日促销活动是指以特殊的日子、纪念日等为主题推出促销活动来吸引消费者。例如，常见的"618"、"双11"、年货节等，都是以节日为由推出的活动；还有常见的周年庆活动，是以纪念日为由推出的活动。这种以特殊日期为由的促销方式，贴合消费者的心理，更容易被消费者接受。

如图 11-36 所示，某饰品详情页标明了"七夕特价"，原价 206 元的商品，活动价只要 59 元，而之所以有这么划算的价格，是因为七夕节促销活动。

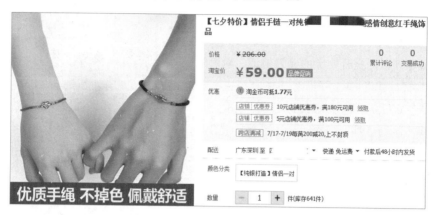

图 11-36　七夕特价商品

卖家可以根据自己店铺的实际情况来策划纪念式活动，如店铺开业 1 周年庆，全店享 9 折；每月 15 号为会员日，当日全店商品 8 折等。

7. 奖励式促销

奖励式促销活动是指通过抽奖、互动及领取优惠券的方式，吸引更多消费者参与到活动中并得到相应优惠的活动。常见的收藏有礼、签到有礼、抽奖免费领取等都属于奖励式促销活动。

奖励式促销活动可以强化品牌形象，提高消费者了解商品的兴趣。例如，某饰品类店铺在首页标明了"0 元入会 享会员专属礼券"，这就是一个典型的入会有礼活动，如图 11-37 所示。消费者只需要根据提示注册店铺会员，即可领取一张 20 元优惠券。

图 11-37　入会有礼活动

新客户在看到优惠券的信息后可能会抱着试一试的态度去注册会员，在这个过程中，或多或少会对商品有一定的了解，因此也就增加了转化的可能。

店铺促销活动远不止上述类型，卖家可根据自己的实际情况去策划更多的活动。

11.4.3 常见的折扣方式

一般活动都需要通过折扣去吸引消费者，这就要求卖家对折扣有一定的了解，从而设计出让自己与消费者双赢的折扣。常见的折扣方式如表11-2所示。

表11-2 常见的折扣方式

折扣方式	解释	举例说明
隐形打折	通过较为复杂的计算方法与形式进行打折，给人更划算的感觉	在店庆期间充值700元送300元，很多消费者会认为，可以免费得300元，很划算。但细算下来，用700元买1000元的卡，700÷1000=0.7，也就是7折
错觉折扣	如果直接打折，可能会让消费者认为折扣商品的质量和服务不好。针对消费者的这种心理，可以换一种说辞来表现折扣	一件原价为100元的商品，直接降至80元销售，消费者可能会认为这个商品实际只值80元，甚至更低。但如果卖家在商品详情页说明"+20元可获得价值100元的××商品一份"，消费者就会认为这个商品的本身价值就是100元
阶梯价格	商品的价格随着时间的变化而出现递进式的变化，从而给消费者营造一种时间上的紧迫感，增强消费者的购买欲	一个原价为99元的水杯，活动期间前50名抢购的消费者可享受7折优惠；51~100名抢购者可享受8折优惠；100名以后的消费者可享受9折优惠
降价加打折	把一个商品先降价再打折，让消费者产生一种优惠力度非常大的感觉	一件原价为500元的商品，直接7折销售，价格为350元；如果先降价为450元，再8折销售，价格则为360元。后者更容易让消费者产生双重优惠的错觉，也更容易刺激消费者下单
随机式优惠	可以优惠，但优惠的额度及名额具有随机性。这种优惠方式最常见的类型就是抽奖	下单即可参与刮奖、砸金蛋、大转盘等活动。这种优惠方式主要是利用消费者的侥幸心理。很多人知道自己不一定会中，但还是会抱着试一试的心态去参与

折扣方式不限于上述几种，卖家可以根据自己的实际情况，去发现更多适合自己的折扣方式，并进行合理应用。

第12章

内容运营：吸引更多客户

本章导言

随着互联网的发展，营销方式也逐渐多样化起来，如目前常见的软文营销、直播营销及短视频营销。但无论采取哪种营销方式，内容都至关重要。卖家要熟悉内容运营的技法。

学习要点

- 认识内容运营的含义和目的
- 了解内容运营形式
- 掌握内容运营的核心要素
- 了解内容运营的主要渠道

内容运营：吸引更多客户 第12章

12.1 内容运营的含义和目的

内容运营是指通过创造、编辑、组织、呈现网站内容，达到提高互联网商品的内容价值，提升消费者黏度、活跃度的目的。目前常见的内容运营的呈现形式主要包括小红书、微博、微信等。

12.1.1 内容运营的含义

传统电商运营主要以数据推广为主，再结合促销活动达成销量目标，如常见的秒杀、满赠、满减、折扣、免单等促销活动。促销活动确实是消费者购物前的临门一脚，但如果只会借用促销活动来提升销量，那么收获的消费者大多是贪图促销折扣的，一旦促销折扣停止，就很难再有较高的销量。

而新的内容运营改变了传统电商运营靠促销活动来吸引消费者的状况，使更多消费者在查看图文、视频内容的过程中便会完成消费。内容运营的目的是让消费者产生一种价值观上的认同感，进而认同店铺、品牌或商品。通过内容来吸引消费者，这既是内容运营的手段，也是内容运营的目的。

12.1.2 认识内容运营

在电商平台，卖家常用的营销手段主要集中在发放优惠券、满减、秒杀、折扣、买赠等促销活动。但这些营销方式不仅会增加店铺的运营成本，还容易使某些消费者产生不良的依赖心理。为了改善这种局面，一种新型的运营模式——内容运营——诞生了。

内容运营是指以内容为起点，通过内容吸引消费者，再向消费者提供商品或服务的电商模式。通过内容运营，可以使消费者对商品背后的品牌、故事、人物产生共鸣，从而提升消费者的购买意愿。

例如，某用户在小红书平台发布了一篇关于泡面的笔记，这篇笔记共被收藏 2.6 万次，点赞 6.4 万次，获得较高人气，如图 12-1 所示。不仅如此，该篇笔记提及的某款泡面在淘宝平台已达到月销 7000 多件的销量,如图 12-2 所示。由此可见,优质的内容也可以提高商品曝光率,为商品带来高销量。

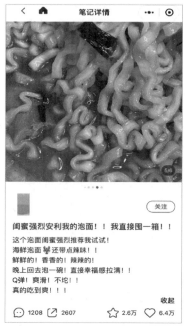

图 12-1　关于泡面的小红书笔记

图 12-2　笔记中提及的泡面的销量

| 提示 | 小红书是一个生活方式平台和消费决策入口,平台用户在小红书社区通过文字、图片、视频等形式分享自己的笔记,记录正能量和美好生活。早在 2019 年,小红书用户已超过 3 亿,月活跃用户过亿。 |

12.1.3　内容运营的目的

在移动互联网时代,消费者的时间变得碎片化,他们更容易接受个性化的内容。内容运营正好可以通过特定内容对应特定人群,以此进一步吸引特定受众,激发消费者的购买欲望,从而促进消费者的转化。作为电商卖家,可以通过内容运营实现图 12-3 所示的目的。

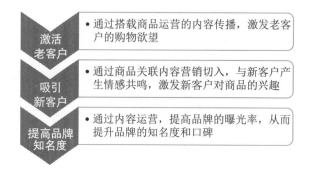

图 12-3　内容运营的目的

早在 2015 年淘宝平台就提出了"内容化、移动化、社交化"的运营策略，相继推出了淘宝头条、有好货、淘宝直播、逛逛等多个内容方向的新入口，内容流量占据了平台流量的半壁江山。图 12-4 所示为淘宝逛逛页面，诸多淘宝用户在这一社区分享图文、视频，其中不乏部分卖家分享商品信息。图 12-5 所示为某用户分享了某款手膜，这条内容共获得 1.1 万个赞及 300 多个收藏。换言之，至少有上万名淘宝用户查看过这条内容，提高了该品牌的曝光率。

图 12-4　淘宝逛逛页面

图 12-5　某条带有品牌信息的内容

除淘宝平台，京东、拼多多平台也有类似的内容社区，旨在迎合消费者的碎片化时间。就目前而言，很多内容营销的入口都是免费的，卖家只要制作受欢迎的优质内容就能获取大量流量，可以有效降低营销成本。

12.2　常见的内容运营形式

随着网络的发展，各种营销形式应运而生，如以图文为主的软文营销，以视频讲解为主的视频营销及实时互动的直播营销等。卖家应熟悉这些内容运营形式的要点，并能结合自己的商品找到更为适用的运营形式。

12.2.1　软文

软文主要是指相较于硬性广告而言的，由专业人员负责撰写的图文广告。例如，通过一则看似不相关的文章或笔记，将要推广的商品或品牌悄悄地引出来，让受众在不知不觉间了解商品，对商品产生兴趣。常见的电商软文营销渠道有微信公众号、知乎问答及小红书社区等。

图12-6所示为某搞笑类公众号的一篇软文，以"女朋友""秘密"等较为吸人眼球的关键词吸引读者查看完整的文章。读者阅读文章后会发现，文中所谓的女友的秘密是，因为毛巾用久了容易滋生细菌，导致脸上容易长东西。而解决这一问题的办法是用文中推荐的某款洗脸巾来代替毛巾，还附上了这款洗脸巾的购买链接，如图12-7所示。

图12-6　某搞笑类公众号的一篇软文　　　　图12-7　软文中穿插着商品信息

有同样问题的读者看到软文后，会不自觉地对可以解决痛点的商品感兴趣，从而愿意购买文中提及的商品。这就是典型的通过软文实现营销的案例。

12.2.2　直播

直播是基于视频的互动社交新模式，也是一个时效性强、互动性强的媒介，更是一个非常直观的营销方式。据艾媒咨询数据显示，2016—2020年，中国在线直播行业用户规模稳健发展，具体数据如图12-8所示。

目前直播类型主要包括秀场类直播、游戏类直播、泛娱乐类直播等，其中包括多个热门直播平台，如YY直播、斗鱼直播、淘宝直播等。淘宝直播、拼多多直播等富有电商性质的直播，可通过主播讲解销售直播中提及的商品。电商直播与最初的电视购物有着密切的联系，电视购物通过"主持人叫卖+模特展示"完成商品销售；电商直播通过"主播推广+自我展示"完成商品销售。近年来直播已发展成为主流购物方式，众多消费者通过直播间查看、购买商品。不少主播及卖家通过直播形式，在销售大量商品的同时也提升了自身名气，增加了收益。

图 12-8 2016—2020 年中国在线直播用户规模

以淘宝直播为例，淘宝直播展位覆盖电脑端、手机端多个显眼的位置，图 12-9 所示为手机端的淘宝直播入口。淘宝直播涵盖多个频道，如时髦穿搭、一起变美、亲子萌娃、产地直供等，如图 12-10 所示。

图 12-9 手机端淘宝直播入口

图 12-10 淘宝直播频道

此类电商直播间与传统娱乐直播间不同，电商直播间除了展示主播画面、互动页面外，还可以直接上架商品。图 12-11 所示为某饮料品牌的抖音直播间。当消费者对主播提及的商品感兴趣时，可直接点按链接跳转至商品详情页，如图 12-12 所示。

由此可见，直播是一种很好的内容运营形式。不少卖家通过直播，让商品与消费者见面，并且让消费者下单转化。卖家可以通过自己直播或找其他人合作的形式，让更多潜在消费者留意到自家商品。

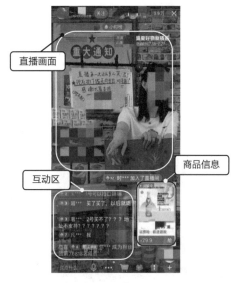

图 12-11　抖音直播页面截图

图 12-12　从直播间进入商品详情页

12.2.3　视频

随着直播、短视频越来越火热，有越来越多的用户注册了短视频账号，并通过浏览短视频下单购买商品。如图 12-13 所示，抖音某视频中挂有商品链接，观看该视频的用户如果对商品感兴趣，就可以点按链接进入商品详情页（见图 12-14），然后购买商品。

图 12-13　抖音视频页面截图

图 12-14　商品详情页

正是因为视频与商品的完美结合，才让不少消费者在观看视频的过程中被内容激发需求，从而下单购买商品。也正因如此，不少商品凭借短视频被成功打造成爆款，甚至供不应求。

不仅各类短视频平台可以直接售卖商品，不少电商平台也融入了短视频功能，如淘宝平台的主图视频、详情页视频及逛逛视频等，卖家可以将自家商品通过视频推送到消费者的眼前。

12.2.4 音频

音频是指通过网络流媒体播放、下载等方式收听的内容，音频平台包括喜马拉雅FM、蜻蜓FM、荔枝FM、懒人听书等。根据艾媒咨询数据显示，2020年中国在线音频用户规模约为5.7亿人，预计2022年将达到6.9亿人。为什么音频会受到广大网民的追捧呢？究其原因，主要是因为音频的伴随属性较强。相比视频、文字等媒体形式，音频具有独特的伴随属性，无须占用双眼，可以很好地利用消费者做饭、乘车、睡前等碎片化时间。

同时，很多消费者可能因被各种广告信息刷屏，而厌倦文字、图片和视频广告。但收听音频内容时，因为不知道广告会在什么地方出现，无法避开广告，因此更有可能牢牢记住广告信息。也正因如此，音频具有很高的营销价值。

当然，音频营销并不一定要求卖家去录制音频内容。卖家可以联系知名主播，通过销售商品，支付佣金的方法达成合作。例如，某经营图书类商品的卖家与情感主播合作，主播在对于情感的见解中提到某本书有一个观点很受用，并详细介绍这本书的主要内容、优惠活动及购买方式等信息，从而刺激粉丝下单，主播还会给出专属"粉丝"特权。最终，该音频节目播放量超百万次，一天内卖出近千册书籍。常见的音频运营方式还包括内容植入、品牌入驻、主播互动，如图12-15所示。

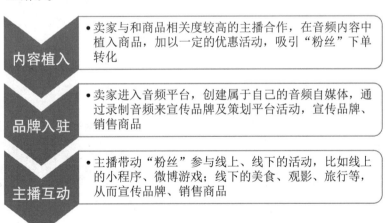

图 12-15 常见的音频运营方式

卖家可以结合音频平台用户的特征及自家商品信息，找到与自己商品契合度高的主播并达成合作，让更多用户通过音频熟悉商品。

12.3 内容运营的核心要素

无论卖家采用哪种内容运营方式,都应注重"粉丝"的点赞率及转化率等数据,而这些数据需要引人入胜的标题及优质的内容、图片作支撑。特别是高质量的内容,是吸引与转化消费者的"核心"。因此,卖家应掌握好各种内容运营方式的核心要素,以生产更多优质的内容。

12.3.1 标题

不同形式的内容运营都会涉及标题,只是展现形式略有差别,如软文标题、直播话题、短视频文案等。内容在被查看之前,首先呈现在用户面前的是标题。因此,一个醒目的标题能大大提高内容的阅读量或观看量。那么,标题应该如何写呢?以软文标题为例,应注意图12-16所示的几个要点。

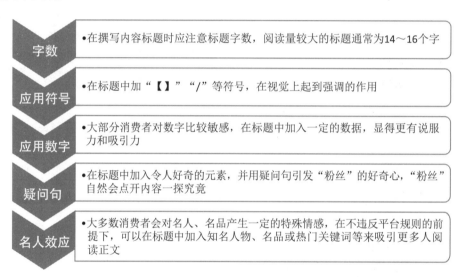

图 12-16 软文标题要点

图 12-17 所示的某公众号的几个标题中就加入了数字、名人效应、疑问句等,从而吸引更多读者阅读全文。

那么对于部分没有标题的营销方式,如直播、视频等,如何吸引消费者呢?答案是视频文案或主题。图 12-18 所示为抖音某视频文案,通过疑问句勾起用户的好奇心,该视频获得 51.9 万多个赞及 1.4 万条评论。图 12-19 所示为抖音某直播主题,通过加入数字"21.8 万"勾起了用户的从众心理,从而吸引用户进入直播间。

图 12-17 某公众号的文章标题(部分)

图 12-18 抖音某视频文案　　　　图 12-19 抖音某直播主题

12.3.2 内容

运营的最终目的是吸引消费者的注意力,并激发消费者的购买欲望。好的内容能刺激更多消费者点击、转化,而差的内容不仅会耗费制作人员的时间与精力,还无法达到预期的效果。特别是一段短视频的生成,需要经过策划主题、撰写脚本、实地拍摄及后期剪辑等烦琐过程,如果因为内容问题而导致营销效果不好,就会造成很大的人力、财力浪费。

因此,卖家必须掌握营销的内容,将内容与消费者联系在一起,制作出可以打动人心的好内容,从而吸引消费者的注意力,激发消费者的购买欲望。那么,应该如何策划内容呢?

1. 迎合消费者的好奇心

好奇心是人对未知事物的探究心理。在商业应用中,适度激发消费者的好奇心,可以快速吸引消费者的注意,刺激消费者进一步了解商品,从而找到答案来满足好奇心,促成下单。

例如,小红书某护肤品的视频主题为"闭口、黑头、痘痘?痘痘肌有效护肤攻略来了",用发问的形式让消费者想点进去一探究竟,如图 12-20 所示。用问句试图唤起消费者的好奇心,视频内容向消费者讲述了人为什么会长痘、长黑头等,并在解决消费者问题的同时巧妙地把护肤商品推荐给了消费者。

2. 抓住消费者的痛点

痛点可以理解为消费者在日常生活中所遇到的问题,如果不解决痛点,它就会对消费者的精神和身体造成伤害。内容中提出目标消费者的痛点,并给出解决痛点的建议,以此吸引消费者喜欢内容并购买商品。

例如，某篇微信公众号文章将头皮屑带来的烦恼列举了一遍，直击头皮屑较多人群的痛点，紧接着文章就介绍了一款有去屑功能的洗发水，如图12-21所示。

图12-20 小红书某护肤品的视频截图

图12-21 某条微信公众号文章截图

这篇文章阅读量过万，是一篇典型的抓住消费者痛点并解决痛点的软文。通过解决消费者痛点来推广商品，既向消费者传递了有用的知识，又提高了商品的销量。

3. 结合热点话题

热点话题是指受大众关注的各类信息，热点话题通常能受到大量的关注。软文如果可以结合热点话题，则很容易得到传播。如图12-22所示，某美妆卖家转发了奥运会两位运动员的信息，获得269个赞。

图12-22 某结合热点话题的微博

提示 | 热点话题具有很强的时效性，在利用热点话题创作软文时一定要注意这一点。要尽量抢在第一时间进行软文创作，以保证软文的营销效果。

4. 制造冲突

美国心理生物学家斯佩里通过割裂脑实验，证实了大脑不对称性的"左右脑分工理论"。该理论说明正常人的大脑有两个半球，冲突存在于每一个个体的大脑中，存在于每一次消费的选择中，如右脑追求价值，左脑追求价格。一些有冲突的内容正好能引发消费者的热议，从而催化内容传播得更广。

例如，很多人都在好身材与食物之间有着明显冲突，既想拥有好身材，又需要补充能量。某卖家就以短视频形式介绍了一款 0 脂肪、低热量的荞麦方便面，图 12-23 所示为该荞麦方便面的文案。视频内容用低热量来告诉消费者该荞麦方便面能帮助消费者保持身材；而高膳食纤维则可以为人体补充能量，告诉消费者这款荞麦方便面能解决冲突。从图 12-23 中可以看出，这款荞麦面已售超过 10 万件，销量成绩很好。

5. 情感营销

情感营销是指在文案中注入情感或情怀，引起消费者的共鸣，继而促使消费者点赞、收藏内容及下单购买商品、服务等。特别是一些正能量的内容，如积极的、健康的、发人奋进的、给人力量的、充满希望的人和事，往往能感动手机前的用户，促使他们对视频做出更多互动行为。

例如，某视频博主常在抖音平台分享一些与老人搭讪且拍照的视频内容。很多人被视频内容中老人淳朴的笑容及博主对老人的关爱打动，视频点赞量及评论量都比较高，如图 12-24 所示。

图 12-23　某解决冲突的文案

图 12-24　博主的某段视频截图

因为加入了对老年人的关爱等情感因素，该视频博主不仅视频互动量高，其销售的商品也很受欢迎。图 12-25 所示为该博主销售的某款商品的详情页，该商品销量已过 5 万，好评率达到了 97.6%。

在内容中注入情感，让消费者在充分理解短视频内容的同时产生心灵共鸣，继而产生点赞、评论、分享、购买等行为。

6. 搭建使用场景

如果能通过内容搭建商品的使用情景，就可以让消费者产生对商品的联想和需求，图 12-26 所示的某防晒商品的视频内容即如此。该视频采用海边度假的镜头展示了防晒商品的使用缘由、使用效果等，让消费者联想到自己度假时会有怎样的快乐时光，从而产生一种强烈的代入感，最后忍不住下单购买。

图 12-25　某款商品的详情页

图 12-26　搭建防晒商品使用场景的视频内容

无论是哪种内容运营形式，都可以灵活应用以上几点，创造出更多高互动、促进高销量的内容。在策划内容时，应避免复杂的修辞和文字游戏，因为这些内容不利于消费者阅读理解。同时，还应避免发布负面或贬低他人商品的信息，否则不仅会给消费者传递负面信息，还有可能被平台判定为违规内容，从而导致被处罚。

特别是直播和短视频形式，卖家如果想通过这些形式销售商品，"粉丝"的数量尤为关键，"粉丝"越多，卖出的商品也就越多。因此，吸引"粉丝"关注就显得特别重要了。通常只有在内容受欢迎时，被关注的可能性才更大。那么，什么内容才受欢迎呢？一般来说，具备专业性、趣味性、互动性等特点的内容较受欢迎，如表 12-1 所示。

表 12-1 受欢迎的内容

内容	受欢迎的原因	举例
专业性内容	无论什么类型的卖家，都一定要以有专业能力作基础，连续输出具备专业性的内容，才能得到消费者的认可	某知名淘宝美妆主播之所以能在众多主播中脱颖而出，就是因为他在美妆方面有着过硬的能力，能在直播过程中迅速说明哪些商品适合哪些肤质，哪些皮肤问题又有哪些解决方法，非常具有专业性
趣味性内容	生动、风趣的内容能逗乐"粉丝"，让"粉丝"感受到快乐	某主播凭借幽默风趣的重庆方言，在抖音平台已收获数百万"粉丝"，他常在直播间逗得粉丝开怀大笑
互动性内容	通过直播可以与消费者互动，高质量的互动可以增强主播与消费者的黏性，如玩游戏、连麦、点播等	在直播中加入游戏，主播可以直接与"粉丝"互动，活跃直播间的气氛；还可以通过连麦在提高商品销量的同时满足消费者看热闹的心理

12.3.3 图片

无论是采用哪种内容运营形式，都会涉及图片，如软文的插图、直播封面图及短视频封面图等。如图12-27所示，打开淘宝直播精选页面，可以看到直播间的封面图、标题、商品等信息。其中，封面图所占位置最大，也是最能决定"粉丝"进入直播间的元素。

同理，对于软文、音频等内容，图片也同样决定着消费者的点击率和转化率。因此，卖家必须策划出高点击率的图片，让内容更具吸引力。那么，图片应该如何策划呢？这里以直播间封面图为例进行详细讲解。首先，一张有吸引力的图片应该满足图12-28所示的几个要点。

如果是以带货为主的直播间，可以在分析自己商品的受众后，拍摄满足平台要求的封面图。主播要明确商品的受众群体，并深入这些"粉丝"使用商品的场景中，挖掘"粉丝"的需求和喜好，设计出对"粉丝"胃口的封面图。

图 12-27 淘宝直播精选页面

例如，一个对服饰感兴趣的消费者在浏览直播页面时，可能更关心主播的形态、外貌及穿衣品位等。卖家可在封面图中重点展示消费者感兴趣的点，以此抓住消费者的眼球，使其有点击的欲望。图12-29所示为服装类商品直播间的封面图，主要展示了服饰的上身效果。

- 清晰 • 要求封面图中的图片清晰,不掺杂繁杂文字或其他信息
- 易懂 • 封面图最好一眼就能让消费者明白直播主题
- 高品质 • 封面图应该品质高、有档次,内容不宜过多,画面不宜太花哨

图 12-28　有吸引力的图片需满足的要点　　图 12-29　服饰类商品直播间的封面图示例

对于其他形式的内容运营,策划图片时在满足平台要求的前提下,重点展现商品卖点以吸引"粉丝"点击即可。

12.4　内容运营的主要渠道

卖家了解了常见的内容运营的形式及其核心要素后,还应了解主要的内容运营渠道。尤其是软文渠道,这个渠道遍布全网多个平台,卖家需要了解主要平台后,结合商品特点及用户平台,顺利发布内容。本节以软文渠道、直播渠道及短视频渠道为主,介绍运营渠道的相关内容。

12.4.1　常见的软文运营渠道

软文运营渠道广而多,如电商平台、自媒体平台、问答平台、论坛平台等,如表 12-2 所示。卖家应了解常见渠道,并结合商品特点及目标人群常出没的平台,编辑、发布优质的内容。这样在提高软文阅读量、互动量的同时,还能提高商品的转化量。

表 12-2　常见的软文运营渠道

软文运营渠道	说明
电商平台	各个电商平台都有相应的软文渠道,如淘宝的淘宝头条、逛逛、订阅等
自媒体平台	自媒体虽然属于各大互联网公司,但很多平台都有着流量高、互动高等特点,如新浪微博、今日头条、微信公众号等
问答平台	问答平台有着用户数量多、人气集中等优点,也是信息传播效应较好的平台。如知乎作为分享知识的问答社区,已经成为不少卖家内容营销的战场
论坛平台	网络论坛是高度聚集人气的地方,如果一个论坛帖子写得好,就会带来非常大的传播效应,从而制造出商机。常见的如百度贴吧、天涯社区等

由于软文运营渠道较多,这里只列举了电商卖家常用的几个渠道。

1. 淘宝订阅

淘宝订阅是手机淘宝的重要板块,主要为方便手机端消费者购物服务。订阅是一个社区化的营销渠道,对于卖家而言,是宣传品牌信息、管理客户关系、发布商品、发布活动的重要渠道,入口在淘宝手机端首页,与"推荐"并列,如图12-30所示。

卖家可在订阅中发布文字、图片、视频等内容,以吸引消费者的关注和互动。订阅内容非常丰富,包括"精选""上新""直播"等。卖家在发布内容时,可适当弱化营销,重在为"粉丝"提供可用信息,如知识、优惠券等。

2. 微信公众号

微信公众号是腾讯推出的自媒体服务平台,平台用户可以在公众号中发布文字、图片、语音、视频、图文消息等内容,吸引其他微信用户阅读并关注,形成一种主流的线上微信互动营销方式。

微信公众号消息可以实时免费触达用户,缩短营销周期并降低营销成本。很多卖家把微信公众号平台用于维护老客户,吸引新客户,并促成更多订单。卖家可在微信公众号中以软文的形式推广商品或品牌。图12-31所示为某服装店铺的公众号,主要用于发布与商品、品牌相关的软文。

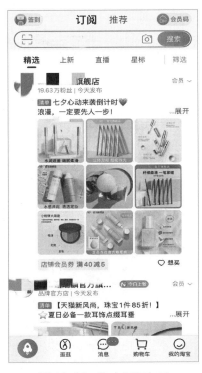

图12-30　淘宝订阅入口

图12-31　某服装店铺的公众号

微信公众号的软文内容也要弱化营销,尽量通过一些不相关的报道或故事,将要推广的商品悄悄地引出来。在微信公众号发布软文时,需要注意图12-32所示的事项,尽量做到在正确的时间点，用正确的形式发布正确的内容。

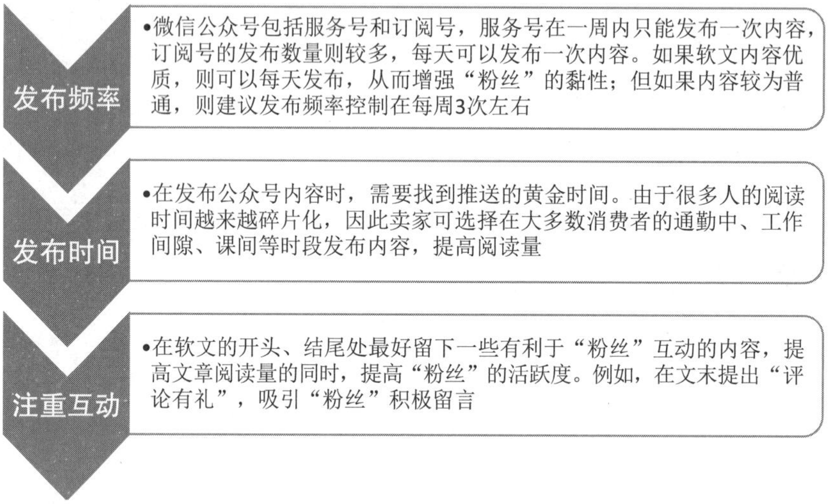

发布频率
- 微信公众号包括服务号和订阅号，服务号在一周内只能发布一次内容，订阅号的发布数量则较多，每天可以发布一次内容。如果软文内容优质，则可以每天发布，从而增强"粉丝"的黏性；但如果内容较为普通，则建议发布频率控制在每周3次左右

发布时间
- 在发布公众号内容时，需要找到推送的黄金时间。由于很多人的阅读时间越来越碎片化，因此卖家可选择在大多数消费者的通勤中、工作间隙、课间等时段发布内容，提高阅读量

注重互动
- 在软文的开头、结尾处最好留下一些有利于"粉丝"互动的内容，提高文章阅读量的同时，提高"粉丝"的活跃度。例如，在文末提出"评论有礼"，吸引"粉丝"积极留言

图 12-32　发布微信公众号软文应注意的事项

3. 知乎

从内容角度来看，知乎作为一个分享知识的问答社区，内容载体主要以回答的文章为主。虽然也有视频，但数量较少。每个话题下的回答，信息量庞大。例如，知乎平台有个提问："有哪些好吃但鲜为人知的零食？"有位用户在该提问下列举了一些自认为好吃的零食，该条回答被赞同2.3万次，如图12-33所示。

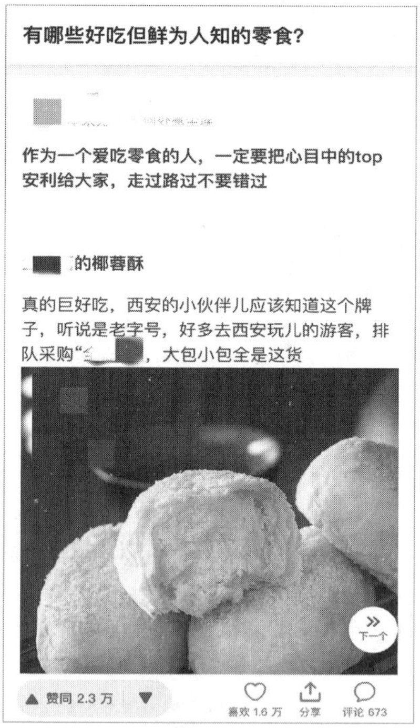

从图12-33中可以看出，该用户在回答中提及了一些商品品牌及名称。其他用户在查看该条内容后，如果对提及的商品感兴趣，就可以直接在淘宝、拼多多平台搜索相应的店铺名、商品名。如此一来，商品和店铺就能得到曝光。

知乎平台的用户以年轻人和中年人为主，学历呈现中高等化，消费能力与消费频次也比较高。而且这类人容易被权威引导或被某个话题下的高热度回答所影响，从而去购买暂时不需要的商品。因此对于网店卖家而言，知乎是很适合作为软文营销的渠道。

图 12-33　知乎平台某条问答截图

4. 百度贴吧

百度贴吧是百度旗下的中文社区，也是一个结合搜索引擎建立起的在线交流平台。百度贴吧让那些对同一个话题感兴趣的用户聚集在了一起，实时展开交流。卖家可在与商品或行业相关的贴吧或论坛上，通过评论、点赞他人帖子或自主发帖引流的方式来吸引关注。

例如，一个经营美妆类商品的商家，在百度贴吧以自问自答的形式介绍防晒原理，并在其中穿插了商品信息，如图12-34所示。吧友在查看更多防晒信息的同时，就很容易查看到防晒商品信息。如果吧友正好需要防晒商品，则很可能去搜索文中提及的商品，这样便提高了商品的曝光量。

部分卖家也会将自己的商品、店铺混在知名的同类商品、品牌或网站中进行推荐，吸引网友关注。例如，写一篇名为《小个子穿搭的红黑榜》的文章，罗列几家性价比较高的服装店铺，把自己店铺也罗列其中。网友在阅读帖子后，就可能主动搜索卖家的店铺，从而为店铺引来精确的人群。

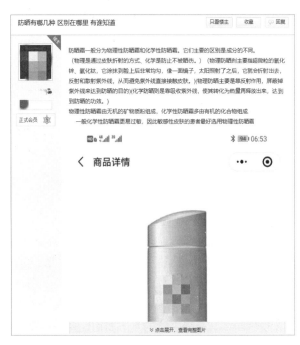

图12-34　百度贴吧内容截图

其实，无论在哪个渠道发布软文，内容质量都是重中之重。只有内容优质，才能吸引到更多用户阅读。如果软文内容广告痕迹明显，可读性不高，那么发布在任何渠道都很难实现营销效果。因此，卖家在策划软文营销时，应该将重心放在内容上。

12.4.2　常见的直播、短视频运营渠道

由于直播和短视频的关系是相辅相成的，故很多平台既有直播，也有短视频。如热门的抖音、快手等平台，用户既可以查看直播，也可以看短视频。因此，这里也不过分区分直播和短视频了，而是介绍两个热门的直播短视频平台。

1. 抖音短视频

2016年9月，今日头条内部孵化出了抖音短视频。2021年1月6日抖音发布的《2021抖音数据报告》显示，截至2021年1月5日，抖音日活跃用户数突破了4亿，成为国内目前相对最大的短视频平台。

抖音用户集中在一、二线城市，推荐模式采用滚动式——系统推什么，用户就看什么。由于抖音短视频有着市场大、用户多等优点，因此成为很多电商卖家的营销阵地。很多卖家在抖音发布营销视频并进行直播，其中很大一部分取得了理想效果。

如图12-35所示，某美妆旗舰店在抖音平台已积累300多万"粉丝"，获赞600多万个。进入该账号的店铺，可以看到不少商品的销量过万，如图12-36所示。

部分卖家在开通抖音账号的同时，为了方便平台用户下单转化，直接在抖音开设了抖音店铺。用户在看视频或直播时，可直接在抖音平台完成交易。

图 12-35　某美妆旗舰店的抖音账号

图 12-36　部分商品的销量

2. 快手短视频

快手是由北京快手科技有限公司开发的一款短视频应用 APP，可用照片和短视频记录生活，也可以通过直播与"粉丝"实时互动。快手科技发布的 2021 年第一季度业绩显示，在 2021 年第一季度，快手应用程序及小程序的平均日活跃用户达 3.792 亿，同比增长了 26.4%，环比增长了 20.0%。由此可见，快手也是一个热门的直播、短视频平台。

快手的内容覆盖生活的方方面面，用户遍布全国各地。这些用户对新事物的接受度较强，是很优质的电商客户。由于用户基数大而广，快手吸引电商卖家纷纷入驻，并完成分享视频、直播卖货等操作。

图 12-37 所示为某零食旗舰店的快手账号首页，该账号已积累 100 多万"粉丝"。从页面中可以看出，账号在发布视频作品的同时还能完成直播、发布商品信息等操作。进入该账号的详情页，可以看到商品主图、标题、价格、销量、评价等信息，如图 12-38 所示。

图 12-37　某零食旗舰店快手账号

图 12-38　某商品详情页

实际上，除抖音、快手这样的热门平台外，卖家还可以在美拍短视频、西瓜视频等平台发布视频。但无论在哪个平台发布视频内容、开直播，都应注意视频内容质量，毕竟好的内容才是吸引"粉丝"的关键。

客户运营：赢得更多客户

本章导言

客户运营是一个店铺持续发展不可或缺的重点内容，客户关系管理自然应该受到卖家关注。通过对客户进行细致管理，提升客户满意度和忠诚度，为店铺带来更多订单和收益。

学习要点

- 了解客户运营的重要性及主要内容
- 掌握客户运营三要素：拉新、留存、转化
- 了解客户满意度、忠诚度管理的重要性

13.1 客户运营概述

客户是指愿意购买商品或服务的个人或组织。卖家应该正确、全面地了解客户运营的相关知识，如客户运营的重要性、客户运营的主要内容，以及如何分析目标客户，等等。通过客户运营，可以提高客户对卖家的满意度与忠诚度等，从而提升店铺的销售额。

13.1.1 客户运营的重要性

客户运营是指通过与新老客户的互动，使客户更认可店内商品及品牌，并以此提升店铺销售额的一种营销策略。客户运营既是一种管理概念，也是管理技术，核心在于提升客户的满意度和忠诚度。客户运营对于网店而言，起到图 13-1 所示的几个重要作用。

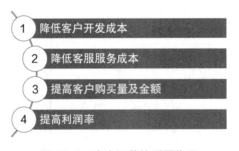

图 13-1　客户运营的重要作用

- 降低客户开发成本：通过增强老客户对商品、店铺的信任感，促使老客户自主分享店内商品，形成口碑效应，降低开发新客户的成本。
- 降低客服服务成本：老客户熟悉店内购物流程，可省去部分询问环节和讨价还价环节，降低客服服务成本。
- 提高客户购买量及金额：客户关系管理可增强客户对店铺的信任度，因而购买的商品数量和金额都会有所提高。
- 提高利润率：良好的客户关系使得客户充分信任店铺，从而降低对商品价格或服务价格的敏感度，使店铺获得更多利润。

13.1.2 客户运营的主要内容

客户运营根据客户类型的不同，可分为新客户运营和老客户运营。这两类客户共存于店铺的整个运营体系中，二者相互转化，相互影响。客户运营的主要内容如图13-2所示，包括吸引新客户、将新客户转化为老客户、刺激老客户带来新客户。

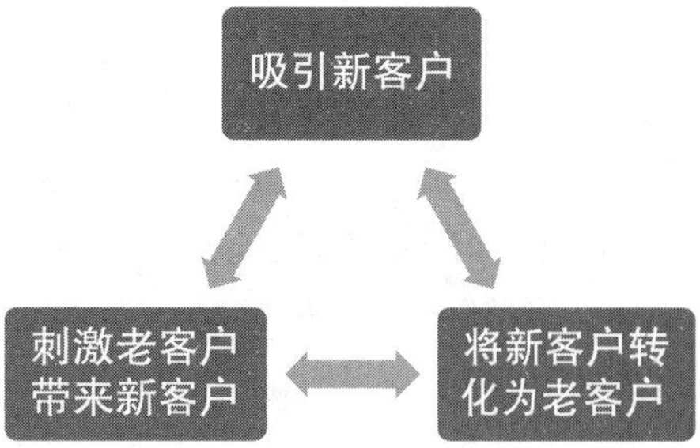

图13-2 客户运营的主要内容

1. 吸引新客户

对商品有潜在需求的消费者都有可能成为新客户，这些消费者数量多而广，可能存在于网络的各个地方。例如，搜索过潜在商品关键词的淘宝用户、闲暇时间刷抖音视频的抖音用户、路过线下实体店的客户等。卖家要通过一些活动及内容，挖掘这些对商品有潜在需求的客户，并激起其购买欲望，使其转化为新客户。

例如，某美妆类商品卖家找达人合作，拍摄了一条与防晒商品有关的视频。在视频中，达人提及夏季炎热，前不久去旅游被晒伤，还好朋友推荐了××商品，试用后效果不错，便将其推荐给大家。观看这条视频的客户，如果正好有防晒需求，又有达人的信任背书，客户可能会因此购买视频中提及的商品。如此一来，就由潜在客户转化为新客户，为店铺带来更多订单。

诸如这样的案例很多，部分店铺也会直接用活动的方式来吸引潜在客户转化。如常见的0元秒杀、免费试用等，在提高商品曝光量的同时，刺激没有抢到免费试用名额的客户下单转化。

2. 将新客户转化为老客户

伟门营销公司的创办人莱斯特·伟门曾说过，生产商90%的利润来自回头客，只有10%来自零星散客，少损失5%的老顾客便可增加25%的利润。由此可见，老客户对于保障店铺销售有着不容小觑的分量。

特别是新客户下单后，其实已经和店铺建立了某种联系，卖家应该乘胜追击，提高新客户的复购率，使其转化为老客户。商品和服务是客户运营的基础，卖家要在第一时间让客户知道新商品、升级服务，避免因信息沟通不及时而造成客户流失。

例如，很多店铺在消费者下单后，通过平台消息或短信邀请客户进群。在群里再通过赠送福利、解决问题等方式来提升客户满意度，并激发客户下单购买更多商品。图13-3所示为某食品品牌的淘宝群，卖家的客服会在群里分享一些群友爱买的商品，以及主动发放优惠券，以此来刺激客户下单。

图13-3 某食品品牌淘宝群

3. 刺激老客户带来新客户

客户口碑是最好的广告，通过驱动老客户分享商品或品牌，能吸引更多的新客户。例如，很多达人在小红书、微博、抖音等平台发布一些关于商品的使用体验，从而为商品带来更多新客户。

图 13-4 所示为某达人在抖音平台分享自己试吃一些零食的视频，获得 40 多万个赞及 1 万多条评论，并且不少"粉丝"在评论区留言要去买视频中提及的商品。打开视频中提及的商品的评论区，可见部分消费者评论时也提及是经人推荐而下单的，如图 13-5 所示。这就是典型的由老客户带来新客户的案例。

图 13-4　某达人分享零食试吃视频

图 13-5　某商品评论页面

在实际应用中，卖家可以给老客户一些利益诱惑，使其主动将商品的正面评价分享在社交平台，从而刺激更多新客户下单。

以上就是客户运营的大概内容，整体围绕新、老客户展开，使新、老客户信任商品及品牌，并愿意产生购买、持续购买等行为。

13.1.3　分析目标客户

客户运营的前提是找准目标客户，这样才能有针对性地推出运营方案、优质服务。在找目标客户前，需要了解目标客户的特点，如性别、年龄、职业、消费习惯、消费水平等。了解目标客户集中在什么年龄层、什么职业、经常出没于哪些平台、有哪些兴趣爱好等信息，这有利于制订出更符合目标客户的运营方案。

1. 客户年龄分析

不同年龄的客户在购物时有不同的特点，如 18~22 岁的客户，大多数还是学生，消费能力一般，就商品价格和商品质量而言，他们对商品价格更敏感。针对这个年龄层的消费者，应重点突出商品的性价比。

部分电商平台可以查看访客的年龄信息，卖家可在店铺后台进行查看。针对部分未提供访客信息的平台，卖家可通过百度指数查看搜索商品关键词的客户的年龄。如在百度指数中输入关键词"按摩椅"，可在人群画像中查看搜索该关键词的年龄分布，如图 13-6 所示。

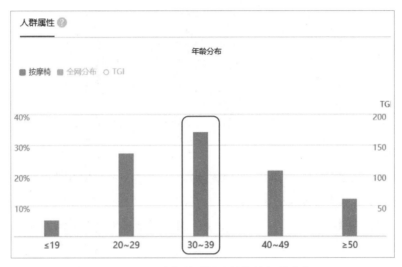

图 13-6　百度指数"按摩椅"的年龄分布

提示　百度指数的这一数据是根据百度搜索用户的搜索数据，采用数据挖掘方法，对关键词的人群属性进行聚类分析，给出用户所属的年龄分布及排名。

从图 13-6 中可知，年龄在 30~39 岁的用户对按摩椅感兴趣，并由此可以分析出，按摩椅这一商品的目标客户年龄集中在 30~39 岁。这一年龄段的客户，在购买商品时可能更在意商品的品牌及品质，对于价格不那么敏感。故卖家在针对这一年龄层的客户做营销时，应重点突出高品质、大品牌、更安全等卖点。

2. 客户性别分析

不同性别的客户在购物时也会有不同的表现。例如，很多商品就专门推出樱花粉、浪漫紫等颜色，来满足女性的审美。

同样的，针对部分未提供访客信息的平台，可通过百度指数查看目标客户的性别。例如，在百度指数中输入关键词"按摩椅"，在人群画像中查看搜索该关键词的性别分布，如图 13-7 所示。根据这一结果可知，超过 50% 的男性对按摩椅感兴趣。

与女性相比，男性消费者决策时间更短，他们往往目的明确，能快速找到自己所需商品。同时，男性消费者更注重商品的质量和实用性，相对不太关注商品价格。因此卖家在针对男性做营销时，应该重点突出商品的质量和品牌，让商品看起来更上档次。

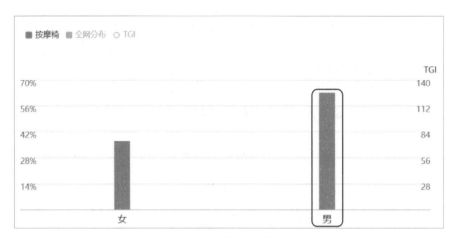

图 13-7 百度指数"按摩椅"的性别分布

3. 客户地域分析

不同地域的人群有不同的性格特征、购物喜好。以食品为例,不同地域的消费者对味道有着各自的喜好。卖家需要了解目标客户集中在什么地域,并推出有针对性的运营计划。例如,在百度指数中搜索关键词"烧饼",即可在人群画像中查看搜索该关键词的客户的地域分布情况,如图 13-8 所示。

图 13-8 百度指数"烧饼"地域分布情况

从图 13-8 中可以看出,对烧饼这一商品更有兴趣的客户集中在山东、河南、河北等地,可能是因为相比云南、四川、贵州等地,这些地域的客户更喜欢面食。那么,卖家在针对这些客户做运营时,可以在标题或图片中突出"山东人都喜欢吃的烧饼""河南烧饼味道好"等信息,以此提高客户好感,促成更多订单。

4. 客户消费水平分析

客户的消费水平从侧面体现了客户的支付能力，根据客户这一信息，卖家可适当优化商品价格，以迎合大部分客户的消费水平。电商平台的后台一般会提供访客信息、已下单客户信息、支付金额信息等内容，卖家可将以上信息收集起来，为日后所用。例如，在淘宝、天猫平台开店的卖家，可在生意参谋中查看关于访客的消费层级的信息，从而分析得出大部分客户的消费金额。图13-9所示为某店铺访客的消费层级信息。

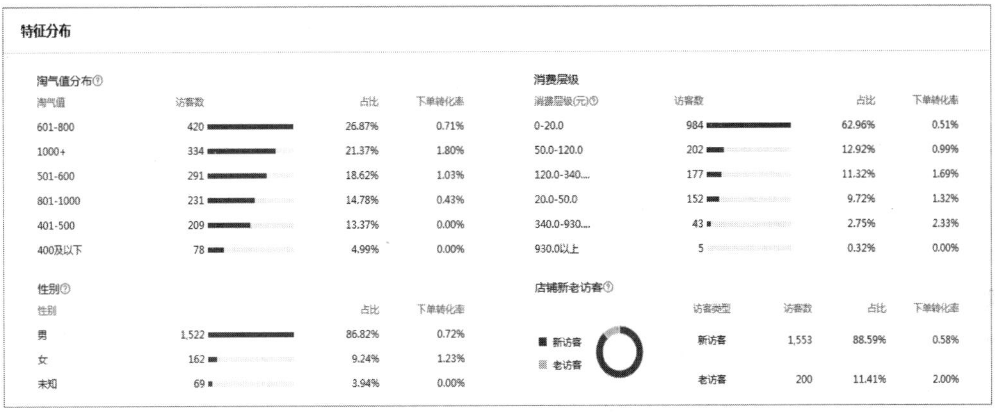

图13-9 某店铺访客的消费层级信息

> **提示**　卖家在参考不同消费层级的访客占比时，还需要参考下单转化率。从图13-9中可看出，虽然消费层级在0~20元的访客占比最大，但下单转化率并不是最高的；消费层级在340~930元的访客占比虽然小，但转化率比较理想。由此可见，分析访客消费层级时，应该结合访客数、访客占比及下单转化率等进行综合分析。

当然，商品价格优化并不是盲目地降低商品售价去迎合消费者，而是在策划营销活动时，将最终价格设置在大多数客户能接受的范围内。例如，点击某款商品最多的是消费层级在75~100元的客户，那么，卖家可通过"老客户下单可领取10元优惠券""新客户首单减10元"等活动，将最终成交价格设定在75~100元。

13.2　拉新客户

客户数量是店铺获得利润的前提，只有吸引并维护好更多客户，才能不断壮大客户数量，为店铺带来更多的利润。客户运营主要是围绕客户展开的一项工作，其三要素包括拉新客户、留存客户、转化客户。

拉新的本质就是让一个陌生消费者愿意了解卖家的商品或品牌。针对这一本质，卖家应该从如何提高商品、品牌信息的曝光率及如何让更多消费者对相关信息感兴趣这两个问题出发，并找到答案。拉新方法主要包括两种：一种是让陌生人成为新客户，另一种是让有购买行为的客户进群。

13.2.1 让陌生人成为新客户

让陌生人成为新客户的前提是将与商品、品牌相关的信息推送到更多陌生人的眼前。例如，通过短视频的形式将商品信息推送到更多短视频用户的眼前。但仅仅推送到陌生人眼前还不够，还需要以内容为抓手来刺激更多人下单，实现转化。

常见的让陌生人成为新客户的方法包括直播拉新、短视频拉新及公众号拉新。这些拉新方法触及的客户数量大，如果内容较好，则很容易刺激客户下单。

1. 直播拉新

随着直播用户的与日俱增，电商直播成为一种新的商品引流方式。卖家通过场景互动，可吸引更多陌生人了解商品或品牌。这些陌生人在看直播的过程中，通过留言或弹幕提出疑问和要求，卖家或主播可以迅速解答问题，使整个购物流程更加便捷。

例如，抖音某直播间出现在抖音用户的"推荐"页面，进入直播间可以看到共有 2000 多名抖音用户在线观看直播，并不断有客户下单购买商品，如图 13-10 所示。通过直播的形式，卖家可以向客户展示更多商品的同时，在线解答客户的问题，再加上赠送运费险、秒杀价等福利，促使了对商品有兴趣、有需求的客户纷纷下单。跳转至该直播间中某商品的详情页，可见该商品已售 2 万多件，如图 13-11 所示。

图 13-10　抖音某直播间界面

图 13-11　某商品详情页

2. 短视频拉新

近年来随着短视频市场的不断扩大，短视频的用户也越来越多。不少卖家通过短视频展现商品的功能、外观等，来吸引更多潜在消费者了解商品、购买商品。如图 13-12 所示，某销售数码商品的店铺通过抖音短视频，将某件商品领先于同类商品的夜拍功能进行了更为直观的展现。对此功能感兴趣的消费者在看完视频后，可了解更多该商品的信息或进入店铺下单购买，这都有利于提高商品、品牌的曝光量及商品的销量。

3. 公众号拉新

公众号软文一般图文并茂，再加上一个好标题，被打开阅读的可能性很大。而且公众号文章方便被客户分享、转发到朋友圈或微信群，能起到吸引新客户的作用。例如，某美妆旗舰店在微信公众号发布关于商品的推文时，在文末提到"点击在看+分享朋友圈有机会赢三色修容盘"的福利活动，该条推文阅读量高达6.8万，获赞615个，"在看"为789人，如图13-13所示。

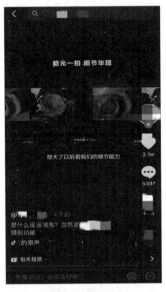

图13-12　某数码商品店铺发布的短视频

图13-13　某美妆旗舰店公众号推文

卖家在策划直播、软文、短视频的内容时，最好弱化营销，让消费者更感兴趣。例如，一个专营美妆商品的店铺，在策划短视频内容时，视频脚本主题是"下个月就要见家长了，皮肤干燥不好上妆怎么办？"卖家在解答皮肤补水问题的同时，推荐了几款店内的商品。让消费者感觉这个视频有价值，而不是单纯为了营销。

13.2.2　让有购买行为的客户进群

电商卖家接触客户的渠道广而多，特别是在新客户下单后，如果能乘胜追击将其吸引到群组中并为其提供更好的服务，自然能提高客户的满意度和忠诚度。让有购买行为的客户进群的方法也比较多，如表13-1所示。

表13-1　让有购买行为的客户进群的方法

方法	解释	举例
店铺页面信息拉新	部分卖家会在店铺首页或商品详情页留微信公众号、微博号，并加以关注有优惠的提示，吸引访客进群	卖家商品详情页中留有相应的微博号，并给出关注的动力：买家秀+微博真人秀，可获得无门槛代金券20元

续表

方法	解释	举例
商品放置二维码拉新	在商品上放置二维码，吸引感兴趣的客户扫描，从而成为新客户	扫地机器人身上印有官方公众号二维码。客户在使用扫地机器人的过程中，如果发现商品有问题，就可以扫码关注官方公众号，寻找解决方法
短信拉新	对于有购买记录的客户，卖家可以通过物流短信将其拉到群里	在快递发出后，通过短信告知消费者商品已发出，包括快递单号及预估到达的时间等，并在末尾注明：有问题随时联系客服
包裹拉新	在快递包裹上印刷二维码，通过扫码获取优惠的方式，可以促进客户添加卖家为微信好友	在包裹中附带一份关于卖家创业史的感谢信，以打动客户自愿扫描信末二维码添加卖家为好友

将客户拉进群后，接下来的工作就是留住客户，并抓住机会将其转化为老客户，为店铺带来更多的收益。

13.3 留存客户

在电商中，购买过某个商品，并经过一段时间后仍愿意回购该商品的客户，则被视为留存客户。如何进行客户留存呢？这就需要卖家提高社群活跃度，从而提升客户留存率。卖家在客户关系管理中，需要为客户搭建互动平台，增强客户与卖家之间的联系和互动，提高客户的满意度和忠诚度，达到维护客户关系的目的。如何搭建客户互动平台呢？主要以电商平台自带的工具，以及QQ、微信、微博等工具为主来实施。

13.3.1 建立客户淘宝群

大多数电商平台都有客户交流工具，如淘宝的工具淘宝群可提供群聊等服务。为方便管理客户，卖家可通过创建淘宝群，将新老客户集中在群内进行管理。图13-14所示为某数码店铺的淘宝群，卖家可在群内发红包、优惠券、热门商品信息等，在联络客户的同时提高店内商品的销量。

部分电商平台自带的交流工具一般有消息限制，如甲平台群内不允许分享乙平台的商品链接和二维码等。故卖家除了可以使用电商平台自带的交流工具，还可以使用其他社交软件来作为管理客户的工具。

图13-14 某数码店铺的淘宝群

13.3.2 建立老客户 QQ 群

QQ 是腾讯旗下的一款老牌即时通信软件，其用户数量非常大。QQ 群是多人交流、互动及时和低成本操作的客户维护工具，卖家可建立 QQ 群组，将在店内有过购物记录的人集中在一起，进行统一管理。图 13-15 所示为某美妆类目的 QQ "粉丝"群，群成员可在群内讨论商品的使用方法、活动等内容。

卖家也可以在 QQ 群里发布优惠信息、领券信息、商品上新信息等。在 QQ 群里发布的商品信息，一般带有跳转链接，群成员只须点击链接即可跳转至商品详情页面。卖家也可以在 QQ 空间更新店铺活动、上架新品、清仓处理等信息，让客户在零散时间接收商品信息。

图 13-15　某美妆类目 QQ 群

13.3.3 建立微信群、公众号

微信也是一款热门社交软件，具备群组、朋友圈、公众号等社交功能。卖家可以借用微信平台的微信群、朋友圈、公众号等与客户及时互动。

1. 微信群

大多数使用微信的人都有微信群。卖家可以通过创建"粉丝"群的方式，将客户吸引到微信群中，进行统一管理。用微信群维护老客户的重点就是保持群的活跃度，常用的方法是让群成员"有利可图"，如发红包、发小礼物或分享知识等，让客户认为在群内会有所收获，愿意长期关注。图 13-16 所示为某箱包类目的微信群，客服不定期在群内发布秒杀活动信息。当客户对商品的尺寸有疑问时，客服可以迅速做出解答，旨在迅速促成订单。

图 13-16　某箱包类目微信群

2. 微信朋友圈

据统计，76.4%的用户会使用朋友圈来查看朋友动态或进行分享。只要商品够好、活动力度够大，大家便愿意分享，商品信息扩散速度就会非常明显。不少卖家选择将老客户引到微信里，将每天的所见、所闻、所感通过微信朋友圈分享给客户，这其中也穿插着不少商品广告信息。图 13-17 所示为某卖家在朋友圈分享某款雪平锅的信息，其中包括这款商品的图片、价格、功能介绍及购买链接等信息。对这一商品感兴趣的客户可直接点按链接进入商品详情页并下单，十分便利。

当然，卖家在分享商品信息时，广告味儿不能太过浓烈，否则容易引起客户反感。卖家还可以在视频号中发布商品视频，吸引客户关注商品。

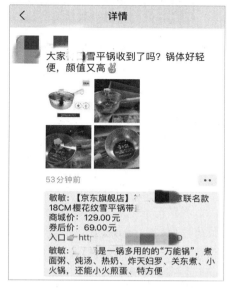

图 13-17　某分享在朋友圈的商品信息

3. 微信公众号

微信公众号具有很多个人账号不具备的功能，如安排客服在线交流，使用程序进行自动应答，推送营销信息给客户，以及实现简单的查询、购买功能等。微信公众号让营销方式的多元化更具亲和力。图 13-18 所示为某购物公众号为某茶叶撰写的推文封面图，客户在阅读与该款茶叶相关的推文时，可长按推文中的商品购买链接码（见图 13-19）进入商品售卖页面，直接在微信内完成在线交易。

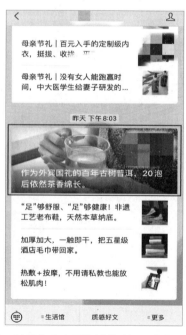

图 13-18　某购物公众号为某茶叶撰写的推文封面图

图 13-19　带有购物二维码的推文内容

除了以上工具，卖家还可以根据商品属性借助更多工具创建群组来维护客户，如微博群、抖音群、快手群等。

无论使用哪种方式来留存客户，内容都至关重要。因为内容是社群价值的体现，如果卖家能收集到对客户有益的内容并将其投放到社群中，则既能满足客户需求，又能提升客户活跃度。以女装商品为例，其目标客户主要为年轻女孩，她们关注的内容可能包括穿搭技巧、护肤技巧等，卖家可以收集更多这类内容分享在群内，调动客户讨论、下单的积极性。

13.4 转化客户

当顺利完成拉新、留存客户等工作后，接下来就需要管理好客户，以刺激客户转化为忠诚客户，使其主动分享商品或品牌信息，为店铺带来更多收益。卖家可对客户进行分级，分别制订营销策略，这样才能合理配置服务资源，让客户产生更多的效益。

13.4.1 建立客户信息档案库

客户关系管理的第一步，即收集客户信息并建立相应的档案库。因为如果对客户不够了解，盲目推荐，则很容易使客户产生不好的购物体验，从而导致客户流失。例如，某女装商品个人淘宝店在开店之前，先收集了 24~30 岁女性的数据，根据这一人群的穿搭需求，一边用抖音短视频吸引抖音流量，一边用淘宝直播送优惠券来吸引淘宝站内流量。

各个平台的卖家可在后台查看客户数据。以淘宝为例，进入千牛卖家中心的客户运营平台，即可查看与客户相关的数据，如成交客户、未成交客户、询单客户的交易总额、交易笔数、上次交易时间等，如图 13-20 所示。

图 13-20　淘宝平台的客户运营平台

卖家在获得客户信息后，可在相应平台建立客户信息档案，如淘宝平台，卖家可在"客户管理"下的"客户分群"内将店内所有客户进行分类整理。在建立客户信息档案库时，重点整理图 13-21 所示的客户的最近消费时间、消费频率、消费金额、平均消费金额等数据。

卖家也可以单独将客户信息整理到 Excel 里，便于日后分析、查阅。

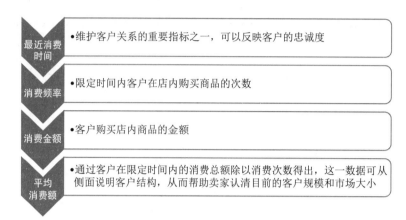

图 13-21 客户信息档案库的重点数据

13.4.2 根据客户价值将客户分级

俗话说，20%的客户带来80%的利润，因此卖家要找到这20%的优质客户并进行重点维护，使其为店铺带来更多利润。当然，其余客户并非不重要、不需要维护，而是说卖家要针对不同等级的客户，提供不同的服务。常见的客户等级包括关键客户、普通客户和小客户，如表13-2所示。

表 13-2 客户分级

客户等级	定义	管理策略
关键客户	整个店铺中创造利润最多的群体，是店铺利润的主要来源，也是店铺发展的重要保障	（1）提供更为专业的服务：最好由客服主管或专门的客服小组为这部分客户服务。避免新客服因不熟悉业务而得罪关键客户，并让关键客户感受到被尊重，从而提升客户的忠诚度。 （2）打好感情牌：要想真正留住客户，就要淡化商业关系，让客户感受到与商家之间的感情
普通客户	为店铺创造的利润和群体数量属于中等水平	（1）提升客户等级：对于有潜力升级为关键客户的普通客户，通过引导、创造、增加客户需求，提高客户的购买力度，从而提升客户对店铺的利润贡献率。 （2）控制成本：针对完全没有升级潜力的普通客户，采取基本的"维持"战略，不在这部分客户身上增加人力、财力、物力等投资
小客户	在群体数量和利润贡献上，都是最小的一个群体	（1）提升客户等级：筛选出有升级潜力的小客户，进行重点关心和照顾，挖掘其购买能力，将其提升为普通客户甚至关键客户。 （2）降低服务成本：压缩、减少对小客户服务的时间，以此降低服务成本

13.4.3 抓住客户追求个性化的消费特点

个性化的东西是非大众化的，一般指具有个体特性的需求和服务等。很多喜欢追求个性化服务的消费者，会因为 VIP 会员、个性化标签等影响而更愿意下单。因此，卖家可以抓住客户追求个性化的心态，构建一系列策略规划"粉丝"架构，让客户享受个性化服务。

例如，某店铺每年有 50 个至尊 VIP 名额，至尊 VIP 可享受店内所有商品 5 折的福利。不少客户为此多次在店内消费，提升下单次数及下单金额。这里以淘宝平台为例，介绍会员等级设置及管理。

第1步 登录淘宝千牛卖家中心后台，单击"用户"，然后单击右侧的"返回客户运营平台"链接，如图13-22所示。

图 13-22 打开客户运营平台

第2步 选择新页面左侧栏中的"忠诚度设置"选项，即可看到忠诚度管理相关选项。新商家会员运营开通步骤如图13-23所示。

图 13-23 忠诚度管理

第3步 跳转至新页面后即可对会员等级进行设置，如设置升级条件、会员权益等，如图13-24所示。

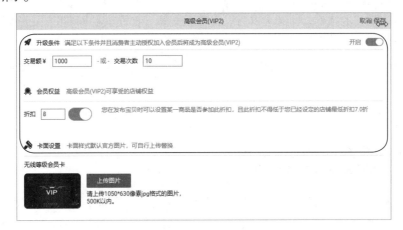

图 13-24 会员等级设置

卖家可以根据不同等级，给出不同的运营计划。例如，在上新提醒和发短信方面，新老客户的短信内容应有所差别。

13.4.4 让客户"有利可图"

想让老客户多次下单，就必须先抓住老客户的消费心理并想办法迎合。例如，部分消费者在下单时对商品的价格尤为敏感，因此平时对商品的活动较为关注。为迎合这部分人的消费需求，卖家可策划一些特有的福利活动。常见的客户活动包括每日签到、晒单返现、秒杀活动、老客户专享等，如图 13-25 所示。

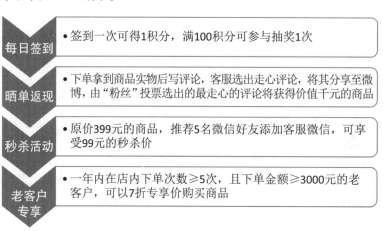

图 13-25　常见的客户活动

为客户展开的活动还有很多，如分享转发抽奖、关注主播抽奖等。只要让客户"有利可图"，活动就能起到吸引新客户、维护老客户的作用。

13.5　客户满意度、忠诚度管理

客户满意度是指客户的需求被满足后形成的愉悦感的程度。客户满意度体现着客户的主观感受，没有可以量化的指标，卖家可以通过客户流失率、商品好评率等数据观察客户的感受，并找出问题进行调整。

客户忠诚度是指客户对某一商品或服务产生好感后形成依附性偏好，进行重复购买的一种趋向。忠实客户又可以称为"老客户"或"回头客"，是店铺最基本、可信赖的客户，也是店铺长期发展所需的重要客户。卖家应尽可能地提升客户忠诚度，从而为店铺带来更多收益。

13.5.1　客户满意的重要性

客户只有在认可商品的前提下，才会自发地给予商品正面评价，愿意帮助店铺宣传、将店铺的商品推荐给更多好友。因此，客户满意度对店铺而言有着重要意义（见图 13-26），让客户对商品及服务满意,是店铺运营的重要目标。

由此可见,高客户满意度是维护客户关系的重中之重。在电商中,没有哪个店铺可以在客户的抱怨声中得到理想发展。

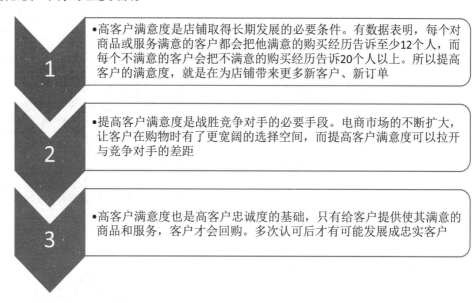

图 13-26 客户满意的重要性

13.5.2 影响客户满意度的因素

经研究,客户满意度主要从客户预期和客户感知价值两方面来体现。大多数卖家都想尽可能地为客户提供最好的商品和服务,但也必须建立在能承受的成本范围之内。部分卖家过分偏向于提高客户满意度,而忽略了各种显性及隐性成本,导致出现客户满意但店铺盈利较少的尴尬情况。所以,卖家需要了解影响客户满意度的因素,并把握好尺度。

1. 客户预期

客户预期是指客户在购买商品、服务之前,对商品的价值、品质、服务等方面的主观认识或期待。客户预期对满意度的影响尤为明显,比如某客户在购买某双运动鞋时,通过商品的主图、视频、详情页的图文描述及评价等,预期收到的应该是一双时尚且舒适的运动鞋;结果收到货后发现此款运动鞋不仅外观与主图不符,久穿还不舒适,自然会对商品感到不满,出现退换货或给差评等结果。

但如果这位客户在查看此款鞋子信息时,预期就是一双普通的运动鞋,收到货后发现鞋子确实很一般,但胜在价格低廉,客户心里便不会有落差。这个例子说明,卖家提供的商品或服务若能达到客户预期,客户就会满意;反之,客户就会感到不满。所以,卖家在拍摄商品图片及撰写详情页描述时,应以真实为主,避免因过度美化而造成客户预期过高,导致客户对商品不满意。

卖家应对可控因素进行调控,如不过度宣传、做适宜的包装等。

- 不过度宣传:在吸引流量的同时也要注意宣传度。

- 价格和包装：卖家可通过制定合适的价格来影响客户预期，包装也是影响客户预期的重要因素。卖家在选品后，考虑到客户对该商品的预期，就应该考虑好合适的定价和包装等因素。

2. 客户感知价值

客户感知价值是指客户在购物过程中体会到商品及服务的真实价值之和。商品价值和服务价值不冲突，甚至可以说相辅相成。例如，某客户在选购一个保温杯时，被商品视频中的刻字功能吸引，并主动询问客服关于这款保温杯的刻字功能、保温功能。如果客服能详细询问客户的需求，为之推荐款式，并主动为客户发送物流信息，则会让客户感受到更为贴心的服务。客户收到实物后发现保温杯功能确实好，性价比又高，这就体现出了商品价值和服务价值，客户自然会满意。

提升感知价值可以从提高客户获得的总价值（如商品价值、服务价值）和降低客户付出的总成本（如货币成本、时间成本等）两方面出发，尽可能地让客户获得的总价值大于付出的总成本。例如，卖家可通过提供特色的定制商品、服务来满足客户需求，提高客户的感知价值，从而提升客户的满意度。

13.5.3 衡量客户满意度的指标

只有在知悉哪些指标会影响到客户满意度的前提下，才能有效地发现问题、解决问题，从而提升客户满意度。一般情况下，衡量客户满意度的指标包括好评率、回购率、退货率、投诉率、购买额、价格敏感度等，如图13-27所示。

- 好评率：好评率越高，则说明客户满意度越高。
- 回购率：卖家可通过查看商品的回购率来判断客户对商品的满意度。一个商品的回购率越高，说明客户满意度越高。
- 退货率：大多数情况下，只有商品达不到客户的预期才会被退换。卖家可以通过统计退货率来判断一个商品在客户心中的满意度。退货率越高，则满意度越低。
- 投诉率：一个商品的投诉率越高，说明客户对店铺或商品的满意度就越低。
- 购买额：一般而言，同一客户购买金额越高，满意度也就越高。
- 价格敏感度：指客户对某个商品或服务的价格承受能力。价格承受能力越强，则满意度越高。

图 13-27　客户满意度衡量的指标

卖家可经常检查这些指标，一旦发现问题，就及时解决。

13.5.4 客户忠诚的重要性

客户忠诚度是建立在客户满意度之上的重要指标，于一个店铺而言，有着图 13-28 所示的重要性。

- 增加店铺收益：客户的忠诚度越高，回购的概率就越大，也就能为店铺带来更多销量和收益。
- 节约成本：忠诚的老客户自主回购，可以省去商品的宣传成本。
- 获得口碑效应：多次回购的老客户更易自发推荐及撰写好评，有利于形成口碑效应，为店铺带来新的订单。
- 有利于店铺发展：随着客户忠诚度的提高，商品销量也会随之增长，从而提高店铺收益。这样店铺也有资金进行更多的营销活动，获得更多的忠实客户，形成良性循环，有利于店铺长期发展。

图 13-28　客户忠诚度的重要性

13.5.5　提高客户忠诚度

提高客户忠诚度是店铺长期获利并保持竞争优势的根本。要提高客户忠诚度，就应先了解影响客户忠诚度的因素。影响客户忠诚度的因素主要包括客户的满意程度、客户因忠诚能获得的收益、客户的信任感和情感。

1. 客户的满意程度

在大多数情况下，高客户满意度是高客户忠诚度的重要前提。对于一个商品，客户满意程度越高，客户的忠诚度才有可能越高。因此在提高客户忠诚度之前，应先提高客户满意度。提升客户满意度可从选品、撰写与实物相符的详情页及提供优质的客服服务入手，给客户提供更好的商品和服务。

2. 客户因忠诚能获得的收益

曾有调查结果显示，客户愿意与卖家建立长久关系，主要原因是希望从中得到优惠和特殊关照。因此，卖家能否让客户因为忠诚而获得合适的收益，是决定客户是否忠诚的重要因素。卖家可以从以下两个方面入手，让忠诚客户受益。

- 降低客户重复购买的成本。卖家可采取各种奖励让客户一次性购买多个商品，降低客户重复购买的成本。例如，赠送现金券，降低客户下次购买的成本，吸引客户重复购买。
- 奖励配套礼物：以老客户购买某个商品可获得礼物的方式进行奖励。例如，老客户购买某款洗面奶，就赠送其少量的面膜。这样既可以让老客户感受到特殊的待遇，又可以让客户试用面膜这一商品。如果客户认可这款面膜，后期就可能会自主购买面膜，从而提高店内销量和成交金额。

3. 客户的信任感

电商购物中存在一定的风险，如实物外观与图片不符、收到残次商品、物流速度极慢、售后处理产生纠纷等。很多客户为了减少此类风险，往往会选择自己信任且长久交易的店铺购买商品。可见，信任是构成客户忠诚度的关键因素之一。卖家想与客户建立信任关系，就要杜绝以次充好、敷衍了事等行为。

4. 客户的情感

当客户与卖家建立起情感后，便很少会被其他店铺的利益诱惑。卖家在与客户建立交易关系后，应寻找机会加强与客户的情感交流，这样才能增强客户对店铺的忠诚度。例如，很多卖家将客户引到个人微信号中，并派专人维护与客户的感情，淡化商业关系，培养深厚感情。

总之，卖家应在为客户提供更好的商品和服务的基础上，给客户更强的信任感，培养更牢固的感情，从而提升客户满意度和忠诚度，为店铺带来更多收益。

第14章

数据分析：精准把控店铺的经营动态

本章导言

卖家在经营店铺的过程中，需要通过一些数据来验证店铺的经营状况。特别是当店铺销售额出现问题时，卖家需要从流量、转化率、客单价等关键数据入手，主动发现问题、解决问题，让店铺长期处于健康状态。

学习要点

- 认识数据分析的价值和基本流程
- 掌握提升流量的方法
- 掌握提升转化率的方法
- 掌握提升客单价的方法

14.1 数据分析的价值和基本流程

数据分析是指通过收集相关数据并进行统计处理,从而得出一定结果的过程。数据分析是店铺运营中不可或缺的一部分,卖家应充分了解数据分析的价值及基本流程,并在熟悉这些基础知识后,充分认识数据分析的重要性。

14.1.1 数据分析的价值

卖家在经营店铺的过程中,可以通过数据分析来排除主观性错误,做出更为正确的判断,以实现运营目标或解决运营问题。对于店铺而言,数据分析的主要目的在于用数据帮助商家实现利润最大化,具体的价值表现在图 14-1 所示的几个方面。

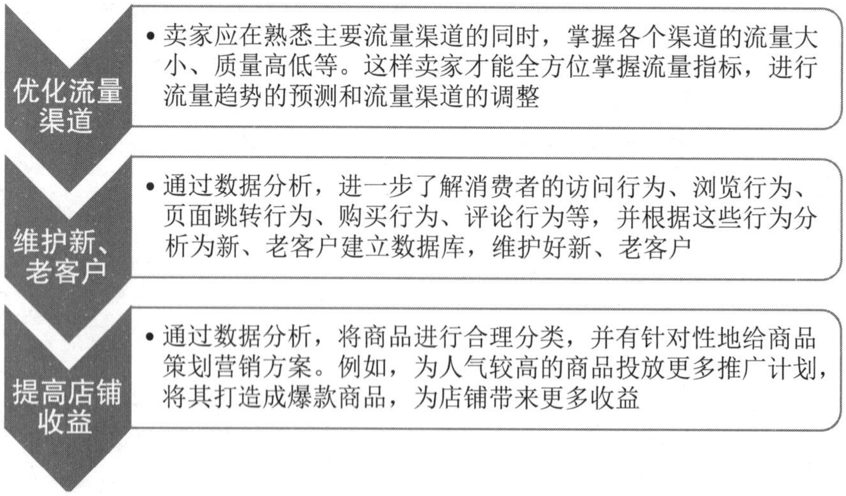

优化流量渠道	• 卖家应在熟悉主要流量渠道的同时,掌握各个渠道的流量大小、质量高低等。这样卖家才能全方位掌握流量指标,进行流量趋势的预测和流量渠道的调整
维护新、老客户	• 通过数据分析,进一步了解消费者的访问行为、浏览行为、页面跳转行为、购买行为、评论行为等,并根据这些行为分析为新、老客户建立数据库,维护好新、老客户
提高店铺收益	• 通过数据分析,将商品进行合理分类,并有针对性地给商品策划营销方案。例如,为人气较高的商品投放更多推广计划,将其打造成爆款商品,为店铺带来更多收益

图 14-1 数据分析的价值

通过数据分析还能及时发现店铺运营中的一些服务问题,如客服优化问题、客户评价问题及物流问题等。卖家如果不运用数据进行分析,则很难凭空发现问题并解决问题。由此可见,数据分析是店铺发展中不可或缺的工作。

14.1.2 数据分析的基本流程

通俗地说，数据分析就是为店铺找到解决问题、提升运营效果的方向，如同医生找到病人的病根后对症下药一样。卖家在为店铺做数据分析时，也是先找到存在问题的数据，并知道如何解决这个问题，才能让店铺恢复健康状态。

例如，很多卖家在运营店铺的过程中频繁遇到流量少、转化率低、销售额低等棘手问题。遇到此类问题可以通过图14-2所示的流程来找到问题、解决问题。

以转化率低为例，数据运营逻辑如下。

- 收集数据：收集一段时间的进店流量、转化率、销售额等数据。
- 发现问题：通过分析数据发现运营过程中存在的问题，如转化率低。
- 寻找原因：发现问题后就要找到导致这个问题（转化率低）的原因，如详情页没有吸引力、评论区差评较多等。
- 应对方案：找到原因后，提出几个应对方案，如优化详情页。
- 执行方案：在应对方案中找到最有效的方案去执行。

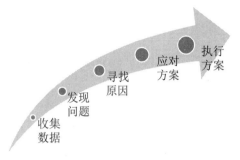

图14-2　数据运营的基本流程

值得注意的是，卖家在完成一次数据运营流程后，还需要再次收集数据，通过数据发现不存在新问题时，才能继续保持运营；如果问题没有得到解决或出现新问题，就应重复发现问题、解决问题等步骤，直至完全解决问题。

14.1.3 常见的数据分析工具

数据分析是个繁杂的工作，包括收集数据、分析数据等步骤，故需要借助一些数据分析工具。以淘宝、天猫店铺为例，常见的数据分析工具包括生意参谋、百度指数、Excel等。其中生意参谋是数据运营中最常用的工具之一，可供卖家获取各类重要数据。

1. 生意参谋

生意参谋集合了卖家常用的数据功能模块，让卖家在首页就能快速了解店铺的经营数据。图14-3所示为某店铺生意参谋首页，从中可以看到当日的支付金额、访客数、浏览量、支付子订单数等数据。

卖家可通过观测这些数据，决定运营方向，提升店铺的整体销量和利润。

2. 百度指数

百度指数是百度官方通过统计海量网民的搜索关键词后，进行基本的整理并将数据结果进行分享的平台。

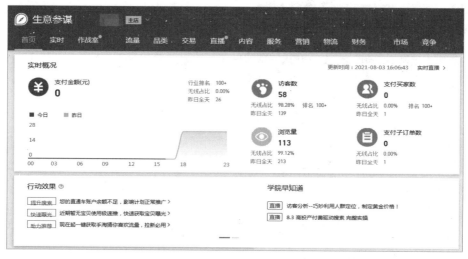

图 14-3 生意参谋首页

商家可以通过百度数据，了解特定关键词的搜索量和搜索趋势变化，了解当前有哪些热搜词汇，从而找到网民的关注热点，或搜索某个关键词的人群画像，这些数据能够有效地帮助商家进行调研、策划等运营工作。

3. Excel

Excel 是微软公司开发的一款电子表格软件，常用于数据分析和处理。强大的数据分析、统计功能，再加上直观的数据图表展示，良好的兼容性，以及使用门槛低，上手快，用户体验佳等，使 Excel 成为大众首选的数据分析办公软件。

在数据分析的过程中，生意参谋和百度指数主要用于收集数据，而 Excel 常用于分析和处理数据。例如，在挑选关键词时，一般将收集到的数据自行添加到 Excel 中，经过整合、处理，让数据以更清晰、更直观的形式（如柱状图、散点图等）进行展现。

14.1.4 重要的数据指标

在数据分析过程中，需要通过实时数据来分析存在的问题。那么，哪些数据是重要指标呢？衡量一个网店的运营与营销效果的重要指标主要是店铺销售额，销售额的基本计算公式如下。

销售额 = 访客数 × 转化率 × 客单价
销售额 = 流量 × 转化率 × 客单价

由此可见，影响店铺销售额及店铺运营效果的主要数据包括访客数、流量、转化率及客单价等，如图 14-4 所示。

图 14-4 店家应重点关注的运营数据

- 访客数（UV）：指每天来到店里的人数，是全店各页面的访问人数总和。在 24 小时内，同一客户（同一个 IP 地址）多次访问同一店铺不重复累计，只记录一次。

- 流量（PV）：指店铺浏览量（或访问量），客户每天在店里浏览的次数总和。同一客户多次访问同一店铺的次数可累计。
- 转化率：指店铺转化率，即单位时间内，一个店铺的成交用户数与访客数的百分比。例如，过去一周内，一个店铺共有 800 名访客，其中 50 名访客下单购物，那么过去一周内的转化率便为 6.25%。
- 客单价：即平均交易金额，就是单位时间内，每个客户平均成交的金额。例如，过去 24 小时内，店铺共有 100 位消费者下单，总销售额为 4000 元，那么过去 24 小时的客单价即 40 元。

14.2 流量数据分析

流量是直接影响店铺销售额的重要指标，店铺只有在流量多且转化率高的前提下，销售额才会高。卖家应实时查看店内流量及与流量相关的数据，并根据数据发现问题、给出解决方案。

14.2.1 流量相关数据

很多卖家都遇到过流量低或流量下降的问题，那么此类问题应该如何解决呢？以淘宝、天猫店铺为例，卖家可以通过生意参谋的流量概况来分析流量。图 14-5 所示为某店铺的生意参谋流量看板页面，其中包括一段时间内（如 1 天、7 天、30 天）的访客数、浏览量、跳失率、人均浏览量等重要数据。

图 14-5　流量看板页面

卖家在查看这些数据时，如果发现店铺只有少量访客，就要着手找原因了。例如，部分卖家在店铺上架商品后就什么都不管了，导致店内没有访客；部分店铺花钱开了直通车，但出价较低，排名靠后，访客数有但是很少。根据这样的逻辑，就可以找到没有访客的具体原因。

在找到原因后，就需要找适合的应对方案。例如，对于部分有爆款潜力的商品，在上架后可以通过付费推广，加大商品曝光率，增加全店访客数。当然，如果方案较多，还需要对这些方案进行筛选，找出最符合当前状况的方案。为保证方案的顺利执行，商家需要将方案分解开来，如整个方案的执行期为 7 天，那么应将这 7 天里每天应该做哪些工作、达到什么数据量等规划清楚。

像这样监测时段内访客数量的变化，再根据具体的变化情况来找原因，如访客数增长速度过慢、过少是什么原因导致的，提出解决方案，去执行、监测数据……形成良性循环，最终达到访客数量上升的结果。

14.2.2 流量提升逻辑

部分店铺在查看流量数据时，会出现进店访客多但是转化率不理想的情况。出现此类情况时，建议卖家分析商品和渠道。不同的商品流量本身就存在差异，如部分热门商品流量大，而部分冷门商品流量小；而不同的流量渠道，其流量也有所区别。

以淘宝平台为例，卖家可进入生意参谋，选择"品类"选项卡下的"宏观监控"选项，查看具体商品的流量数据，如图 14-6 所示。

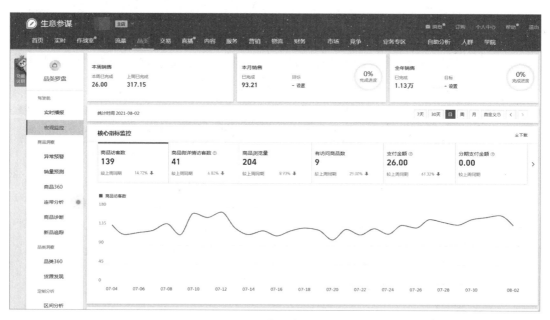

图 14-6　宏观监控页面

通过该页面可以查看各个商品所带来的访客数量。商家单击"商品访客数"，即可看到访客数量最多的商品，如图 14-7 所示。

从图 14-7 中可以看出，商品之间的转化率确实存在差异。对于转化率很低的商品，可以单击商品后面的"详情"链接，进入新页面，再单击"流量来源"，即可进一步分析商品的流量渠道，如图 14-8 所示。

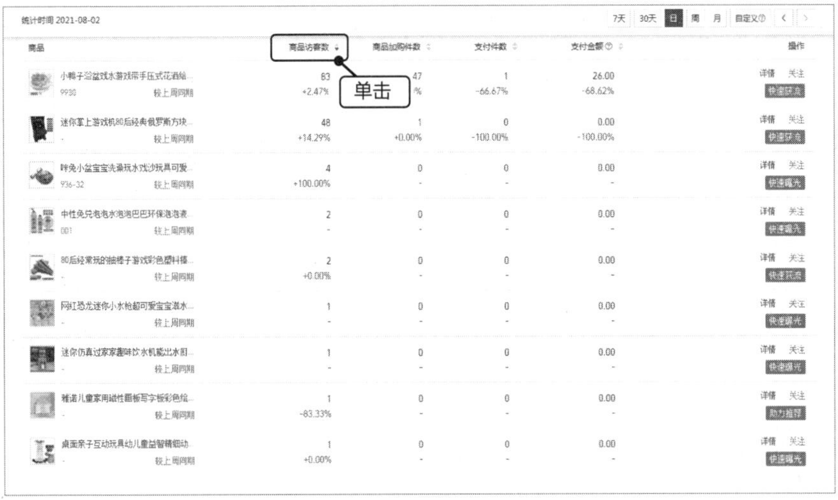

图 14-7 根据"商品访客数"进行排序的商品页面

图 14-8 商品的流量来源页面

通过查看流量来源，可以了解商品流量的主要来源情况。如果一个商品的大多数流量来源于付费渠道（如直通车、引力魔方），但转化率不佳，那么可能是因为推广计划不够好，需要进一步优化。

还有部分店铺会遇到流量突然下降的情况。访客量突然下降，大多数情况是因为商品的数据不好，如排名靠后导致展现量变少、访客量下降。故卖家发现流量有变化时，可回想流量变化前后存在什么样的行为导致了这样的结果。例如，近期内进行了更换标题、主图、详情页等操作，导致商品收藏率、加购率、点击率等降低。找到导致问题出现的行为，再进一步调整、更换，直至流量有所上升。

综上所述，当店铺流量异常时，首先应直接查找导致数据异常的原因，然后制订解决方案并执行，之后看数据是否有变化，并根据变化进行二次甚至更多次的调整。

14.3 转化率分析

无论通过哪种渠道将访客吸引到了店里，转化率都是需要卖家重点关注的一个指标。转化率指的是所有到达店铺并产生购买行为的人数和所有到达店铺的人数的百分比。其计算公式为：

转化率=（产生购买行为的客户人数÷到达店铺的访客总人数）×100%

由此可见，转化率也是影响销售额的一个重要因素，且转化率越高，销售额也就越高。例如，某商品的访客数为1000人，转化率为5%，客单价为199元，那么该商品的销售额为：

销售额=1000×5%×199=9950（元）

假设访客数增长至3000人，转化率降低至1%，客单价保持199元，那么该商品的销售额为：

销售额=3000×1%×199=5970（元）

如果店铺仅仅靠推广来提升访客数，但转化率在下降，那么销售额就会降低。而且，要提升访客数，势必需要花更多时间、费用，但如果因为转化率低而导致销售额降低，就会很不划算。所以，卖家一定要重视转化率的变化，并掌握提高转化率的方法。

14.3.1 常见的转化率

商家要想提升商品转化率，就需要先了解常见的转化率，如静默转化率、询单转化率和付费流量转化率等，如表14-1所示。

表14-1 常见的转化率

转化率名称	解释	影响因素
静默转化率	静默转化是指消费者没有通过询问客服，进入商品详情页浏览后就直接下单购买的行为。 静默转化率=静默成交人数÷总访客数×100%	主要包括商品关键词、商品主图、商品价格、商品详情页、问大家等。店铺静默转化率越高，代表消费者越信任商品和店家。而静默客户直接下单也能减少客服的工作量，降低店铺的付费推广成本
询单转化率	询单转化是指消费者通过询问客服而产生成交转化的行为。 询单转化率=询单成交人数÷总访客数×100%	主要包括客服的工作专业度和工作效率及商品内功，以及店内装修、商品文案、主图等内容。询单转化是店铺最主要的成交转化方式，要想提升询单转化率，就必须从点滴细节做起
付费流量转化率	通过付费渠道产生成交转化的客户数占总访客数的百分比。 付费流量转化率=付费流量成交数÷总访客数×100%	付费引流是店铺与其他店铺竞争的手段之一，影响因素主要包括商品关键词、商品推广创意图及搭配的活动等

14.3.2 优化静默转化率

前文提到,影响静默转化率的因素主要包括商品关键词、商品主图、商品价格、商品详情页、问大家等。那么,卖家在优化静默转化率时就可以从这些方面入手。

- 优化商品关键词。由于静默消费者多通过搜索关键词找到商品,故卖家应提高商品关键词的准确性,从而提高商品被搜索到的概率。例如,通过生意参谋、直通车等工具进行筛选与对比,找出被搜索概率较大的关键词。
- 优化商品主图。消费者在浏览关键词搜索结果时,容易被商品主图吸引。优质的主图能够提高客户点击率,从而提升商品的成交转化率。
- 优化商品价格。商品价格是影响成交的重要因素。如果价格设置得过高,就容易降低消费者的购物欲望;价格设置得过低,又容易让客户怀疑商品质量存在问题。
- 优化商品详情页。商品详情页包含了商品的功能、外观、包装、物流等众多影响消费者下单的关键因素,故卖家应提升详情页的可阅读性来提升商品的静默转化率。

优化静默转化率除了以上要点外,还需要注意访客渠道。因为不同渠道的访客,其精准情况存在差异,转化率自然也存在差异。例如,通过关键词搜索进店的访客,有关键词搜索在前,说明该访客对商品有需求;而通过浏览微博信息进入店铺的访客,可能只是对商品感兴趣,但不一定有需求,转化率可能更低一些。

卖家要提升访客精准度及静默转化率,就需要先认识访客渠道。以淘宝店铺为例,常见的访客渠道如图14-9所示。来源于手淘搜索、直通车、购物车、我的淘宝等渠道的访客,一般对商品有一定的兴趣或需求,只要详情页内容符合消费者的需求,转化率可能就很高;来源于手淘首页、淘宝直播、站外推广等渠道的访客,大多已经浏览过与商品相关的商品,或是对主播本人比较感兴趣,购买欲望低,转化率可能也低。

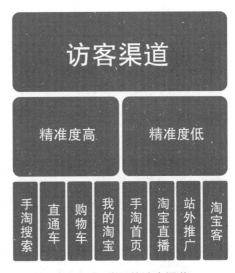

图14-9 常见的访客渠道

所以,卖家需要分清访客主要来源于哪些渠道,以及这些访客的意向程度。精准度低的流量渠道转化率低,自然可以理解。但精准度高的流量渠道转化率也低,就需要卖家进行进一步优化了。例如,某店铺想分析近期流失率高的商品,可在生意参谋的竞品识别中查看近期流失率高的商品及访客流失后的路径。

卖家查看、对比访客流失后去往的店铺、商品的信息,可以进一步判定访客精准度。例如,在查看某款伞的访客流失情况时,发现访客跳转的另5款伞的标题中都提到了"太阳伞""遮阳""晴雨两用"等有遮阳和遮雨双功能的关键词,而自己商品的标题中则只体现了遮雨这一功能。故应对商品关键词进行优化,加入部分可以体现伞具有遮阳功能的关键词,这样才能在提高客户精准度的同时提升商品转化率。

总体来说，卖家要提升商品静默转化率，最根本的做法还是优化商品关键词、主图、价格、详情页等关键信息，以此让商品看起来更符合消费者的需求。

14.3.3 优化询单转化率

影响询单转化率的因素主要包括客服的工作专业度和工作效率及商品内功，以及店内装修、商品文案、主图等内容。

一方面，当消费者对商品存疑时，往往选择联系客服。客服如果能及时解决客户的问题，自然能提升询单转化率；而如果客服不能及时回复消费者提出的问题，或服务态度恶劣，就会降低消费者的购物欲望。故卖家需通过优化客服的服务质量来提升询单转化率。

另一方面，消费者在对商品的主图和价格感兴趣时，会仔细浏览商品详情页。如果详情页能展示出商品的卖点，吸引消费者下单，自然可以提升询单转化率。商品详情页所含的内容较多，优化方向重点参考商品价格、消费者评价、图片（视频）及售后服务等内容。

1. 商品价格

消费者在购买商品或服务时，影响购买决策的关键要素除了商品质量、功能等，还有一个重要因素——价格。特别是部分消费者，会将多个相似商品加入购物车，通过对比折后价格，购买价格最低的商品。

当发现一个商品的转化率低时，卖家可以先参考访客流向店铺的商品价格。仔细对比自己店铺的商品与竞品的一口价、优惠券、代金券、赠品等信息，尤其是最后的折后价。如果对方的一口价略高，但最终折后价低于己方，那卖家就有必要重新核算价格，重新设置优惠券、抵用券等，使最终折后价降到与竞品相近。如此一来，访客在进入商品详情页后，就不会因为商品价格高而流失了。

2. 消费者评价

消费者评价主要包括买家评论、问大家等相关信息。这些信息代表了其他消费者对某一商品的评论，是影响访客转化的重要因素。同样的，卖家可以通过自家商品的评价信息与竞品的评价信息，来判断是否是消费者评价方面存在问题。如果是，就需要进行优化、改进。

例如，当商品差评出现得比较多时，一方面要提升服务态度、把控商品质量；另一方面要积极在问答下面做出解释，降低访客对商品的疑虑。

评论、问大家、买家秀都是消费者高度关注的内容，卖家要结合竞品进行自我分析，减少差评、负面信息的出现。即使出现了负面信息，也要主动做出解释，尽量打消消费者的疑虑。

3. 图片（视频）

详情页的图片和视频主要用于详细介绍商品的卖点，卖家仍然可以通过对比竞品与自己商品的图片和视频，找出可以改进的地方。特别是部分卖家在详情页增加视频，仅仅是为了获得更多权重，所选视频较为随意，导致消费者在查看视频后反而放弃了下单的念头。所以，卖家应该重视视频，在详情页添加一些有创造力的视频，为消费者下单转化助力。

如图14-10所示，某经营茶叶的卖家在商品详情页介绍一款茶叶时，用短视频展现了此茶叶的历史悠久、广受好评等，给消费者营造出一种天然好茶叶的感觉。

图 14-10　某茶叶详情页的视频截图

4. 售后服务

各个电商平台为了提高消费者的购物体验，推出了运费险、订单险等业务，令消费者的整个购物流程更有保障。建议卖家在不增加成本或增加小额成本的情况下，添加更多商品服务，刺激消费者下单。

总之，无论是优化客服的服务质量还是优化商品详情页，都是一个循序渐进的过程，需要卖家经过多方对比、分析，才能达到较为理想的结果。

14.3.4　优化付费流量转化率

付费流量因为有付费前提，如果吸引进来的流量转化率低，就更应该重视起来。优化付费转化率主要是优化付费推广计划，以直通车为例，主要优化商品关键词、创意图等内容。例如，某商品在投放直通车关键词推广时，选择了广泛匹配，可能会匹配一些和推广关键词不一致的关键词。这些不一致的关键词带来的访客很有可能不是精准访客，其转化率自然就很低。

卖家要解决这个问题，可以考虑修改匹配方式。操作方法为，打开生意参谋，选择"实时"选项卡下的"实时访客"选项，并将"流量来源"设置为"直通车"，如图 14-11 所示。

通过该页面可以看到，部分关键词并非卖家用于推广的关键词。针对这种情况，卖家可回到直通车计划设置页面，修改关键词的匹配方式，将不精准的直通车访客拦在门外。以此在降低直通车推广费用的同时，提高付费流量的转化率。

图 14-11　查看来源于直通车的访客数据

14.4　客单价分析

客单价是指每一个消费者在一定周期内，平均购买商品的金额。客单价的计算公式：

客单价 = 成交金额 ÷ 成交人数 = 商品平均单价 × 每一消费者平均购买商品的个数

大部分店铺每周计算 1 次客单价，用 1 周的销售额除以消费者数量。例如，某销售美妆类商品的店铺的周销售额为 78000 元，共有 63 人成交，则周客单价为 78000 元 ÷ 63 人 ≈ 1238 元。

如果一个商品的流量可观，转化率也比较高，但客单价较低，那么仍然会影响商品总销售额。因此，卖家必须认识到客单价的重要性，并掌握提高客单价的方法。

14.4.1　查看客单价

很多电商平台的数据平台会直接展示客单价。以淘宝平台为例，卖家在生意参谋的"营销"选项卡中即可查看每天、7 天或 30 天的数据。图 14-12 所示为某店铺在生意参谋中展现的客单价等数据。

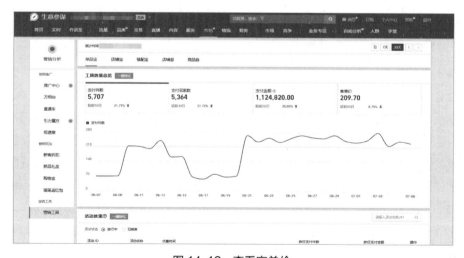

图 14-12　查看客单价

卖家在查看客单价时，如果发现店内商品客单价过低，就需要采取相应的方法来提升客单价。

14.4.2 提高客单价的常用方法

提高客单价主要通过提升消费者单次购买商品的件数及促使消费者购买单价较高的商品来实现。常见的方法包括升级商品、关联销售、搭配套餐及客服推荐等。

1. 升级商品

卖家可通过升级商品来提高客单价。例如，拼多多某店铺售卖的两款按摩椅，因为功能升级，价格方面存在 540 元的差距，如图 14-13 所示。部分消费者在同一个页面看到两个功能、价格不同的商品时，可能会选择功能少、价格低的商品；但也有部分消费者会选择功能多、价格稍高的商品。只要有消费者选择价格高的商品，就可以实现提升客单价的目的。

图 14-13　功能不同的商品的价格

还有部分卖家，选择用提高附加值的方式来提高客单价。例如，经营数码商品的卖家，在售卖笔记本时赠送鼠标、键盘、U 盘等小商品，以此来提高商品售价。

2. 关联销售

关联销售是指把同类型关联、互补型关联及潜在关联的商品放在一起销售。对于店家而言，关联销售可以使进店流量的利用率最大化，既增加店铺访问深度又提高商品曝光率，以此提高店铺客单价。对于客户而言，关联销售既能帮客户消除搭配烦恼，又能提高客户体验。如图 14-14 所示的服装类目商品，把衣服和裤子关联销售。

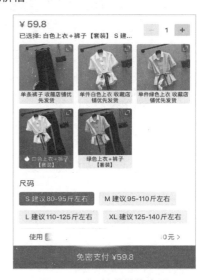

图 14-14　关联销售商品

3. 搭配套餐

套餐法是将互补商品、关联商品通过组合搭配的方式进行销售的方法。这种销售方法有利于提高商品销量、增加店铺信誉度和曝光率，并且为客户节省邮费。如图 14-15 所示的鲜花商品，卖家把多种鲜花以组合的形式售卖，不仅可以让消费者同时得到不同的鲜花，对于提高客单价也有着积极的作用。

4. 客服推荐

客服对于提升客单价也有着重要作用。当消费者向客服咨询问题时，客服在回答问题的同时可以向消费者推荐更多店内的商品和活动，如店内活动、搭配套餐等优惠信息，或者根据客户的需求给出搭配建议等。图 14-16 所示为某女装店铺客服在回答消费者关于发货时间的问题后，推荐了另一款商品。

图 14-15　搭配套餐

图 14-16　客服推荐更多商品

客服应通过不令人反感的话术，让消费者多买商品，这也是提高客单价的方法。提高客单价的方法还有很多，诸如设置包邮门槛、策划买满享折扣活动等，这些都是提高进店消费者买多、买贵的方法。

第15章

网店客服：提升客户满意度

本章导言

客服是网店经营中的重要岗位之一，也是网店直接联系客户的纽带。卖家在设立这一岗位之前，需要认识到客服的重要作用及工作准则；熟悉客服应掌握的基本技能，如客服的工作内容、介绍商品的技巧等。同时，为了提高客服的工作效率，卖家应熟悉客服的考核与薪资制度，并制定相应的奖惩机制。

学习要点

- 认识网店客服的重要作用及工作准则
- 掌握客服必备的基本技能
- 熟悉网店客服的考核与薪资制度

15.1　认识网店客服

客服是网店客户服务的一种工作形式，主要工作是解答客户在购物过程中关于商品与服务的问题。实际上，客服的工作不仅仅在网店服务环节起作用，在推广、销售环节也起着至关重要的作用。卖家应从网店客服的作用及工作准则等方面，全面了解客服这一岗位，为接下来的客服管理做准备。

15.1.1　网店客服的重要作用

客服是网店中的重要岗位之一，对客单价及客户的购物体验有着重要影响。好的客服不仅能提高店内客单价，还能给客户留下好印象，提高客户回购商品的概率。总体而言，客服的重要作用如图15-1所示。

1. 塑造店铺形象

在实体店购物的过程中，客户可以触摸、感知商品的质量、外观、售后等，在对商品有疑问时，也可以直接咨询店员来解决。但在线上购物，

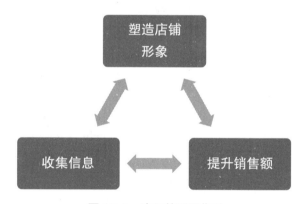

图15-1　客服的重要作用

客户只能通过文字、图片和视频来了解商品，对商品有疑问时，也只能咨询客服。此时的客服如果能在解答客户疑问的同时，给客户留下好印象，自然能提高客户对店铺的好感度，从而增强客户购买商品的信心。

图15-2所示为某客户在拼多多APP向某商品客服咨询问题的页面。当客户向客服咨询商品的尺码和发货时间等问题时，客服耐心解答问题后主动提到赠送运费险，提醒客户购买试用。这样既能为客户提供热情服务，也能促使客户下单，还能给客户留下好印象，一举多得。

答疑是客服的基本工作，好的客服需要在此基础上传递一些有利于成交及塑造正面形象的信息。

2. 提升销售额

优秀的客服人员具备有效的营销方法，能在与客户交流的过程中抓住客户的需求并适时推荐更多的商品，从而提高店内销售额。营销能力强的客服，能从提高主品销量、关联商品销量、客单价及回购率4个方面入手，提高店铺整体销售额，如图15-3所示。

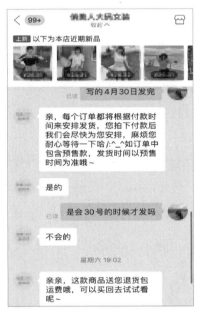

图 15-2　客服主动提出赠送运费险服务

图 15-3　提高店铺整体销售额的4个方面

3. 收集信息

客服是网店中直接联系客户的工作人员，可以在与客户交流的过程中感知客户对商品、服务的满意度等信息，这些信息正是有利于商品升级、优化的重要信息。通过客服收集客户对商品的满意度等信息，可以找出更能激起客户兴趣的卖点。例如，很多客户咨询客服某款粉饼定妆效果是否持久，说明很多客户希望买到定妆持久的粉饼，在自家商品符合持久定妆的前提下，卖家可将这一卖点进行提炼后展现在商品主图及详情页中，从而激起更多客户的兴趣。

同理，如果大多数客户在购买商品后，反馈商品存在同一问题，那么客服就应将这些信息整理后上报至领导，以便于考虑更换、优化商品，从而提高客户满意度。

综上所述，网店客服对于网店而言起着重要作用，在塑造店铺形象的同时，还能提升销售额、收集客户信息。

15.1.2　网店客服的工作准则

一名专业的客服应具备一定的专业素质，有服务意识，并遵循一定的行为规范，这样才能提高工作效率，提升店铺销售额和客单价等。对于电商客服而言，职业素质主要体现在心理素质、技能素质和品格素质3个方面，如图15-4所示。

```
┌─────────────┬──────────────────────────────────────────────┐
│             │ • 具有抗挫折、抗打击能力；                      │
│  心理素质    │ • 具备较强的应变能力；                          │
│             │ • 具备自我掌控及调节能力                        │
└─────────────┴──────────────────────────────────────────────┘

┌─────────────┬──────────────────────────────────────────────┐
│             │ • 具备良好的表达能力；                          │
│             │ • 具备娴熟的沟通能力；                          │
│  技能素质    │ • 具备丰富的商品知识与行业知识；                 │
│             │ • 具备对客户心理活动和情绪波动的洞察力           │
└─────────────┴──────────────────────────────────────────────┘

┌─────────────┬──────────────────────────────────────────────┐
│             │ • 对待工作认真；                                │
│             │ • 对客户宽容、友善；                            │
│  品格素质    │ • 敢于承担责任；                                │
│             │ • 顾全大局，有强烈的团队精神                    │
└─────────────┴──────────────────────────────────────────────┘
```

图 15-4　客服的职业素质

客服除应具备以上的职业素质，还应遵守相应的工作准则，如保守公司秘密、及时反馈意见、接待好客户等。

15.2　客服必备的基本技能

一名合格的客服，须在熟悉平台规则后，熟练掌握客服的工作内容，如掌握介绍商品、消除客户疑虑的技巧，处理商品降价及退换货等问题。只有掌握好这些客服必备的基本技能，客服才能在更好地服务客户的同时，提高店内整体销量。

15.2.1　熟悉电商平台的规则

为了有效地保障买卖双方的利益，促进平台的良性发展，各个电商平台都制定了一定的规则，如商品发布规则、商品交易规则、直播间交易规则、物流规则、商品评论规则等，如图 15-5 所示。客服作为直接联系客户的工作人员，应该熟悉自己服务的店铺所在的平台的规则，在指导新客户下单付款等事项的同时，避免因不了解规则而触犯规则，为店铺带来负面影响。

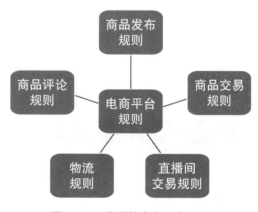

图 15-5　常见的电商平台规则

15.2.2 了解客服的工作内容

大部分网店的客服分为售前客服、售中客服和售后客服这 3 种，他们的工作内容如图 15-6 所示。

对于结构较为完善的网店，一般会同时设立售前客服、售中客服及售后客服 3 个岗位。但对于一些规模较小的网店，则会将售中工作拆分到售前客服或售后客服中，从而只设立两个岗位。无论设立几个岗位，只要能顺利完成接待、售后等服务即可。

15.2.3 客服的语言规范

网店客服与客户主要通过文字、图片及语音交流。客服应该掌握一些语言规范和技巧，避免在交流过程中给客户留下负面印象。以文字交流为例，文字输入方面应做到热情、规范、统一。图 15-7 和图 15-8 所示的两个店铺客服与客户的对话，能明显感觉到前者更热情，客户下单概率也更高；后者表现过于冷漠，且未及时回复客户问题，容易给客户带来不好的购物体验。

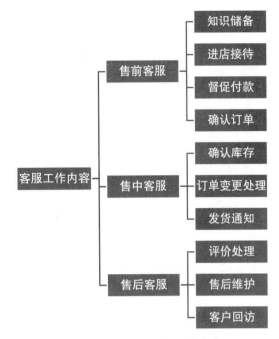

图 15-6　各类客服的工作内容

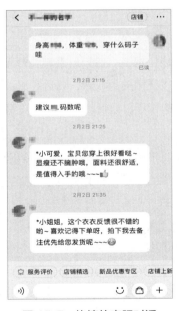

图 15-7　热情的客服对话

图 15-8　冷漠的客服对话

建议网店制定相应的文字输入规范，如选择方正字体、12 号至 14 号字号，深色系颜色，便于客户阅读。同时，客服在不同的交流场景中，还应注意图 15-9 所示的开头语、征询语、道歉语、感谢语及告别语的话术使用。

开头语	• 亲/小姐姐/小哥哥，您好/上午好/下午好/晚上好，我是××，很高兴为您服务！请问有什么可以帮到您？
征询语	• 不好意思，我有点笨，可能没理解到您的意思。麻烦您确定一下是××问题……，对吗？
道歉语	• 呜呜，对不起，小姐姐，给您带来了不好的购物体验，我这就去面壁思过
感谢语	• 衷心感谢您对我们店铺的信任和支持！
告别语	• 有问题随时联系我哟，能为您服务是我的荣幸！

图 15-9　客服常用话术

首先，不同店铺的语言可根据商品及目标客户的不同来制定，如主营中老年保健品的店铺，应采用稳重、得体的语言风格。需要与客户语音协商时，应选择合适的时间联系客户，避免打扰客户的正常工作或休息。

其次，要清晰明了地传达自己的思想。

最后，要注意语音通话中的发音、语速、语气等，尽量给客户留下好印象。

为了预防听错客户所述内容，客服可适当复述重要信息，如钱款金额、时间日期、电话号码、收货地址等。

15.2.4　介绍商品的技巧

大部分客户向客服咨询问题时，都会围绕商品的功能、尺码、适用场景等内容展开。客服在介绍商品方面，应尽量说明商品的基本信息和卖点，以及相关的快递、售后等服务的情况，促使客户下单购买。这里介绍一些客服常用的介绍商品的技巧，以便提高客服成交率。

1. 抓住客户的痛点

虽然很多商品详情页已将商品卖点罗列清晰，但仍有不少客户希望通过客服的回答，确定自己是否需要购买该商品。客服如果能通过交谈了解客户的需求，再有针对性地介绍商品，就更能击中客户的痛点，从而刺激客户下单。

例如，某客户询问某款银饰品是否防水时，客服在给予肯定答案的同时，还可以加上："我们这款饰品是纯银材质，日常生活中的洗手、洗澡等场景都可以佩戴，不会出现掉色、过敏等现象。"如果客户没再说话，客服还可以主动询问："您是自用还是送人呢？"当客户回答是送人后，客服可以抓住这一需求，继续介绍这款饰品的包装高端，送礼显得大气，以此来刺激客户下单。

2. 说明商品受欢迎

部分客户在听完商品介绍后，迟迟未下单。此时，如果客服主动联系客户，说明这款商品很受欢迎，迎合客户的从众心理，则更能刺激客户下单。虽然关于商品的销量、评价等信息，客户自己也能看到，但并非所有的客户都会去看，客服如果主动将这些信息展示给客户，就可以在客户犹豫的时候起到促单的作用。如图 15-10 所示，淘宝客服在回答客户咨询的问题后，主动提到"购买过这款宝贝的买家评价说质量很好、尺寸合适、透气性很好"，引导客户点击商品详情页查看客户评价，用正面评价来提高客户对商品的信心。

还有部分客服会采用报商品销量、库存的形式，来说明商品受欢迎，刺激客户快速下单。例如，"亲，这款爆款商品的库存不多了，拍一件就少一件，喜欢就抓紧时间下单哟"。

3. 用活动吸引客户

部分客户在了解商品信息后，会在买与不买之间犹豫。客服如果能在此时主动将与商品相关的优惠活动告诉客户，客户也可能会因为爱占便宜的心理而下单。如图 15-11 所示，拼多多平台的客服在回答客户提问后，主动提及"今天一定要下手哦，你看上的宝贝正在百亿补贴活动中，限时 7.4 折，错过可别后悔啊"，用活动及折扣信息来刺激客户下单。

常见的商品活动包括折扣、买赠、满减等，这些活动并非都会在店铺首页或商品详情页写明，如果客服主动把活动信息告诉客户，就会让客户产生惊喜的感觉。

介绍商品包括但不限于以上几种技巧，客服可在自己的摸索中找到多种有利于提高商品销量的介绍方法。

图 15-10　淘宝客服主动引导客户查看商品评价

图 15-11　拼多多客服主动用活动吸引客户下单

15.2.5　如何消除客户疑虑？

在线上购物的过程中，客户由于无法见到商品实物，很容易对商品本身及店铺服务产生疑虑，如对商品质量、商品属性、邮费、发货时间及售后服务等。只有解决了这些疑问，客户才能放心地下单购买商品。下面介绍几种常见的客户疑虑及解决方法。

1. 商品质量

部分客户因为对商品质量存疑，会主动询问商品质量如何。作为客服，肯定不能说自家商品的质量不好，但单纯说好也显得不真实，此时客服怎么回答才更为合理呢？正确的做法是在了解客户对商品质量存疑的原因后对症下药。

例如，部分客户会因为商品定价低于同行，而认为商品质量不佳。此时客服可从活动价、福利价、增加销量等方面入手，说明自家商品价格低的原因。例如，"亲，您也看到了，我们这个商品价格很优惠，是吧？这是我们老板亏钱做的营销活动，就是为了让更多喜欢这款商品的客户用更低的价格购买到商品呢。如果您在使用商品后认可它，还请您帮我们分享给更多人，这也不枉费老板的一番苦心了"。如此一来，不仅可以解决客户对商品质量的疑问，还可以直接推动客户下单。

2. 商品属性

商品属性包括商品颜色、尺寸等，实物商品的图片和视频经过数码相机拍摄以及后期处理，再显示在不同显示器上，难免与实物有差别。很多客户在查看评论区的买家秀后，会认为买家实物和卖家图片有色差、有尺寸差异，故而对商品属性存疑。此时，如果客服能说明商品的真实属性，并解释造成差异的原因，自然能打消客户对商品属性的疑虑。

特别是女性客户，在查看服装、箱包、鞋帽等商品时，会因为商品色差而迟迟不敢下单。客服在接待时可以这样说："亲，这是商品的实物拍摄图片（发上实物图），您可以看看。网购时出现色差相对难以避免，因为不同的灯光、不同的相机拍出来的照片都会有色彩上的区别。虽然我们已经根据实物校对过图片颜色，但不同客户使用不同相机拍摄出来的图片与实物还是会存在色差的。这款商品我们赠送了运费险，您可以买回去试试，不喜欢再退回来。"

3. 是否包邮

正常情况下，大部分商品都包邮。但一些大件商品或特别便宜的商品会有包邮门槛限制，如"满 10 元包邮"等。难免有部分客户因为自己没看清包邮门槛，而在购买商品后评论说卖家收邮费，故而给差评。为减少这类情况的出现，客服在介绍商品的过程中可以主动提及商品邮费问题。例如，"亲，我们是小本经营，店内商品均价低于 9.9 元，所以有购满 18 元包邮的门槛限制哟。这么低的价格，你可以多选几件，还能省下邮费呢。"

4. 发货时间

客户在认可商品质量、属性、包邮等情况后，通常还会关心商品的发货时间及到货时间。当客户咨询发货时间时，客服最好能给出发货的大致日期及时间，如当天 17：00 左右。但部分客服，关于客户咨询的发货时间喜欢给出一些不确定性的回答，容易给客户造成答非所问的感觉。如图 15-12 所示，当客户询问发货时间时，客服给出的答案模棱两可，容易让客户失去下单兴趣。

图 15-12　客服关于发货时间给出模棱两可的答案

当然，如果部分商品无法确定发货时间，也可以回答大概时间，如拍下商品的12小时内、24小时内、48小时内等。对于一些活动期间的商品，可能会有不同的发货时间和收货时间，客服可主动向客户说清楚。

5. 售后问题

良好的售后服务可以提高客户下单的信心，客户也不用担心因商品出现问题后无法得到处理而遭受损失的情况。所以，当客户问到售后服务时，客服可迅速答出该商品的服务，如送运费险、7天无理由退换、保修6个月，等等。

15.2.6 如何应对讲价？

虽然网购的客户不像实体店客户那么喜欢讲价，但仍然有部分客户会找客服讲价，希望以低于定价的价格买到商品。客服如何做才能既不让利，又让客户下单呢？表15-1罗列了客服应对客户讲价的一些处理方法。

表15-1 客服应对客户讲价的方法

序号	方法	举例
1	表明公司规定不允许降价	"小姐姐，谢谢您认可这款商品，但我实在是无能为力。公司有规定，所有定价都是成本价加微薄利润，不允许降价了。如果我给您降价，那我的工作就不保了。要不这样，我们也很聊得来，您拍下商品，我个人在您的包裹里送一个小礼物，好不好？"
2	说明已是同类商品中较低的价格	"小哥哥，这款雨伞是我们店为店庆做的一次优惠活动，价格低到不能再低了。您可以对比一下同类商品，应该没有同质量更便宜的价格了。而且我们是官方直销，质量和售后服务都更有保障，喜欢就拍下吧。"
3	分析商品成本，摆明利润空间	"亲，您听我给您算算账。这款手工旗袍，布料就用了最好的×××，时价×××元；为设计出贴合身形的板型，找的是×××设计师，时价×××元；我们店加了80元钱，还要负责运费和售后的开销，赚的真是辛苦钱，请您也体谅一下我们，不要再讲价了。相信您穿得好，还会再来的。"
4	分解商品价格，让客户更易接受	"亲，想必您肯定也对比了同类商品的价格，不难发现我们的手机和其他手机的不同之处。我们这款手机采用了×××，能做到×××。价格看起来是不便宜，但好手机您用上3年不成问题，平均每个月才100多元，很划算的。"
5	说明商品附加功能多或附加值高	"小姐姐，您不能只以价格来定义商品呀，您看我们这款散粉的赠品就价值200元呢。而且这款散粉还带有遮瑕功能，对一些颜色浅的痘印、细纹是完全可以遮挡的，相当于您买这一款散粉同时拥有了多个功能的美妆产品。喜欢就拍下吧。"
6	引申出"便宜没好货"的理论	"小姐姐，一分钱一分货哟。我相信定价为几元的口红也是有的，但是我们的这款口红采用了××工艺，能做到颜色正的同时不沾杯、不掉色。再说了，几元钱的东西您也不敢往嘴上涂抹呀，这直接关乎身体健康呢。"

部分客户在客服使用以上方法后，仍然要求降价。此时，客服也可以象征性地降价，去满足客户的要求，如降低2元、3元、5元等。这种象征性地降一点价，既能满足客户的成就感，又不会让店铺利润损失太大，可谓是两全其美的结果。

15.2.7 退换货流程

售后客服主要负责处理售后出现的退换货问题。因为部分客户在收到实物商品后，会因商品的质量、属性等问题，提出退换货要求。在处理这些售后问题时，大多数情况按照商品详情页的标准来执行即可。但对于胡搅蛮缠的客户，客服则应在保护自己利益的基础上予以正面回应。大多数商品的退换货流程如图 15-13 所示。

```
核实商品退换货标准
      ↓
劝说客户取消退换货
      ↓
   确定退换货
      ↓
与仓管人员协调处理退换货
```

图 15-13　客服处理退换货的流程

1. 核实商品退换货标准

如果客户提出退换货要求就能得到满足，那么卖家可能需要承担很大的压力。特别是部分生鲜类商品，在寄出、寄回的路上，可能会导致商品无法正常食用，无法二次销售。为避免这类商品频繁出现退换货，卖家应在商品详情页注明退换货标准。客户下单购买商品即代表客户认同这一标准。

例如，某款手机在激活后会影响二次售卖，故在商品详情页做出说明，或由客服说明支持 7 天无理由（未激活且不影响二次销售）退货，如图 15-14 和图 15-15 所示。那么，购买商品的客户在拿到商品后，如果对商品属性不满，可及时发起退款。但如果客户在激活手机后以"不喜欢"为由退货，客服就可以拒绝退货要求。

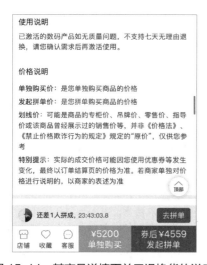

图 15-14　某商品详情页关于退换货的说明

图 15-15　客服主动提到退换货的声明

如果退换货过程中涉及邮费、价差等问题，客服则应按照详情页的说明和平台规则来执行。例如，某商品支持 7 天无理由退货，且购买后赠送运费险，这种情况下客服再要求客户支付不合理的退换货费用，就会遭到客户拒绝且会被投诉，得不偿失。

2. 劝说客户取消退换货

如果一件商品频繁被退换，不仅会影响商品的销量、客单价等，还会被系统打上"商品与实物不符"的标签，故客服应尽量劝说客户取消退换货。在劝说时要注意态度和措辞。

通常客户在对商品不满时，语言和态度方面可能会比较激动，客服应询问退货理由，并安抚客户情绪。例如，客户收到一件客单价为 8 元左右的商品时，发现商品外观有瑕疵，故提出退货申请。由于商品成本较低，且退换货产生的费用由卖家承担，故客服可以这样劝说客户："小姐姐，真是不好意思，由于新员工的失误为您带来了较差的购物体验。但是退货对于你我都挺麻烦的，您看这样好不好，我这边重新帮您打包一件商品寄过去，之前那件商品您自行处理就行。"客服主动承担责任，并重新给客户寄商品，可以很好地解决退换货要求。客户也容易被客服的这种行为所感动，愿意给予商品正面评价。

3．确定退换货

部分客户在客服的劝说下，仍然坚持退换货。针对这种情况，客服按照规定办理退换货即可。退换货过程中涉及邮费问题时，客服可先和客户交流，确定责任及费用的归属。确认无异议后，再同意客户的退换货申请。

4．与仓管人员协调处理退换货

客服在处理退换货事宜时，不仅仅是在计算机上点击"同意"按钮，还需要仓管人员的协助与配合。为更好地记录退换货详情，客服可制作"退换货详情表"，详细记录退换货的日期、客户 ID、订单号、退换原因、是否重发、运费承担等内容，并将表格转交给仓管人员。仓管人员在拣货时，严格按照表格内的信息进行处理，以避免因失误而引起客户不满。

15.3　网店客服的考核与薪资制度

客服人员的工作直接影响店铺的形象、销售额、好评率等内容。好的客服固然能为店铺带来正面影响，但部分客服会因为业务能力、沟通能力等方面的问题，为店铺带来负面影响。故卖家需要通过指标和业绩来考核客服的工作能力，优胜劣汰，保持店内客服处于优质水平。

15.3.1　考核客服工作的指标

卖家考核客服的工作时，需要参照一些与客服工作相关的重要指标。但不同环节的客服人员所实施的工作指标有所差异，如表 15-2 所示。

表 15-2　售前、售后客服的考核指标

客服岗位	考核指标	考核说明
售前客服	响应时间	响应时间越快，越容易给客户带来及时响应的感觉。对于响应时间较长的客服，应该给予一定的处罚
	日常询单转化率	主要受到个人转化率与目标的影响，个人转化率是指一段时间内客服接待的咨询客户中，购买了商品的人数占总人数的比例，目标是平均转化率与增长值的结合

续表

客服岗位	考核指标	考核说明
售前客服	联单销售率	体现售前客服销售能力的重要指标,即实现联单销售的人数与目标销售额之比
	服务态度	是否对客户进行主动询问,是否给出了清晰准确的回答,是否及时解答了客户的问题,这些会直接影响客户下单
	评价回复	与客户的中、差评率相关,客服需要及时给予客户回复及解释,降低中、差评论出现的概率
售后客服	问题处理及时	售后客服对于客户的售后咨询及投诉都需要及时处理与反馈
	退款速度	退款服务是客服的重要工作之一,退款速度与质量至关重要
	退款纠纷	能力强的客服,能将这一数据指标降到最低;相反,能力越弱的客服,越容易在这一环节出现问题,给商品和店铺带来负面影响
	退款原因归类	客服将退款原因归类并分析,能总结出商品问题、服务问题,有利于提升商品质量和服务水平
	服务态度	根据客户的评价可大致了解客户对客服的评价及客服的服务质量

15.3.2 网店客服的业绩考核

为进一步考核客服人员的工作能力及业绩,卖家可针对客服制定按月考核的制度。通过各种量化指标的考核结果对客服人员的工作能力、工作态度及工作业绩做出判定。但由于各个店铺的考核侧重点不同,其考核方案也略有不同。表 15-3 所示为某服装类目店铺的售前客服业绩考核表。

表 15-3 某服装类目店铺售前客服业绩考核

考核指标	考核方法	标准	分值	权重比
DSR	主要包括客户对商品"描述相符""服务态度""物流服务"的评分,判断标准为与月初基准值相比	提升	100	5%
		持平	90	
		下降	80	
		严重下降	50	
主动性	客服在与客户交流的过程中,主动询问客户的需求情况。可按抽检比例算(如抽查了10次,3次主动发问,则为30%)	100%	100	20%
		95%~100%	90	
		90%~95%	80	
		80%~90%	70	
		70%~80%	60	
		<70%	50	

续表

考核指标	考核方法	标准	分值	权重比
接待量占比	客服接待访客数量占总访客数的比例	100%	100	10%
		95%~100%	90	
		90%~95%	80	
		80%~90%	60	
		70%~80%	50	
		＜70%	30	
平均响应时间	客服回复客户询问用时的平均值，单位为秒（s）	≤20	100	10%
		20~30	90	
		30~40	80	
		40~60	70	
		60~80	60	
		＞80	50	
客单价	某客服的所有订单金额除以订单笔数，单位为元	≥70	100	15%
		65~70	90	
		60~65	80	
		55~60	70	
		50~55	50	
		＜50	30	
询单转化率	客服接待的询单客户中，下单购物的客户数量与总接待数量之比	≥70%	100	20%
		65%~70%	90	
		60%~65%	80	
		55%~60%	70	
		50%~55%	50	
		＜50%	30	
聊天质量	抽查聊天记录，根据聊天质检标准打分，重点检查投诉、错误等	日常服务聊天记录抽查	100	20%
			90	
			类推	

除以上维度外，客服接待客户的行为规范也影响着客户对商品、店铺的印象。所以，卖家还应该制定客服日常行为规范，用于约束客服的行为。例如，针对客服响应慢、服务态度差、答非所问等情形，可视具体情形扣分。

15.3.3 客服薪资构成

管理，不能单纯地采用制约、惩罚制度，还应给予相应的激励。建议卖家根据客服的业绩考核指标、工作态度等综合因素，给客服制定与薪资挂钩的绩效方案，并按照方案管理客服的薪资，实现对客服的正向激励。图 15-16 所示为某食品类目客服的薪资构成，主要包括底薪、绩效、提成和奖金。

图 15-16　某食品类目客服的薪资构成

底薪可按新老客服制定，如新客服底薪为老客服的 80%，即老客服的底薪为每月 4000 元，则新客服的底薪为每月 3200 元。提成可按公司每月销售额来计算，如店铺当月销售额超过了 10 万元，则可以为每位客服分发 0.1% 的提成，即当月销售额为 150 万元，则每个客服的提成为：1500000×0.001=1500（元）。至于绩效和奖金，则由各个店铺自行制定，如考核表中接待量较大、响应时间较短、销售额较高的客服，可拿到高额资金。

值得注意的是，考核客服的各项数据指标，旨在提高客服的工作效率和水平，以便促成更多销量，而非刻意找问题克扣客服薪资。所以，卖家在制定考核方法时，应根据店铺实际情况，制定出合理的专属考核表。